ヨコとタテの建築論

ヨコとタテの建築論

モダン・ヒューマンとしての私たちと建築をめぐる10講

青井哲人
AOI Akihito

慶應義塾大学出版会

まえがき

本書は、2015年度から18年度まで東京藝術大学大学院で非常勤講師として担当した講義「建築論Ⅱ」の内容をもとにしています。

この講義をお引き受けしたとき、漠然と考えていたのは、今日建築を考えるうえでの「基本中の基本」を、できるだけわかりやすく、平易に話してみようということでした。もちろん、何を「基本」とするかを私なりに試行錯誤しました。話を始めてみると、履修者だけでなく、当時助手を務めておられた大人たちも続々参加してくださり、そのうち履修者でない学生さんも参加するようになったようです。少しずつ人数が増えて、手応えを感じながら楽しく喋らせていただきました。

2年目にスライドをブラッシュアップし、3年目に講義の全体的な構成を整え始めるとともに、行き帰りの電車の中でスマホ片手にレジュメを文章化し始めました。フリック入力で5〜6千字書き、帰宅後にパソコンを開いて3〜4千字補うと、各講義のテキスト1万字くらいができ上がります。スマホ入力なので、ついつい冗長になりがちな私のクセが自然に抑えられ、しかも話し言葉なので肩肘張らない文章になりました。4年目にはそれを配布して喋ることにし、さらに手を入れました。

当時の助手の皆さんにも学生さんたちにも、できるだけ早く本にしたいと伝えていたのですが、ようやく2021年から本として読める文章に整える作業を始めました。東京藝大の非常勤講師を辞した後に考えたことも少し盛り込みました。

本にするのに苦労しましたが、初心は変わっていません。今日建築を考え直すうえでの「基本中の基本」を、平易に、皆さんと一緒に考えるような講義を、という初心です。ただし、まだ建築を学び始めたばかりという学生さんには少々しんどいかもしれません。もともと大学院での講義ということもあり、本書は建築をひととおり学んだ学部の4年生や大学院生、若い建築家や研究者の皆さんに、建築の考え方をもう一度イチから「学び直す」ように読んでほしいという思いでまとめています。そのためには、建築の専門の外に出て見つめ直すことが重要です。結果的に、建築は専門外だけれど興味がある、という方にも比較的読みやすい本になっているかもしれません。

本書は3部構成となっています。各部のねらいはそれぞれの冒頭に書きました。そちらに目を通していただければ、本書の構成も意図も、大まかなところは理解していただけるのではないかと思います。

では講義を始めましょう。

目次

第3部　タテはいかに可能か——バラバラな世界に（アーキテクト論）

むすびに

各講の冒頭には、それぞれ必読の〈基本文献〉を掲げた。講義の骨格に関わる本で、できるだけ読みやすいものを選んでいる。また本文下欄には、その見開きの中で話されているトピックについて、より発展的な学習のための〈参考文献〉を紹介した。原書が存在する基本文献はその書誌情報も併記し、参考文献では省略した。基本文献、参考文献ともに現行版または最新版の情報を記すことで読者への便宜を図った。

第1部

コテヨコとタテ

ヒトは世界を組み上げる

モダン・ヒューマン論

第1部　はじめに

21世紀は、私たち人間を生き物として捉え直すことが避けられなくなった時代です。

私たち人間、つまりホモ・サピエンスは、他の多くの人類たちが絶滅した後も生き残ってきた「現生人類」です。英語では「モダン・ヒューマン」。建築について考えるにも、まず我々モダン・ヒューマンとは何者かという問いに、それなりに向き合う必要がある。

世界を見る、描く、そしてつくり変える。モダン・ヒューマンはそれをたえず、止めどなく走らせずにおれない奇妙な生き物です。その特質をよく調べてみると、際限なくヨコに手をつなぎながら、しかもタテに自律しようとする、ふたつのヴェクトルの両立と緊張に気づくでしょう。建築はその両面性を本質的に抱え込んでいるのではないかと思います。

第1講　互換と累進………モダン・ヒューマンは不思議な生き物です。毛皮を持たない哺乳動物なんて生存に不利だし、他の動物にはない過剰な認知能力を持て余している。その両方の特質に由来して、私たちの環境構築は、止めどない悪魔的な累進性と、それに歯止めをかけようとする他者との互換性の想像力を、ともに宿しています。

第2講　形態と内容……ある建物が、人の家ではなく「神の家」であることはどのようにして可能なのでしょうか。絵画や文学などと比べて、建物はその内容を表すのに向いているとは到底思えません。しかしそこにこそ建築論の出発点があります。建築は、モダン・ヒューマンだけが見る不たしかな幻をこそ担う芸術なのです。

第3講　相対と絶対……数は不思議です。それは単にモノを数えるために登場した記号ではありません。普遍と個別をとりもち、全体と部分をつなぎ、また比較できる差異をつくり、それを組み合わせ、周囲と縁を切ることも結ぶこともできる。内容を表すことに不器用な建築が世界とわたり合うのは、何よりも数という武器を通してです。

これら最初の3講は、ヨコとタテの緊張として語られる建築論講義の導入部であり、いわば基礎論です。さあ始めましょう。

第1講

互換と累進——モダン・ヒューマン、その力のぎこちなさ

Lecture 1: Compatible and Progressive

本講の基本文献

港千尋『洞窟へ——心とイメージのアルケオロジー』（せりか書房、2001年）

五十嵐ジャンヌ『なんで洞窟に壁画を描いたの？——美術のはじまりを探る旅』（新泉社、2021年）

島泰三『はだかの起原——不適者は生きのびる』（講談社学術文庫、2018年）

中沢新一『熊から王へ　カイエ・ソバージュⅡ』（講談社選書メチエ、2002年）

1　アナロジーの曲芸

異なるカテゴリーに橋を架ける

さっそくですが、旧石器時代の洞窟壁画の画家たちに登場願いましょう。興味深い洞窟は多々あり

[図1]「雄牛の広間」(ラスコー洞窟)

ますが、ここでは誰もが知るフランスのラスコーを例にとります。生物学的には私たちと同じサピエンスたちが約2万年前に描いた絵です。彼らが絵を描くときに働いていた基本的な認知メカニズムは、私たちと変わりません。

たとえば「雄牛の広間」として知られるホール状の空間に湧き上がり溢れ出るようなあの動物たちの絵[図1]。物質的な素材として見るなら、それらはカルシウム質を多く含んだ岩盤の表面と、諸種の鉱物と、そして木を燃やしてできた炭でしかありません。しかし、それらがそれ以上のものだったことは疑いようがない。つまり、それを描いた者たちの目には、こうした素材の集まりが、たとえばバイソンに他ならなかったはずです。今日の私たちにもそのように見え、それは否定しがたい。彼らも私たちも同じように、集合A[岩盤と鉱物と炭]を、集合B[バイソンの群れ]につなげることができた

デヴィッド・ルイス=ウィリアムズ『洞窟のなかの心』(港千尋訳、講談社、2012年)

のです。

このアクロバティックな芸当を「アナロジー analogy」と呼びます。普通「類推」と訳し、特定の対象Aにある何らかの情報を、別の対象Bに移すような認知過程を意味します。小難しい表現ですが、難しい話ではありません。大脳に住むアナロジーという名前の小人がいたとして、あなたがその小人だと想像してみてください。岩盤に吸い付くように身体を伸ばしたご主人様の手がそこに顔料をのせるたびに図像Aは少し変化しますが、あなたはそのカタチの特徴を持ってB、つまり主人の記憶の中のバイソンの方へぴょんと飛び移り、重ね合わせのチェックをする。あなたが出すOKやNGを参考に、主人は間髪入れずにAに帰ってまた顔料をのせる。こうしたあなたの素早い往復運動の繰り返しが、主人の身体と連携して「絵」を生み出している。なかなかに曲芸的です。もちろん、本当は小人なんていないんですけどね。

ここで念のため注意してほしいのですが、アナロジーが働く瞬間、私たちはそれに抵抗できません。いや抑えようなどと思う間もなくそれは作動してしまいますよね。そう、アナロジーは、自分がやっているんだとは言えないようなほぼ自動的な働きなのです。壁画の動物たちがむくむくと湧き立つように見えるのはそのためかもしれません。

洞窟は漆黒の闇です。そこに彼らは火を灯しました。油を入れるくぼみのついたランプも発見されています。灯に照らされた岩盤のうえに色の線や面が現れ、バイソンの群れとなっていく。きっと画家たちは自分の身体の奥底に湧き上がる静かな昂ぶりに震えていたことでしょう。彼の手が動く瞬間、瞬間に、AとBのあいだに架かった橋をすばやく往復する認知過程が進んでいる。アナロジーの曲芸

［図2］ 川を渡るシカの群れ（ラスコー洞窟）

がランプの灯のもとで踊っているのです。

2 自他に橋を架ける

左右に、上下に

ところで、ラスコー洞窟の岩盤は、上下で色が違います。上部は白く、下部は黒い。壁画はほぼ例外なく白いところに描かれており、黒い部分は避けられています。「雄牛の広間」でもそうです。

しかし、「避けた」というのは必ずしも当たりません。その点で、この絵などはかなり興味をそそります［図2］。数頭のシカが、首から上だけ描かれている。これは川を渡るシカたちの絵であろうと言われています。おもしろいでしょう？

画家は黒い部分にシカの身体を描かないことによって、水を描かずに水面を暗示しようとしたらしいのです。つまり岩盤の色の「差異」が水面と

茂木健一郎『意識とはなにか』（ちくま新書、2003年）
バーバラ・マリア・スタフォード『ヴィジュアル・アナロジー――つなぐ技術としての人間意識』（高山宏訳、産業図書、2006年）

して「発見」されている。その意味で、岩盤の黒い部分をたしかに避けているのだけど、しかし絵から排除しているのではなく、絵の一部に組み込んでいるわけですね。高度な知的営みです。

画家の手はつねに、顔料を岩盤に塗りつける即物的な作業をしています。でも彼が生み出そうとしているのは色の差異だと言うべきでしょう。差異のパタンと言った方がより正確かもしれません。顔料のタッチを一つひとつ即物的に加えながら、色の差異が生み出す脚のかたち、全身の姿といった大きなパタン、つまり高次の状態をチェックし、その判断に促されてまた小さな顔料の点や線をのせているのですからね。部分から全体へ、全体から部分へ。上がったり下がったり。

絵を描くという行為の中で、こうした上下動はつねに起きています。右に本物のバイソン、左に絵のバイソンを思い浮かべてください。バイソンの絵を描くという行為の中で、両者の頭、胴体、脚のそれぞれに、左右をつなぐ橋が架けられますよね。でも同時に、脚の先に頭がついてしまっては困ります。つまり「部分がつくる配置関係」という高次のパタンにも橋を架けないと、胴も脚も描き進められないのです。

アナロジーの曲芸は、ただヨコに行ったり来たりするだけでなく、跳び上がったり着地したりと上下している。意外に複雑です。上下動をしながら、左右を行き来する、できるだけ速く。それができないと絵は進まないのです。

くるりと戻る視線

ラスコーの壁画には、シカの群れとヒトとが対峙する緊迫の場面を上から描いたものもあります。

画家はひょっとすると崖上あるいは樹上からこんな状況を目撃したことがあるのかもしれませんが、遮るもののない真上からの視界はちょっとありえないのでは、という気もします。それに、真上から見たのならシカもヒトもなぜ側面なのでしょう。

ラスコーの壁画は写実的という思い込みを、私たちは一旦棄てた方がよいかもしれません。もちろん、よく言われるように、狩人たちはいつも草むらや木陰に身を潜め、息を殺してシカの筋肉の動きに目を凝らしたに違いありません。その観察眼こそが、狩りの成否、場合によっては自分の生死をも左右したはずです。狩りの瞬間には、シカはその筋肉に緊張を漲らせ、狩人の射程から最も素早く外れるように跳躍するか、あるいは子を守るためにその射程の中心めがけて狩人へと突進したかもしれません。ところが、先史の壁画に描かれた動物はどんなに写実的で力強くとも、尻や顔を向けたものがない。脂肪と筋肉、肌と毛、息づかいさえ感じさせる一方で、どれもこれも、いわば「側面図」なのです。

それなら今注目している狩りの絵はさしずめ側面図を並べた「配置図」とでも言えるでしょうか。記憶の中の自分はシカに対峙しているのですが、壁画ではシカと一緒に自分たち自身をも俯瞰的に見下ろす配置図を描いた。言ってみれば、シカに対峙していた狩りを思い出す際、自身から出た視線を、くるっと向きを変えて自身に折り返している。これを「再帰的」あるいは「自己言及的」と言います。自分の狩りを経験の内側で見るのではなく、その外へ出て、そこから狩りをする自分を見直すという意味では、「超越論的」とも言います。ヒトにはこんな芸当もできてしまいます。

ここで興味深いのは、旧石器時代の洞窟壁画では、他の動物に比べてヒトがえらく抽象化されるこ

アンドレ・ルロワ=グーラン『身ぶりと言葉』（荒木亨訳、ちくま学芸文庫、2012年）

とです。「規則」なのではないかと思われるほど例外がない。しかしそれは何に由来するのでしょうか。エネルギーを注ぎ込んで描くような対象ではなかった、という説明はトートロジー（同義反復）、つまり言い換えただけです。少し踏み込むとしたら、こんなふうに考えることも許されるのではないでしょうか。つまり、画家にとってのバイソンとヒトの違いは、「自己言及（再帰）」が介在するか否かだ、と考えてみるのです。自分がバイソンを描くときなら、本物のバイソンと絵のバイソンのあいだに次々に橋を架けるアナロジーの運動を思い描くのは簡単です。ところが、自分が自分を描くという「自己言及」の関係を考えた途端、居心地が悪くなる。自分自身を外から見るのですから、肉体から幽体離脱して目だけになった自分と、魂の抜けた身体に、自分を分けなくちゃいけなくなります。人が対象を見る、描く。その対象の位置にその人自身を入れるときに生じる「自己言及」のぎこちない感じが、あのマッチ棒みたいなヒトの姿に現れているのではないでしょうか。根拠はありませんが、なんとなく魅力的な仮説です。

手の届かないところ

この絵も有名です［図3］。倒れたヒトとバイソンとトリが描かれています。狩人はバイソンとの死闘の末に命を落としてしまったようです。ただ、倒れる前にバイソンにひと槍浴びせていました。その証拠に、バイソンの腹部からは重い腸がこぼれ落ちている。今は四脚で大地をつかまえているバイソンもほどなくして倒れ、死ぬでしょう。そのかたわらで、トリらしきものがそっぽを向いている。

このトリもまた抽象的な描かれ方をしています。臓器の重さや熱ささえ感じさせるバイソンの描写に対して、トリは針金みたいで、記号に近い。肉としての描かれ方は選ばれていない。このトリは、バイソンの死を見届けて飛び立ち、両者の魂をどこかへ運ぶのではないかと言われています。もしそうなら、トリに託されているのは何かヒトの手が届かない超越的なもの、あるいは超越的なものに触れる資格といったものなのでしょう。

「超越的」という言葉は、自分たち人間にはとても扱いきれないと思われた重大な事柄を、神などの力に委ねて理解しようとするときに使います。自分の肉体や経験を超えるところにきっとあるに違いない、決定的に手の届かない何ものか、ですね。日照りが続くとか、生や死といったものは、やがて科学が取って代わるまでは、こうした「超越的」なものの力によって理解するしかなかったことは皆さんご存知でしょう。トリはそのような力に触れる存在だったのではないでしょうか。

とても紛らわしいのが、前述の「超越論的」という言葉です。それは自分自身を自分で外から見返すという、反省的な視点を指すのに使います。それによって人は自分を、自分たちを捉え直し、明日の自分を変えていける。

トリの絵は「超越的なもの」に関わり、ヒトの絵は「超越論的なもの」に関わります。それらをいずれも肉のある身体として描かない画家たち。気の抜けたようなヒトやトリの姿

［図3］絶命するヒトとバイソン（ラスコーの洞窟壁画）。
傍らには素知らぬ顔のトリの姿

はヨーロッパの洞窟も南米の洞窟も同じで、地域差がありません。そこに洞窟絵画の規則の厳格さを読み取ってみたい。絵というのは、昔も今も、私たち人間が世界を、自分を、どう捉えているのかを描くものです。たとえばキュビスムは断片的な視覚像をバラバラに描いて重ね合わせるようにして画面を構成しましたね。それは私たちが断片の重ね合わせによって刻々と世界を総合していくような見方をしているんだと、キュビストたちが考えたからです。ならば洞窟壁画の描画法だって、旧石器時代の人々が世界を、人自身を、どのように捉えていたのかを、示唆しているのではないか、ということです。

ここまでくると、壁画に「描かれていないもの」も気になってきます。たとえば植物は旧石器時代の絵画にはまったく出てきません。ここでは深入りしませんが、興味深い事実だと思いませんか。

3　不気味な累進性

モダン・ヒューマン

私たちホモ・サピエンスは、解剖学的な特徴で言えば20万年ほども前に旧いタイプの人類から分岐しました。約6万年前にはホモ族の一部の者たちが故郷である東アフリカの温暖な高原地帯を飛び出し、世界への旅を始めます。その少し前、約7万年前に「認知革命」と呼ばれる脳の変化が起きたと言われています。そう、それこそがここまで述べてきたアナロジーの能力を飛躍的に高め、世界のあれこれをヨコにつなげ、タテに序列化する力、そしてくるっと自分を見たり、自分たちを超えるものとのつながりを想像する力といったものを、私たちに授けたのでした。

私たちサピエンスは世界各地で旧タイプの人類たちに遭遇しましたが、彼らは絶滅したために、ヒトは私たちだけになりました。人類学はこの私たちを現生人類あるいは現代人（modern human）と呼びます。ちなみにモダン（近代ないし現代）という言葉は、私たちが今その中にいる一定の時間の広がりを意味します。どんなものさしで測るかで、長くも短くもなる。情報革命のものさしで見ればモダンとはたかだか数十年ほどであり、生物種のものさしで見たモダンは7万年、あるいはせいぜい20万年くらいの存在なのだよ、というわけです。そう、それ以前に気の遠くなるような旧い時代があったのだというニュアンスを含みつつ、私たちの時代はたかだか、というようにモダンという言葉は使われる。私たちはさまざまなモダンを重ねて自分たちを理解しているのですね。この「さまざまなモダン」という見方は自分を見つめ直すときによいヒントになります。ひとつではない。時間の尺度を短くも長くもできるようなレンズをはめたメガネがあれば、私たちは自分たちを多義的に捉え直せる。これ、ぜひ覚えておいてくださいね。

ついでに言えば、自分は何者か、ヒトとは何か、という問いそのものが再帰的ですが、モダンというのも私たちがこの時空にいながらそれを問い返す言葉ですからやはり再帰的です。つまり「モダン・ヒューマン」というのは二重に再帰的なアイデンティティの表現です。たぶん、再帰的（自己言及的）な眼をもつこと自体が、はるかなる歴史をもつアルカイック・ヒューマン（旧い人類たち）から、私たちモダン・ヒューマンを区別するのだと思います。

毛皮をなくした哺乳動物

ところで、類人猿研究の島泰三さんによれば、生物としてのモダン・ヒューマンは奇妙な突然変異の産物です（『はだかの起原』）。何が奇妙かと言うと、私たちは哺乳動物なのに毛皮のない、著しく体温保持に不利な身体的特徴を授かってしまった、ということです。ところが、たまたまその後に異常に肥大した大脳前頭葉を受け取った。それが先ほどの認知革命です。その結果、過ごしやすい東アフリカを出て、さまざまな過酷な環境へと徐々に歩を進めながら、毛皮がないからこそ衣服をつくり、住居さえつくり、それを「たったの7万年」で高度なインフラにプラグインされた超高層ビルに進化させてしまうような、不気味な累進性を私たちは抱え込んでしまいました。私たちが使う素材は、地球の深部から取り出されて長い距離を運ばれていたり、あるいは物質の奥深くを理解することで人工的に合成されたりしています。驚くべきことです。累進とは、何かが次の瞬間に少し大きくなったと思えば、その先の瞬間にもさらに大きくなるような、止めどない拡大です。

島さんによれば、前頭葉の肥大化により欠乏への恐怖、死後への恐怖にうちひしがれるなどというよけいな能力を身につけてしまったモダン・ヒューマンは、過剰に集め、過剰に蓄え、他者と助け合ったり争ったり、といった衝動に突き動かされるようになりました。石器時代の遺跡にすでにその傾向が窺えるそうです。ここでは私たちの世界更新の累進性に、アナロジーの作動という観点からアプローチしてみましょう。

アナロジーと累進性

何かをつくることは、いつも、すでにあるものの組み合わせを変えることです。無から有は生まれませんからね。そして、組み合わせのきっかけはアナロジーによって不断に立ち上がるのです。

酸化した鉄の赤をバイソンの毛色に見立てるとしましょう。何キロも離れた場所で見つけたその鉱物を、ヒトは洞窟に持ち込み、石灰質の壁面に塗りつける。描くための足場となる丸太。それを結ぶ縄。哺乳動物から採った油を少量そそいで灯すランプ。さまざまなモノが集められ、岩盤とともに新たな組み合わせがつくられる。そうしてバイソンの胴や脚、バイソンの個体の全体像、それらが配置された全体のパタン、さらにはいくつかの異なるかたちをもつ洞窟が組み合わさった全体という高次のレベルが刻々と更新されていきます。その間にもいろいろと予期せぬことが起きたでしょう。

描きかけのシカの首を見て、それを岩盤の黒い面の直上に描けば水面に出た頭部に見えるのではないかという誘惑が画家を捉えたのかもしれません。洞窟が幅の狭いヴォールト状（かまぼこ状）の空間ならば、そこに描いたシカは次々にシカを呼び、洞窟の奥へと行進する群れを着想させるかもしれません。ならばその先の空間には……。パタンの変化が新たなアナロジーの引き金となり、さらに鉱物やその他の資材が集められ、洞窟はどんどん変貌していくでしょう。

アナロジーが勝手に作動してしまうそのたびに、私たちは世界に多数・多重の分類をつくっています。生き物には脚や頭部があり、そのかたちは動物によって違う。そのまとまりのパタンも違う。単体、群れ、行進……。図像の群は、洞窟の立体的な地形的特徴とも組み合わされていきます。つまり部分から全体へ、下から上へと積み重ねられた階層的な分節が洞窟の中に生み出されている。その全

ニコラス・ウェイド『5万年前——このとき人類の壮大な旅が始まった』（安田喜憲監修、沼尻由起子訳、イースト・プレス、2007年）

ロビン・ダンバー『人類進化の謎を解き明かす』（鍛原多惠子訳、インターシフト、2016年）

体が、洞窟の外に広がる森の彩り鮮やかな世界とアナロジーの働きによってつねに相互に照らし合わされ、森自体も多数・多重の秩序として読み直されていくのです。圧倒的なイメージの増殖。

イメージの空間が複雑さと広さを増すたびに架橋の可能性が増えていることに気づいたでしょうか。さらに、小さな部分と、より大きなまとまりとのあいだに橋が架かってしまうことだってありえるでしょう。いわば斜めの架橋です。たとえばバイソンの背中が、たくさんのシカやウマが闊歩する草原に見えてくるかもしれない。バイソンの脚と思って描いた線と、2～3日前に狩場の目印にと木の幹につけたナイフの傷が似ていることに気づいた画家は、さらには巨大な峡谷だって同じだと思うかもしれない。斜めの架橋って、何か未知の事態が起きる危険な匂いがしますよね。

ひょっとしたら画家は、あるとき突然、岩盤の代わりに動物の毛皮に絵を描くことを思いつくかもしれません。すると絵画は洞窟から飛び出す条件を手に入れます。それはひとまとまりの知識を他所へ持ち出して適用する方法になる。あくまで仮想の話ですよ。

いずれにせよ、潜在的な橋の数は驚異的です。そのどこかに実際に私たちが橋を架けることによって少しだけ変貌した世界には、潜在的な橋がまた静かに増えている。これが累進性の秘密なのではないでしょうか。

建築進化序論

ここまでの話がそれなりに飲み込めれば、建築の進化も仮想シナリオ的に考えてみることができます。たとえばモダン・ヒューマンたちは、洞窟の住居と、狩りの夜のキャンプのときに動物の骨と皮、あるいは木の枝と葉っぱでつくる仮設的な小屋とを、間違いなく同じシェルターとして結びつけていたでしょう。洞窟の堅固な一体性と籠状の骨組みはまるで違うものですが、どちらも内部を囲うカタチをしているのですから、アナロジーがそれを結びつけるのはたやすいことです。

やがて彼らが洞窟を棄て、低地に進出すると、このキャンプの小屋が彼らの恒久的な住居の原型になる。傘を伏せたような小屋の下に、深さ1メートルばかり穴を掘ってみる。洞窟にあった堅固で厚みのあるたしかさのようなものを、掘った穴で再現できるのではないかと誰かが着想したのかもしれません。ならば屋根の上にも土を分厚く載せてみてはどうか。やがて屋根には草が生え上がって、周りの草原と区別できなくなっていく。草むらがぽこぽこといくつも丸く盛り上がったような集落ができます。

家の周辺はいつしか菜園になる。もちろん、それは自然の草原とのアナロジーが生み出したものでしょう。ちなみに洞窟時代からヒトはネコやイヌとともに暮らしていますが、ブラジルのジャングルに住む今日のある狩猟採集民は、栽培する植物をペットと呼ぶそうです。これもアナロジー。村の入り口に立つ柱にはバイソンの頭部が削り出されているかもしれません。家の柱にはヒトの立像が彫られ、屋根にはトリが飾られるかもしれません。これらヒトやトリはどちらも肉感がなく記号的で、彫りの深いバイソンの顔とは対照的かもしれません。村にはさまざまなモノが集められ、新たな組み合わせをつくり、それが刻々と変化していくのです。

やがて季節的な移動もやめて定住に踏み切ると、村の周りの菜園を広げます。大地が育む多様な植物と動物と昆虫や微生物に満ちた森が、ヒトによる季節限定の改変という段階から進んで、あたり一

フィリップ・デスコラ他『交錯する世界　自然と文化の脱構築——フィリップ・デスコラとの対話』（京都大学学術出版会、2018年）

面、相当の広がりが、小麦と野菜と家畜だけの人工的世界に置き換えられる。ヒトはその世話をするための技術を発達させますが、それは森が備えていた仕組みの一部をまるで毛皮に描いた絵みたいに、自在に持ち運びできるように切り出し、タテ、ヨコ、ナナメに掛け合わせ、組み合わせるような営みに違いありません。

何世代、何十世代にもわたってアナロジーに突き動かされた世界改変の営みが続けられ、気がつくとそこには狩猟採集時代にはなかった新しい風景が生まれています。集落には大型の集会所があり、丘の上にはいくつもの巨石が立っているかもしれません。しかし、様変わりした風景のあちこちに、洞窟生活以来の変形過程の跡が、復元的な解読を待つかのようにいくつも埋め込まれている。あ、単なるシナリオですよ、もちろん。

とにかくアナロジーは、世界を見る、描く……だけでなく、世界を組み替え、独自に組み立てる営みの根本でもあるのですね。今回の講義でお伝えしたかったのはこれです。

ただ、このどうということのないプロセスこそが悪魔的でもある。なぜならつくる契機は不断に生み出されてしまうからです。意思というより衝動です。すでにあるモノも、ヒトがつくったモノも、それに触れた者は手持ちのさまざまなカテゴリーのいろいろなレベルに次々に橋を架けることを試すので、モノはほとんど転がるように変貌していくのです。

4　互換性の思想

旧石器人の神話

他方ではこんなことも言われています。アナロジーの力こそが、この累進性への歯止めになるのだと。中沢新一さんの芸術人類学がよい例でしょう。たとえば中沢さんは北米のある先住民族の神話を紹介しています（『熊から王へ』）。彼らはおもにヤギを狩って生きてきました。神話の主題は、このヤギとヒトの関係です。おそらくは彼らの成人儀礼に結び付いていたと思われるその神話は、およそこんなプロットをとっています。

まだ半人前の少年は、父と兄たちとの7名のチームの一員として出かけた狩りの途中で、美しい色白の女性に出会います。彼女は狩りがうまくなりたいのならついてきなさいと少年を誘う。彼女に案内されてたどり着いた岩盤の洞窟に入ると、岩のトビラは閉まってしまいます。それはヤギたちの洞窟だったのです。ちなみに旧石器時代の洞窟住居は一般に岩盤にあいた横穴でした。その前方のテラス状の部分が入り口ですが、そこに岩の扉があったことを示す考古学的な知見もあります。つまり、ここでのヤギたちの住居は、狩猟採集を営むモダン・ヒューマンの住居を神話の中でヤギたちのコミュニティに投影するアナロジーだったということができるでしょう。

そう、少年を誘った色白の女性は雌ヤギでした。ここからは驚きの展開です。ちょうどヤギたちは発情期を迎えていて、雄たちは、崖の下に出ている雌たちを皆わがものにしようと勢いよく崖を駆け下りていきます。狩人の少年はおもむろに雄ヤギの毛皮を着せられる。すると自分がヤギになっていることに気づき、雄たちの後を追うのですが、ただ彼らのようには自由に動けず、すぐに他の雄たちにはねのけられてしまいます。そこでより若い雄ヤギの毛皮に交換してみるとうまくゆき、すべての雌ヤギと交わることができました。三日三晩、ヤギとなった少年はコミュニティのすべての雌たちと交わりました。

彼を誘った雌は、少年に別れを告げるにあたってこう伝えます。雌ヤギはすべてあなたの妻であり、仔ヤギはすべてあなたの子だから、今後も決して射てはならぬと。これを知ることが、よい狩人になる条件だったのです。つまりこの神話は、雌ヤギと仔ヤギには手をかけないという彼らが代々守ってきたタブーの由来を物語るものです。神話というフィクションのかたちで、狩りの掟の起源が語り伝えられているわけですね。

中沢さんは、この話にいくつかの「対称性」が埋め込まれていると指摘します。「互換性」と言い換えてもよいと思います。私なりに少し言い換えますが、それは次の3つです。

（1）ヤギとヒトは毛皮の脱着で互いに入れ替わることができる（身体の互換性）
（2）ヤギはヒトと同じように洞窟に住む（生態の互換性）
（3）ヤギとヒトは互いの交わりによる種の再生産さえできる（生殖の互換性）

ひとつめが「毛皮」の有無に関わっているのは、かなり興味をひきますね。毛皮を失ったモダン・ヒューマンの無意識の自己認識がそこに窺われるようにも思えるからです。

アナロジーと互換性

もちろん、こうした互換性の想像力もまたアナロジーがもたらすものでしょう。そしてアナロジーの架橋によってヤギとヒトとのあいだに組み立てられた対称性（互換性）の明晰さには、目を見張るものがあります。身体、生態、生殖。隙がありません。あの神話の人々は、互換性、対称性の想像力を強力に設定することで、ヤギを過剰に殺さないという規範にとても生々しい根拠を与えてきたのです。

中沢さんによると、同様の神話は各地の狩猟採集民に伝えられていて、話の構造はほとんど同じなのだそうです。変わるのは主な捕食対象の動物だけ。たとえばエスキモーならシロクマ、アイヌならサケです。つまりこの種のタブーは個々のローカルなコミュニティが歴史的な成り行きの中でつくり出してきた掟というよりも、モダン・ヒューマンがその認知革命とともに備えることになった普遍的な志向性を表していると考えるべきでしょう。累進性にブレーキをかける倫理です。

ところで、ジブリ映画『もののけ姫』にも毛皮の脱着などのモチーフが使われていますよね。互換性を信じる者と、むしろそれを破壊しようとする者。互換的な想像力のうちにとどまろうとする者と、累進的な文明の構築へ突き進もうとする者との相克が昂じてゆき、そのクライマックスにおいてカタストロフが引き起こされ、ゼロ状態に送り返される、それがあの映画のプロットです。一応付け加えておくと、ゼロへ送り返す力は地震などの自然現象でしょうね。ヒトの社会が被害を受ければ、それは「災害」と呼ばれます。

ことわる必要はないと思いますが、3つの互換性は、あくまでも神話の中の話です。実際には、ヤギとヒトとが交わることはできません。この世界は、膨大な数の異なる生き物が、きわめて複雑な交

ジェームズ・C・スコット『反穀物の人類史――国家誕生のディープヒストリー』（立木勝訳、みすず書房、2019年）

換によってつながりあっている。そのことは19世紀に始まる生態学によってやがて明らかにされていくでしょう。狩猟採集民は自分たちの活動圏の生態系について膨大かつ繊細な知識を持っていただろうと言われていますが、神話はそのうち重要性の高い部分にフォーカスしているのだと思います。狩る者と狩られる者、ふたつの種（集団）のあいだの互換性を、象徴的に取り出すだけで生存のためには十分な意義があったのでしょう。

先ほど、壁画に描かれる対象や描き方に、一定の規則のような区別があるという話をしました。彼らが力を込めて描いたのはやはりおもに狩る相手であって、それ以外のトリや植物はそれらほどの注意を向ける相手ではなかった、というのも間違いではないでしょう。しかし、そうだとしても自分たちヒトが何者なのかを捉え返そうとする超越論的（自己再帰的）な視点、そして自分たちが世界を知れば知るほど無視できなくなる超越的なものへの恐れ、そういったものを抱えている自分たちへの戸惑いが、私たちにはやはりあるのではないでしょうか。

やがて、ヒトの累進性は生態系へのインパクトをべき乗的に大きくします。19世紀に至るとその規模や速度はみるみる大きくなり、それだけ災害も大きくなる。ローカルな行動圏内の神話的な説明だけではとても自分たちと環境との関係を理解できなくなる。今日ではローカルな生態系はもちろん、微生物やウイルスを含むようなミクロな視野から地球と宇宙の交渉といったマクロな視野までが不可欠になっていますね。その理解の上に、ヒトがそのシステムにどう参加するのかが切実に問われるようになってきた、ということでしょう。

洞窟から超高層へと進んできた建築の歴史は、まさにモダン・ヒューマンの累進性のドキュメントと言うことができます。洞窟壁画のヒト／トリは、相手を食うという他者との互換的なヨコの関係とは別の、超越論的／超越的という、モダン・ヒューマンの特異なタテの知のありかを暗示しているのだと私は考えています。生き物は普通、遺伝情報に組み込まれた世界との応答のパタンを代々伝えるだけで、それを変化させることはできません。ハチは何世代たっても同じような巣しかつくれませんが、それはゴリラのような高度な霊長類ですら同じです。ところがモダン・ヒューマンは遺伝情報を超えます。アナロジーを基礎とする認知能力によって、私たちは生きながらこの世界の知り方を不断に書き換え、また世界に次々に手を加えて組み替え、それらを知識として次世代に継承してしまう。そういう異常な増殖力をもっているのです。このアナロジーの能力が、ほとばしる肉の世界、即物的で対称的な世界から私たちをタテに離脱させようとすると同時に、それを食い食われるヨコの関係の直接性へと差し戻すことを促しもする。

5　ぎこちなく世界へ

洞窟の壁面を満たしたあの図像たちは、漆黒の闇に灯をともすとゆっくりとその色を浮かび上がらせ、炎とともにゆらめく。きっと1960年代のエンバイラメンタル・アートか今日のデジタルインスタレーションのように、洞窟はサイケデリックにうごめく環境そのものへと変容し、サピエンスたちを包み込んだのでしょう。しかしその中で、トリは素知らぬ顔をして針金のようであり、気の抜け

スピロ・コストフ『建築全史――背景と意味』（鈴木博之他訳、住まいの図書館出版局、1990年）
佐々木成明『砂漠芸術論』（彩流社、2018年）

たようなヒトの線も壁から剝がれ落ちそうにさえ見えます。獣たちは異様な生命力をたぎらせてはいるものの、なぜか側面ばかりで、まっすぐにこちらを向いて威嚇することもないし、怯えて逃げることもない。いったい、あの洞窟の中には、全体として何が描かれたのでしょうか。

＊

そろそろ第1講は終わります。ぜひ覚えておいてください。洞窟と神話の世界は建築のふるさとです。モダン・ヒューマンは、そこから抜け出したけれども、やはり世界の中に自らがあることの居心地の悪さを引き受けつつ、また振り払うように、建築をつくってきました。新しい制作のきっかけは、いつも所与の豊穣な世界にある。素材もそこから集められ、集まったものが交雑する。ところがそこに世界からの超越が兆す。接続しない自律はありえない。ヨコのないタテはありえないのです。

では建築は、どのように接続し、どのように自律するのか？　次回からはそれを嚙み砕いて話していきます。

第2講

Lecture 2: Form and Substance

形態と内容——地上の幻

本講の基本文献

土居義岳『言葉と建築——建築批評の史的地平と諸概念』（建築技術、1997年）

ヴィクトル・I・ストイキツァ『幻視絵画の詩学——スペイン黄金時代の絵画表象と幻視体験』（松井美智子訳、三元社、2009年／Victor I. Stoichiţă, *Visionary experience in the golden age of Spanish art*, 1995）

1 生き続けるデコル論

形態と内容の一致を要求すること

リプレゼンテーション（representation）という言葉を聞いたことがありますか？ あるものが、他の何かを代わりに表すことを指す用語です。

前者の、何かを表す役割をするものは立体的なモノでも、絵や図でもよい。基本的にはカタチがあればよく、音や文字でも大丈夫。すぐにはピンときにくいかもしれませんが、言葉にもカタチがあります。「イス」と「キス」が似ているとか、「馬がパカパカ走る」と「人がトボトボ歩く」は似ているというとき、私たちは言葉や文の意味ではなく音や文字の並びのカタチを見ていますよね。本書ではこれら形態をF（form）という略号で表します。

これとペアをつくるのはその形態によって表される内容です。こちらはS（substance）としましょう。内容は人物、動植物、あるいは神、想像上の化け物、平和とか平等みたいな抽象概念でもよい。

FとSを使うと、リプレゼンテーションとはFでSを表すことである、というように表現できます。まず第1講の洞窟壁画を思い出しましょう。石灰質の岩盤と赤黒い鉱物（F）が、バイソン（S）を表してしまう。Fが現れたその場所にSはないのに、Sが現れていることになる。あるいは、イスという言葉も、椅子がない場所で椅子について話すことを可能にしてくれる。19世紀の詩人マラルメのこんなフレーズを高山宏さんが紹介しています。「薔薇という名前をどこまで書いても薔薇の香りはしない」。リプレゼンテーションが「再現前」、「代理表象」などとも訳される理由がよくわかりますね。でも、この講義ではシンプルに「表象」としておきます。

なんだ、第1講でアナロジーという言葉を紹介しながら話したことと一緒じゃないか――そう思われた人も多いでしょうね。部分的にはそのとおりです。でもアナロジーが働くとき、必ず表象が起きているかと言えばそうとは限りません。赤いビリヤードの球を見て、リンゴ、太陽などと連想するのはアナロジーが働くからですが、別にビリヤードの球でリンゴを表そうとしたわけではありませんか

高山宏『表象の芸術工学』（工作舎、2002年）

スヴェトラーナ・アルパース『描写の芸術――一七世紀のオランダ絵画』（幸福輝訳、ありな書房、1993年）

アーサー・C・ダントー『ありふれたものの変容――芸術の哲学』（松尾大訳、慶應義塾大学出版会、2017年）

らね。それに、今回は言語にも触れますが、イスというコトバは椅子に似ていないので一般的な意味ではアナロジーとは言えません。そして、今回は問題の文脈も違います。ここでは次のような局面を意識してください。

あなたに課題としてSが手渡されて、それを表象する適切なFを制作せよと求められた、そういう局面を考えてほしいのです。この視点から建築の問題に踏み込みたい。ゴシック大聖堂が「天上世界の似姿」だと言われたりするくらいですから、建築も何かを表すことが期待されてきたのです。とにかくあなたに課されているのは、SからFを求めよ、という問題です。これを次のように表すことにしましょう。

S→F　……Sは内容、Fは形態

ここで矢印はSからFを導く、という導出の方向を指すものとして使っています。じつは私たちは日常的に、ほとんどひっきりなしに無数の〈S→F問題〉に答えを出しています。昨日のエピソードをおもしろく伝える言葉を選ぶ、製図の授業に挑む服を選ぶ、などなど。

デコル論の系譜

このことをめぐってまず紹介しておきたいのは、建築史家の土居義岳さんが『言葉と建築』の第VI章「デコル論の起源と系譜」で書いていることです。それによれば、形態に内容との結びつきを要求する型の議論、つまり本講義で言う〈S→F問題〉は、古代から20世紀まで、ヨーロッパではきわめて根強い建築論の系譜をかたちづくっています。

まず古代ローマ。アウグストゥス帝のために建築家ウィトルウィウスが編纂した『建築十書』に、「デコル（あるいはデコルム）」に関する議論が出てきます。それは、たとえばヘラクレスやマルスなど男性の神々に捧げる神殿ではドリス式オーダーを、ウェヌスやフローラなど女性の神々にはコリント式オーダーを選ぶべきである、といった理屈でした。神々のタイプと円柱のタイプを対応付けたわけです。こうした対応付けを、デコルと言ったのです。

中世が終わるとこの理論が復活し、しかもどんどん拡張されていきます。たとえば盛期ルネサンスの代表的建築家ブラマンテは、デコルの理論をキリスト教にも適用しました。実際、彼が設計した有名なテンピエットでは、殉教した聖ペテロの徳を表すために飾りのない厳格なドリス式が用いられました。ペテロはキリスト教の聖人。多神教世界の古代に育まれたデコル論を、ルネサンスの芸術家たちは一神教のカトリックにも転用してしまったわけですね。

16～17世紀のフランスではビアンセアンス（bienséance）という言葉が登場します。建築家クロード・ペローがウィトルウィウスをフランス語に訳した際、デコルにこの言葉をあてたのです。礼儀作法、適切な振る舞い、といった意味でしょうか。これが建物の主題内容にふさわしい外観や立地を求める規準とされました。もうひとつ、適合性を意味するコンヴナンス（convenance）という言葉も似た意味で用いられましたが、こちらは建物の用途や施主の身分に配慮するものです。古代なら神殿、中世以降は聖堂こそが「建築」であったわけですが、ルネサンス以後はお金持ちの邸宅や彼らが寄進した病院といった建物も建築家が取り扱う「建築」になった。それで問題の着眼が神々や聖人の性質から、用途や社会的地位にふさわしい形態、というようにズレて広がった、ということなのでしょう。

18世紀啓蒙主義時代のフランスでは、建築家クロード・ニコラ・ルドゥが「語る建築」などと言ったように、建物の形態は、理性や道徳などの人間的な理念を表すことを期待されたり、あるいは工場なら生産される製品の価値を物語ることが求められたりと、幅広い内容を扱わなければならなくなります。そこで手を替え品を替えて建物の形態を細かく差異化し、それらが多様な「カラクテール（caractère）」＝性格を備えるようにしました。つまり多彩な内容を表象できる形態のレパートリーを増やす努力が払われたのです。

19世紀には社会（都市）が備えるビルディングタイプそのものが爆発的に増えます。鉄道駅舎、博物館・美術館、監獄、病院、百貨店、温室、学校、ブルジョアの郊外住宅、労働者住宅などは概ねこの時期に出現ないし一般化していったものですね。建築家はこうした未知の用途にふさわしい形態を与えることが求められます。さらにこの時代には王権や宗教にもとづく古い国家が壊され、新しい近代国家が成立していきますが、これもまた形態を欲しがります。でも国民国家の主体となる国民共同体はある種の幻想だと言われます。たしかに「日本人」なんて、実際には誰も触れることのできない想像上の共同体ですものね。そんなものを表す形態とは一体何なのでしょうか。

こんなふうにして、様式への負荷はついに、〈S→F問題〉を破裂させる寸前にまで高まり、実際、世紀をまたぐ時期に破裂したわけです。

しかし、20世紀前半の近代建築だって、結局はまったく新しいものとは言えません。装飾を脱ぎ捨てた、表面がピンと張ったような真っ白さ、ガラスの透明さ、構造のリズム、箱の構成といった特徴こそが、時代（時代精神）を表すものとされたのですからね。それに普通、近代建築の中心的な思想と考えられている機能主義だってじつは伝統的です。土居さんは、エドワード・R・ザーコのなかなかおもしろい本に触れつつ、そう指摘しています。建物の用途にふさわしい形態を、という発想はすでに紹介したとおりわりに古く、この時期の革新的な発想ではないのです。

Sはどんどん膨張してきた

〈S→F問題〉はきわめて根強いと申し上げましたが、言い方を変えた方がよいのかもしれません。これに代わる思考回路を探すのが難しいようなのです。建築史とはある意味で、建築の形態が引き受けるべき内容がどんどん増えていく歴史です。そしてどうやら、建築家たちは新しい課題、新しい要求に直面したとき、ともかく手持ちの回路である〈S→F問題〉のSにそれを突っ込んでみるしかなく、突っ込んでみるとこの回路が変質する。その繰り返しが建築史であるとも言えるわけです。

ルドゥはアルケスナンの製塩工場にオーダーを独特のやり方で用いました。いくらオーダーがその守備範囲を広げてきたとは言っても、まさか製塩工場なんてものに用いるとは。フランス王をはじめ顔をしかめた人々はそれが〈S→F問題〉の流儀に反していると思ったのでしょう。反対にルドゥは〈S→F問題〉を、工場をも扱えるより大きな枠組みに拡張したのでした。どちらも〈S→F問題〉そのものは疑っていなかったわけですね。

注意してください。いつも新しいSが現れ、Fは対応を迫られた。いつもSが先行する。Sが命令

磯崎新・篠山紀信『幻視の理想都市　ショーの製塩工場』（建築行脚10、六耀社、1980年）
エドワード・R・デ・ザーコ『機能主義理論の系譜』（山本学治・稲葉武司訳、SD選書、鹿島出版会、2011年）
エイドリアン・フォーティー『言葉と建築——語彙体系としてのモダニズム』（坂牛卓・邉見浩久監訳、鹿島出版会、2005年）

を出す。だから〈S→F問題〉と書いているのです。これ今後も使うので覚えておいてください。

2　相似と類似、イメージとコトバ

相似と類似

ここで一旦目先を変えます。第1講では約2万年前の洞窟壁画を題材にして、アナロジーのお話をしました。岩盤と炭と鉱物の集まりと、バイソンとを比べ、「似ている」という架橋が絶えず作動することによって、絵は描き進められる。「似ている」。どうということのない言葉ですね。ところが哲学者・歴史家で政治活動家でもあったミシェル・フーコーは、「似ている」には「相似（similar）」と「類似（resemble）」の2種類があると言っています。一瞬たじろぎそうですが、難しい話ではありません。身構えずに聞いてください。

相似──「AとBとが似ている」。両者は互いに似ているだけである。

類似──「BがAに似ている」。Aは「母型」であり、BはそれにAに似ている。ゆえに認識の上ではBはAの「複製」、極端に言えば劣化版ということにもなる。

フーコーは「類似」を「イメージの君主制」と言い換えています。それなら相似はさしずめ「イメージの海」とでも言えるでしょうか。「相似＝海」は水平的、「類似＝君主制」は垂直的です。はい、お察しのとおり、「ヨコとタテ」ですね。

たしかに、日常の中の「似ている」にはこの2種類があり、互いにまったく使い方が違います。たとえば誰かがうっとりして「これはリンゴのツヤそのものだ」などと唸っているとしたら、それはきっと絵に描かれたリンゴをとても写実的だと言っているのでしょう。そのとき、彼の意識の中では本物のリンゴが「母型」ですね。この「似ている」は「類似」です。本物のリンゴが君主で、絵はどんなに上手に描いても下僕です。この考え方を極端に推し進めると、真のリンゴの概念というものがあって、この地上の樹につく実際のリンゴは一切合切仮の姿だ、なんて発想にたどり着く可能性もありますが、ここでは扱いません。

逆に、果物店のリンゴをふたつ選んで、「左のリンゴは右のリンゴによく似ているなあ」と感心したりすることはまずありません。並んだリンゴとリンゴの関係は「相似」です。数学的な意味での厳密な相似ではありません。ここではお互い横並びの関係ということが大事で、もちろんリンゴどうしはちょっとずつ違っていても構いません。この世界のほとんどは、いろいろな相似（似ているけどちょっと違う、ちょっと違うが似ている）の集まりがひしめいているんじゃないでしょうか。たとえばコーヒーカップ。食卓にあるあなたのそれ、ルームメイトのそれ、研究室の流しにある色とりどりのそれ、商店街の老舗カフェのそれ、あるいはイスタンブールの市場の店先で日がな一日路上を見つめる銀細工店の店主のそれ……。

ミシェル・フーコー『言葉と物——人文科学の考古学』（新装版、渡辺一民・佐々木明訳、新潮社、2020年）

どうですか。とりあえず相似と類似の区別は大丈夫ですよね。問題はこの先です。

イメージは「類似」を支えうるか

こんな問題を考えてみてください。あなたの目の前に、ベラスケスがマルガリータ王女を描いた絵があるとしましょう。この絵がマルガリータ王女を描いたものだということを、あなたはこの絵だけによって証明できますか。いかがでしょう?

有名な絵だからみんな知っているし、間違える人はいないでしょう、というような話ではありません。それは社会化された知識の話。ここで考えたいのは、絵というものはそれ自身だけで自らの母型(君主)を確定できるのか、という問題です。

「できません」、というのが正解です。そりゃ無理です。似たような少女はいくらでもいるし、ものすごく似ていて誰もが間違いないと確信しても、「いや、モデルは俺の知っている別の少女に違いない、なにしろ瓜二つなんだから」などと言い出した人を説得する根拠は、絵の中には見つけられません。あるいは、ひょっとしたら画家は、マルガリータを描いた別の絵を模写したのかもしれない。とにかく、絵そのものによって母型を決定することは不可能なのです。「これはマルガリータ王女の絵以外ではない」と言いたくても、絵はそれを約束できそうにない。

今最後に口をついて出た言い方はよいヒントになりそうですね。そうです、じつは類似を保証するために必要なのは、よりパワフルな結合(もっと迫真的に似せよ!)ではなく、キッパリとした排除(マルガリータ以外の一切を払い除けろ!)なのです。タテの類似関係をつくるためには、まずヨコのやつらを押しのける排除が必要だった。

皆さん、ちょっと苦労すると思いますが、意味を忘れてカタチだけを見ている状態を強制的につくってください。すると他のお姫さまたちを描いた無数の絵、そしてその本人たち、ひいてはマルガリータ自身、あるいは他の娘たちや人形たち……これらがまったく横並びになった光景を思い浮かべられるはずです。どれも視覚像としては少女で、ちょっと目を細めれば似たりよったり。相似の海。そこからふたつを選んで類似のペア、君主と下僕の関係をつくるには、部外者を排除し、さらに上下を決めないといけないのですが、イメージにはそんな能力はない。むしろ、世界中の、人類史上の、似たような背格好の娘たちや人形や絵をもっともっと集めたくなって、私たちにもっと目をかすめればいいじゃないかと迫ってくる。止まらない。どうやって私たちは「類似」を成り立たせているのでしょうか？

表象の2種類

じつは、排除と階層化は、コトバが得意とするものです。

近代言語学の父フェルディナン・ド・ソシュールによるコトバの説明を、平易に紹介してみましょう。まず、この世界の広がりを覆えるとてつもなく大きい網のような格子を想像してください。マス目の数は驚異的に多い。その一つひとつに、イス、ツクエ、ユカ……といったラベルが付いています。これを世界にガバっとかぶせ、格子で切り分けてみたら、椅子のところにはたまたまイスというラベルが当たった――それだけのことだとソシュールは言う。イスと椅子のあいだに何ら必然的な結びつきはないのだと。

鮮やかな割り切りです。そして重要なのは、イスと椅子がペアリングされたマス目の中には、机も床も含まれない、皆払い除けられている、それが言語のあり方なんだ、ということです。

でも、イスが椅子と結びつくこと自体には説得力がありません。アナロジーが働かない。たとえばイディッシュ語を話す人たちに「イス」という音を聞かせても、椅子のイメージは湧かないでしょう。何だか、言語的表象も頼りなく思えてきますね。

その点、イメージは視覚的にそれと結びついているかもしれない母型を「コレかもね」と提案できます。ただし、赤い丸を指さして、リンゴ、ビリヤードの玉、太陽……を次々に提案しては、屈託のない笑みを浮かべて「コレも似ている、うんうん」といった調子です。写実性を高めれば絞り込めるという話では断じてないことは、マルガリータ王女のところでお話したとおりです。むしろイメージの本領は似たものを見境なく引き寄せる力、そう、「相似」の仲間づくりです。

イメージはヨコへヨコへと仲間をつくり、ときには思いがけない友人もつくれるところが魅力ですが、その人なつこさを止められないという弱点がある。他方、コトバは主人以外のすべてを排除できますが、他ならぬ主人との結びつきが弱いという弱点を抱えている。ならばイメージが引き寄せ、コトバが選べばよいのでは？　そのとおりです。私たちの日常的なコミュニケーションから芸術表現に至るまで、じつは背後でコトバとイメージが協力しているんです。

コトバが「マルガリータ王女」と言えば、他の少女たちもその絵もすべて排除されます。そして「この絵はマルガリータ王女だ」と言えば、王女と絵の関係は、SとF、つまり君主と下僕、というように決まる。コトバは排除し、階層化するのです。もちろんコトバだけでは説得力が弱いのでイメージがそれを助けます。でもよく考えてみれば、同時に、イメージはコトバの排除と階層化の力を危機にさらしもする。だって仲間をどんどん引き寄せて、せっかく立ち上がったタテの主従関係を、ヨコに広がる同一性と差異の海に溶かしてしまうかもしれませんからね。だからコトバは繰り返しそれを禁じる。

こういったコトバとイメージの危ない密約を、フーコーは『これはパイプではない』というタイトルのルネ・マグリット論で軽妙に解剖してみせてくれます。薄めの本なので少し背伸びをして読んでみてはいかがでしょう。

建築はコトバに似ている？

FとSを使って言い換えてみましょう。ベラスケスの絵（F）は、先行する王女マルガリータ（S）に対して与えられる。同様に、イスという語の音（F）は、椅子の実物（S）に対して与えられる。〈S→F〉ですよね。さあ、落ち着いて考えてみましょう。

伝統的な絵画の場合、絵（F）がその内容（S）を首尾よく伝達してくれるためには、ふつう、FはSに「類似」している方が望ましいでしょう。もちろん、先ほどお話したとおり、似ているだけではひとつのSには絞れない。そして実際は、そうとは知らぬまま、コトバによる説明や伝聞の助けを借りている。ところが、言語の場合、そもそも「イス」という音（F）を、できるだけ椅子（S）に似せる、などという発想自体がナンセンスです。もともと似ているかどうかは関係がない。

ミシェル・フーコー『これはパイプではない』（豊崎光一・清水正訳、哲学書房、1986年）

どうでしょう。建築は視覚的な造形芸術だけれど、じつはコトバの方に似ているような気がしてきませんか。たとえば古代ローマの神殿についてウィトルウィウスが言ったことを思い出しましょう。男性の神々にはドリス式、女神にはコリント式のオーダーを、でしたね。でも、ドリス式であろうとコリント式であろうと、基壇・円柱・エンタブラチャーのカタチは、ちっとも神様たちのカタチには似ていないのではないでしょうか。似ているかどうかが問題なら、もっと似せようという話になりそうですが、そんなこともありませんでした。同様に、ドイツ国民（S）にはゴシック様式（F）を！と19世紀のケルン司教が叫んだとしても、ゴシック様式がドイツ国民に似ているはずはありません。いや、「ドイツ国民」は先ほど話したとおり、誰も見たことはないけれど皆で信じることにしている想像上の集団です。ひとりのドイツ人にはカタチはあるけど、ドイツ国民にはカタチなどないのです。そんなものに「似ている」というのは、実際問題として何を意味するのかわかりません。

3 むしろ「ふさわしい」こと

デコル論は修辞学であった

実際、建築に「類似」が求められることはほとんどないと言ってよいでしょう。みかんが特産の地方で、みかんのカタチをした公衆トイレの設計が求められる、などという場合は別ですが（笑）。一般に、建築設計においてFとSを結んできたのは「類似」ではなさそうだ、ということです。

では、建築は言語だと思えばよいのでしょうか。少し考えてみると、それも微妙な気がしてきます。だって、ゴシック様式を使ったらドイツ国民以外のものを排除できるかというと、そんなことはありません。そもそもゴシックはカトリックという宗教の様式として発達したもので、○○国民なんて発想とは無縁ですよね。他方で、たとえばイオニア式やコリント式の円柱がすらりとしているのに対して、ドリス式はどっしりと力強い。それが神々の性差に関わって選択されるというのは、まあそれなりにはイメージに結びついています。正確に言えばイメージを比べたときの「差」に関係がありそう。あなたが建築家なら、柱を女性の姿に似せるのはナンセンスだと思っても、人々がもっと女性らしさを受け取りやすいように柱の姿を少しずつ調整してみよう、なんてことならできそうです。モノの名前ではそうはいきませんよね。

でも、コトバだって、ひとつの名詞に対して、いろいろな形容詞や副詞などを選んでくっつけていくと性格を変えられます。つまり伝えたいSにより「ふさわしい」表現や語順などのFを選ぶことはできる。イメージ伝達の「差」はつくれる。そして、それには一定の意義があります。どういう意義かと言えば、人々にできるだけ違和感なく説得的に受け取ってもらう、という意義です。絵画の場合も、王女マルガリータにふさわしい衣装や表情を与える、といったことができますね。言語表現であれ絵画表現であれ、こうした技法は、社会に共有され、歴史的に変転しつつも継承されてきたコトバやイメージの蓄積を活用することに他なりません。

この「ふさわしさ」という回路は弁論術・修辞学などの範疇に属します。古代ギリシア・古代ローマは「修辞的社会」であったとも言われます。ギリシアでは「市民」と呼ぶに値する人を育成するこ

大原まゆみ『ドイツの国民記念碑1813年-1913年——解放戦争からドイツ帝国の終焉まで』(世界美術双書、東信堂、2003年)

とを「パイディア」と言いましたが、その中でも修辞法の習得は重要な位置を占めていました。修辞学専門の学校も教則本もあったそうです。学校では、動物を主人公にした寓話を創作したり、歴史的に著名な人物の逸話を書いたり、論証と反論、称賛と非難、一般命題についての論述などと段階を踏んで修辞学を学ぶようになっていたそうです。

じつは古代ローマのデコルは、この範疇に属するのです。遠回りしましたが、もともとデコルは「ふさわしさ」を意味する修辞学の概念で、その建築版をウィトルウィウスは書いたのだということですね。

ここらでまとめておきましょう。建築は、イメージのようにSとの類似によってFを決めるのではありません。また、コトバに近いところもありそうですが、結びついては困るものを排除するのも苦手です。そして、人々が社会的・歴史的に蓄積している伝え方や受け取り方の慣習を踏まえて、Sに対するFの「ふさわしさ」を左右する修辞学にこそ軸足を置いている、いや置かざるをえないらしい。どうでしょう。建築というものの素性が少しわかってきたでしょうか。

4　幻視絵画の窓

聖ステファノの幻視

ここでひとつ興味深い絵を紹介します。美術史家のヴィクトル・I・ストイキツァが『幻視絵画の詩学』という本の冒頭で取り上げているファン・デ・フアネスの《神殿の聖ステファノ》です［図1］。今はマドリードのプラド美術館にありますが、かつてはバレンシアのサン・エステバン聖堂に掲げられていたそうです。キリスト最初の殉教者のひとりステファノが最高法院で「神の家」について自身の見解を述べるという、『使徒言行録』のよく知られた一節を絵にしたものです。

［図1］ファン・デ・フアネスの《神殿の聖ステファノ》（1565年）

ステファノはユダヤ人たちの前で、彼らが後生大事にしている神殿を批判します。ユダヤ教は偶像禁止、つまり神に具体的なカタチがあることを認めないのに、ユダヤの人々はその建物に神が住むと信じて祈っている。ステファノは人がつくった建物に神が住むはずがないと彼らを説得しようとする。そして上空を仰ぎ見た瞬間、目を見開き、こう言います。「天が開いて、人の子が神の右に立っておられるのが見える」と。それこそが真

浅野楢英『論証のレトリック――古代ギリシアの言論の技術』（講談社現代新書、1996年）

の「神の家」だとステファノは言う。ユダヤ人たちはいよいよ激しく苛立ち、歯ぎしりをして、つい に大声で叫びながら、手で耳を塞ぎ、ステファノに襲いかかる。そうして彼は命を落とす、つまり殉 教するわけです。

このとき彼が「天上」の「神の家」を見つつ殉教したエピソードは、後世の教会にとって大きな意味をもつことになります。こうした奇跡を多くの人々に共有できるようにすることが、カトリックにとって人々を教会に引きつけるうえで重要な戦略とされたのです。プロテスタントの勃興に対抗するカトリックの巻き返しの時期（16〜17世紀）にこうした「幻視絵画」が流行し、かつどんどん進化したのはそのためです。

ストイキツァによる絵の考察を紹介しましょう。画面の右に立つステファノは、左手に書物をもち、斜めに差し出した右手が指す方向を仰ぎ見ています。指の先には四角い縁取りの中に幻視された「イメージ」が、そして左手の書物には「天が開いて……が見える」というステファノの幻視を伝える「コトバ」があり、右手の腕のラインがこれらを強く結びつけています。怒り狂って耳を塞ぎながら彼に襲いかかろうとするユダヤの人々の姿のうち、ひときわ目立つ中央の腕とその背後の腕が、ステファノの右腕とクロスしてもうひとつの斜線をつくるのですが、その先の丸窓にはただの空が見えています。ステファノには見えている「神の家」が、彼らには見えないのですね。このふたつが中央右寄りのイオニア式円柱を境界にして、衝突し、かつ、決して交わることはない、そんな関係が描かれているわけです。おもしろいですね。

ストイキツァはこの絵から始めて、17世紀スペインにおける幻視絵画の展開をダイナミックに描いてみせるわけですが、ここではもう少しこの絵の理解を深めたいと思います。

類似と修辞

画家ファネスはこの挑戦的な画題に求められる条件を正確に書き上げたに違いありません。細かく挙げていけばキリがないのですが、一番重要なのは次の2項目です。

ステファノの視線（右下から左上へ）
彼は現実の神殿にいるが、現実にはない光り輝く「神の家」を見ている。
ゆえにユダヤ人たちの神殿は偽である（と彼は信じている）。

ユダヤ人たちの視線（左下から右上へ）
彼らは現実の神殿におり、現実の神殿しか見えていない。
ゆえにステファノの主張は偽である（と彼らは信じている）。

このふたつの視線があり、しかし、それらはただ交差するだけで、決して双方に共有されることはない。このことを図解するダイアグラムを作成するかのように、ファネスは絵の画面を設計したのです。紙芝居か漫画のようにシーンを切り分けて並べることができれば話は違ってきますが、ファネスはこのふたつの事柄をひとつの画面に重ね合わせて観者に読み解かせようとしている。

このダイアグラムには、イメージが苦手とする事柄がいくつも含まれます。

（1）階層（現実の空間と、その一部が開いて現れる幻視の空間とは、同じレベルにはない）
（2）不在（ステファノが見たと確信するものが、ユダヤ人たちにとっては存在しない）
（3）拒絶（人々はステファノの幻視を共有しようとしない）

これらはいずれも否定＝排除を含みます。イメージはひたすら「ヨコ」に仲間をつくる能力には長けていますが、否定はできない。ファネスはどうしても絵の中にコトバを参加させざるをえなかった。なぜでしょう。四角く縁取られた「絵の中の絵」が、描かれた実空間の中にあるのか、本当はそこにはないのか、イメージだけでは最終的には区別しようがないからです。これは（1）に関わりますが、そもそも（1）が観者に理解されなければ、（2）や（3）につながっていきません。

この絵の成立の鍵を、その一番のおおもとのところで握っているのは、書物（幻視を語るコトバ）と、左上の絵（幻視されたイメージ）との結合（密約）です。これによって、あの小さな四角の内部は、ステファノが見たと主張する空間の表象であることが示される。そうではない読み取りが排除される。これが確定すると、その「神の家」と絵全体が示す神殿とをめぐってステファノとユダヤ社会とが対立を爆発させるという絵全体の意味も伝わる。

そして残る諸要素、つまり領域分割、斜線の交差、開口部、円柱、耳を塞ぐ人々などは、構築された表象を、観者により説得的に伝えるための修辞なのだと言えそうです。今まで触れていませんでしたが、円柱の表面や周りには、異教徒的なあやしげな図像が満ちています。そんなユダヤの神殿と対比されて、ステファノの言う光輝く「神の家」が上空に現れるわけです。

あまりややこしいと思わないでくださいね。まとめるところです。コトバによる「排除（他ならぬそれだ！）」を起点に、「類似（似ている）」による表象を組み立て、交差させ、この図式を「修辞（ふさわしい）」で豊かに支えていく組立てがこうして理解されます。

ストイキツァによれば、幻視絵画はやがてファアネスの絵にあった書物＝コトバを消していきます。コトバは説法と伝聞によって社会に浸透するので、絵の中になくてもよいからです。いや絵の中の文字はむしろ邪魔と言うべきでしょう。虚構を空々しくし、その綻びのきっかけになりかねない。むしろ、イメージだけの世界が技術的に類似を迫真の域にまで高め、同時に、よりふさわしく感動的に伝えるための修辞の技法を高度に発達させていくのです。

発達した幻視絵画にあっては、観者はリアルで説得力ある絵の中に引き込まれ、そこにいる幻視者に自己を同一化させることで、まるで自分が本当にその幻を見るという神秘体験をしており、他の者に理解されないことの苦しみさえも感じているような錯覚に陥る。つまり絵画はイリュージョンになる。その発達から見れば、ファアネスの絵はいかにも理屈っぽい図解的なダイアグラムのようです。

それでも基本的な構図は変わりません。描かれた現実の空間の中に幻視された空間を描くという入れ子状の階層性と、絵の中の人物で唯一その「絵の中の絵」を見ることができる幻視者の存在。このふたつはいつまでも幻視絵画に不可欠の要件であり続けました。

ところで、幻視絵画にかぎらず絵画はバロック期にイリュージョンとなり、これが絵画の正統となりました。それを解体しようとした20世紀のマグリットの絵は、フーコーが分析したように、文字を登場させ、イメージとコトバの関係を示すダイアグラムのようになるのですが、ここではそれに触れるのは我慢しておきます。

5 そこは相似の海だった

幻視絵画の窓から現実の大地へ

今からちょっとアクロバティックなことを言いますよ。

ファネスの絵の左上に描かれている幻の「神の家」らしきものを、あの開口部のような四角い縁取り、いわば「穴」から地上の現実世界へと引っ張り出すことを想像してみてください。

あの家は、光輝いてはいますが雲の上に漂うばかりです。しかし地上には重力があり、風雨がある。この大地に基礎を据え、壁と屋根のある家を建てなければなりません。そのとき、この「神の家」と称する建物は、他の普通の家々と基本的な部分を通底させてしまう。しかし、それでもそれを「神の家」と言わなければならない。

地上に引き下ろされた瞬間、「神の家」と言えども、いわば延々たる相似の海の中にそれは放り出されてしまいます。「神の家」にも扉や窓を取り付けるでしょう。街の中にも無数の扉や窓がありま す。似たようなものです。この相似の海を引き受け、その一部でありながら、強い幻、もうひとつの世界を打ち立てること。

――これが〈建築〉なのではないでしょうか。

では、どうすればこの家を「神の家」だと人々に受け止めてもらえるでしょうか。もちろん、教会の建立を心待ちにしていた信者たちはどんな小屋でも「神の家」なのだと言ってくれるかもしれません。しかし、彼らの歓喜はいつまでも続くわけではない。事情を知らない人たちには何も伝わらない。そこに、修辞＝「ふさわしい」があれほど強調され、〈S→F問題〉が捨てられなかった理由があるのではないでしょうか。

SにFを与える

皆さんが目を回してしまわないか心配ですが、ここでもう一度話を転回させます。〈S→F問題〉の、この矢印の向きをひっくり返すことはできると思いますか？　この問いに関して最も重要な建築家のひとりがこの島国に現れました。丹下健三です。欧米で第1次世界大戦の前から後にかけて確立されていった機能主義の命題「機能的なもののみが美しい」は、新しい時代の形態に新しい美学を与えるのは機能という君主への忠誠だけなのだ、という騎士道的な宣言なのですが、それが丹下は反対に「美しいもののみが機能的である」と喝破しました。Fにこそ独自の意義があり、それがむしろSを喚起するのだと。〈F→S〉ですね。惚れ惚れします。これは、よく言われているような機能主義批判にとどまるものではありません。むしろ、長い長い射程をもった真理とさえ言うべきかもしれません。

考えてみれば、幻視絵画というのは、教会にとって重要な幻（S）を、それが一般の人々には見えないからこそ、絵（F）によって不断に再生・強化する必要に迫られて描き続けられたものです。つまり、あるとは言われているが、何だかわからないSを、力強いFによって喚起し続けなければならなかったのですね。これは丹下が言ったのと同じです。

ところで、キャンバスいっぱいに幻を描くことだったら、じつは難しくありません。つまり、現実にはありえない光景が画面いっぱいに描かれているのなら観者はそれを単に幻想の絵と受け取るだけでしょう。そうです、幻視絵画の本質的特徴は、現実の中に幻を描くことにあるのです。

建築を考える者にとって幻視絵画がとても参考になるのではないかと思ったのはこのためです。これこそはあなたがたの大切にしている理想の姿なのだというものを、建築は現実の相似の風景の中に何とかしてつくり出そうとする。重力と風雨をそれらの家々と共有しながら、それでもなお強く屹立するFをつくる。Sを喚起させるにふさわしい形態としてのFを立ち上げてやらなければ、Sは頼りなく消えて周囲の風景に溶け出してしまう。そういう意味で、矢印の向きはつねに〈F→S〉と書くべきなのだとも言えるのです。

何度も繰り返してきたように、建築は実在の何かに似せることが難しい。しかし、だからこそギリシアの神々からドイツ国民共同体に至るまで、カタチをもたない何か、つまり共同の幻想を地上に再現する役割を担うことができる、そういう捻じれた役割が建築には与えられてきたのではないでしょうか。

他にこんな視点もあります。20世紀後半の建築家ジョルジョ・グラッシやアルド・ロッシら、イタリアのタイポモルフォロジスト（類型学的形態論者）たちもまた、Fに優位性を置きました。といっても丹下とは脈絡が違います。円形闘技場が使われなくなったところに人々が入り込めば、真ん中に広場のある円形の集合住宅か小都市のようになるでしょう？　一般の建物も数百年の時間の流れの中でいろいろに使われ、さまざまな意味を与えられます、言ってみればSは、Fを気に入ったのでしばらく滞在しただけの旅人みたいなものです。入れ替わりのタイミングでは、FがSを触発した、とも言えます。古代ローマ以来の2千年の都市の堆積物を引き継ぐという問いを掲げたタイポモルフォロジストたちにとっては、主題や使い方などのSはむしろ短命であり、Fこそが千年、2千年にわたる持続力を持つと考えるのが当然だったのです。彼らには第2部で登場してもらうつもりです。

さあ、私たちはフラットに〈F－S〉と書ける地点まで来ました。つまりこう表現するのがフェアなようです。SはFを求めるが、Fを決める条件を十全には与えてくれず、FによってこそSを喚起させなければならない。そういう揺らぎというか、決定不可能性のもとで、それでもそのFを決めるのが建築家です。

〈F－S〉と〈ヨコとタテ〉をめぐって、本講義はまだまだ思索を続けます。第2講はこれで終わりにしましょう。

黒田泰介『ルッカ一八三八年――古代ローマ円形闘技場遺構の再生』（編集出版組織体アセテート、2006年）

第3講

相対と絶対——数と幾何学の魔法

Lecture 3: Relative and Absolute

本講の基本文献

マリオ・リヴィオ『神は数学者か？——数学の不可思議な歴史』（ハヤカワ文庫ＮＦ、２０１７年／Mario Lvio, *Is God a mathematician?*, 2009）

マリオ・リヴィオ『黄金比はすべてを美しくするか？——最も謎めいた「比率」をめぐる数学物語』（斉藤隆央訳、早川文庫ＮＦ、２０１２年／Mario Livio, *The golden ratio : the story of phi, the world's most astonishing number*, 2002）

溝口明則『数と建築——古代建築技術を支えた数の世界』（鹿島出版会、２００７年）

ジョン・サマーソン『古典主義建築の系譜』（鈴木博之訳、中央公論美術出版、１９７６年／John Summerson, *The Classical Language of Architecture*, 1963）

1 逆立ちが起きる

数は即物的で身体的であった

唐突ですが、日本語はモノによって数え方が違いますね。「頭」「匹」「羽」など。助数詞と言いますが、その種類がたくさんあります。日本語だけではありません。助数詞の豊富な言語はいくらでもあります。バイソンとトリが同じではないように、バイソンを1頭、2頭と数える行為と、トリを1羽、2羽と数える行為とが同じではありえなかった大昔の名残りかもしれません。こういう例に触れると、もともと数はモノから離れられない、また同時にモノを数える身体的な行為そのものだったのではないか、という感じがしますよね。

いや、それはピンとこないな、という人もいるでしょう。たぶん皆さんにとって抵抗がないのは、正反対の見方でしょうね。動物たちよりも先に「2」という抽象的な数があり、それをバイソンにもトリにも当てはめる、その方が自然に感じられるのではありませんか。

数学史が教えるところによれば、数はモノを数えることから生まれ、そして抽象化していきました。哲学史、言語学、文化人類学もだいたい口をそろえます。では具体的なものから抽象的なものに、どのように変化したのか。いろいろな説明シナリオが考えられてきましたが、ここでは簡単な例をひとつ紹介しましょう。

ヒトの目というモノの「ふたつ」と、耳というモノの「ふたつ」。これらは同じではないかという気づき。これはアナロジーに他なりません。「ふたつ」でセットになっているという対称的なパタンが同じだね、ぴったり重なるね、というような判断が働く。このとき「ふたつ」はモノから遊離し始める。目にも耳にも当てはめられる概念になったということですからね。これに一旦気づけばあとは早い。鼻の穴も、腕や脚も同じパタンが適用可能ですね。同じだ、同じ！　すごいよ、すごい！　と言っているうちに、概念としての「ふたつ」は目や耳や鼻の穴から離れた自律性を強めていきます。

つぎに、森のような無数の木々の中から2本を括り出して「これもふたつだ！」と指差す段階に進みます。森の木々は均質に広がっていて、目や耳のように対称的なペアで並んでいるわけではありませんよね。でも2本を選べば「2」です。この「2」は、もうペアでないと使えない「2」とは違います。何にでも当てはめられる。まもなく3でも、11でも、何でもいけることに気づく。こうなれば数は自律的な抽象概念としてほとんど完ぺきです。

これは必ずしも「歴史的」な発展として理解すべきものではないでしょう。少なくとも抽象的な数にたどりつく能力はモダン・ヒューマンが種として分岐したとき、あるいはその後の認知革命（脳の突然変異）によって、獲得済みのはずですし、それ以降、私たちは生物として何ら変わったわけではありません。今話したくらいの数の使い方なら石器時代の人々でもごくありふれた日常的なコミュニケーションの範囲に属したのではないでしょうか。「歴史的」に語るべきは、このような数の性質を社会的に活用する体制がどのように構築され、自明化してきたか、といったことでしょうね。つまり国家による税の徴収とか、銀行による資金の運用といった事柄です。私たちが12万9800円、などという金額を口座から出し入れしたり、感染症対策費が何兆円にのぼったとかいうニュースを日常的に聞いたりするのは、まったく恐るべきことです。そんな数は、モノや行為とくっついていた数とははるか異次元にあります。

逆立ちが起きる

おさらいしましょう。「2」は、モノとそれを数える行為に具体的に結合していたはずです。ところがいつのまにか、一般的に何にでも当てはめることのできる性質をもって、目や耳や腕などより先にあったかのように思われてくる。すると見出されたふたつのモノはみな「2」の事例のように見えてしまう。そういう逆立ちが、数を知るとほどなくして起きます。

この話を、〈F－S〉関係、つまり表象の議論として見直してみましょう。もとはモノが先行していた。たとえば目が左右にペアになっている、その具体的な状態（S）を「ふたつ」という音（F）によって表象する、そういうことだったはずですよね。ところが私たちの頭の中では、何にでも当てはめられる「2」という数の概念（S）が先行しているようでもあり、それを一対の目だけでなく、耳、鼻の穴、腕……などの例（F）が表象する、というような先ほどとちょうど反対の理解もできます。そして私たちはこの見方にむしろ慣れている。

たぶん皆さんも、はじめて数というものを知った子どものころは、モノがいくつあるかを捉えて伝えるために数を使っていたと思います。ところがいつのまにか、数はモノに先行してあり、モノがなくても数はある、というようなことが当たり前になっていたのではありませんか。気づかぬうちに転倒が起きているのです。

ちなみに同様のことは椅子にも起きます。ひとつの椅子を見て、それを「イス」と呼ぶ（あるいは書く）とき、椅子がSで、イスがFですね。イスという音（F）が、その内容である実物の椅子（S）を代理している。さてコトバはどんな働きをするんでしたっけ。思い出してください。そうですね、椅子ではないものを排除する。前回は言わなかったと思いますが、このとき同時に、あらゆる椅子を包摂します。つまり「イス一般」という概念が立ち上がる。そして、具体のいろいろな椅子（F）がイスの概念（S）を表す事例になってしまう。今、FとSが入れ替わりましたよ。そしてこのとき、椅子の実物だけでなく、椅子の絵や彫刻なども、イスの概念に仕えることになる。この概念こそが君主です。

やや脱線しますが、この転倒はわりに重要かもしれません。

前回話題にした「神の家」は、どこかにあった建物を見た者がそれを「神の家」と呼んでいる、という類いのものではありません。誰も見たことがない、あるいはカタチをもたない。だからこそ、聖ステファノのように「たしかに見た」「私はFを知っている」という幻視者は教会にとって重要だったのですね。教会と言えども、じつは「神の家」のカタチなんてわからないのだけれど、彼の幻視体験をイメージとして再生産し続け、なおかつそのイメージの修辞的な力を高めようとしました。そうすれば、絵を見た信者たちが自らをステファノに重ね合わせ、自分がもし幻視体験の幸運に浴すとしたらきっとステファノと同様であるに違いないと思ってくれるだろう。それは「神の家はあるはずだ」という期待を人々に抱かせ、神の世界へと人々を導く教会の権威を保つことにつながる。修辞というのは、たとえばステファノがユダヤ人たちになじられ（ついには殺され）る場面によって彼の信念の孤独な崇高さが際立つとか、偶像に満ちたユダヤの神殿を舞台とすることで光のみに満たされ壁も屋根もない真の「神の家」が際立つとか、そんなことでしたね。これらは「ふさわしさ」を高め、説得力を増すことであって、真か偽かの問題でも、どのくらい似ているかの問題でもありません。建築も、これと同様の回路をその根本に置いているんだということを、前回話したのでした。

脱線が長くなっていますが、ここで言いたいのはこういうことです。つまり、実在するのは教会の建物（S）だけで、それを教会という言葉、地上の「神の家」という言葉（F）で呼んでいるだけ。ところが、聖堂の具体的なカタチを探求し、その試みを積み上げていくことで、それらが事例（F）となって、それらに先行して真実の「神の家」（S）があるんだという認識の逆立ちが起きる。幻あるいは理想こそが先にあり、建築はそれを具現化しようとしているのだというように。

何も教会だけの話ではありません。国民が手を合わせることで戦争犠牲者が英雄となる祈りの場。多種多様な地域住民が集まって何となく一緒にいられるような図書館。こういうものも考え始めるとわかるようでわからない。いやもっと身近な家族という観念だってわからない。わからないがゆえにつくる。探求を積み上げることで、あるかもしれない理想への人々の期待を喚起する。それが建築なのです。

これで第2講の復習ができましたね。

2 「1」はのぞく、なぜなら……

モデュールへ

脱線が過ぎました。数の話に戻しましょう。

先ほど、数は概念の君主制をつくるコトバと同じだと言いました。しかし、数は他の概念とは違う、独特の特徴を備えています。それは、モノの多い／少ない、大きい／小さいを比べる、計測のモデュール（単位）になる性質です。それこそが数というものの決定的に重要な能力でしょう。

先ほども触れましたが、おそらくモダン・ヒューマンとともに古い萌芽をもつと考えられる抽象的・自律的な「数」は、徴税や商取引の活発化によって飛躍的に社会に浸透し、当然のもの、自然なものになっていったと思われます。とりわけ決定的な歴史的意味をもったのは貨幣の出現でしょう。貨幣は、それ自体が商品でありうる貝・石・金属などのモノでありながら、他のあらゆる商品と交換できるモデュール（！）としての資格を備えている。他の商品に対して超越的な、君主あるいは神のような商品です。ここに、先ほどの不気味な転倒と正確に同じことが起きていることは、皆さんお気づきになったと思います。古代ギリシアの建築論の中核に据えられていた重要概念「シュムメトリア」にも、これと同じ理屈が潜んでいます。

シュムメトリア

古代ギリシアに「シュムメトリア（symmetria）」という語があったことは、建築学科の3年生くら

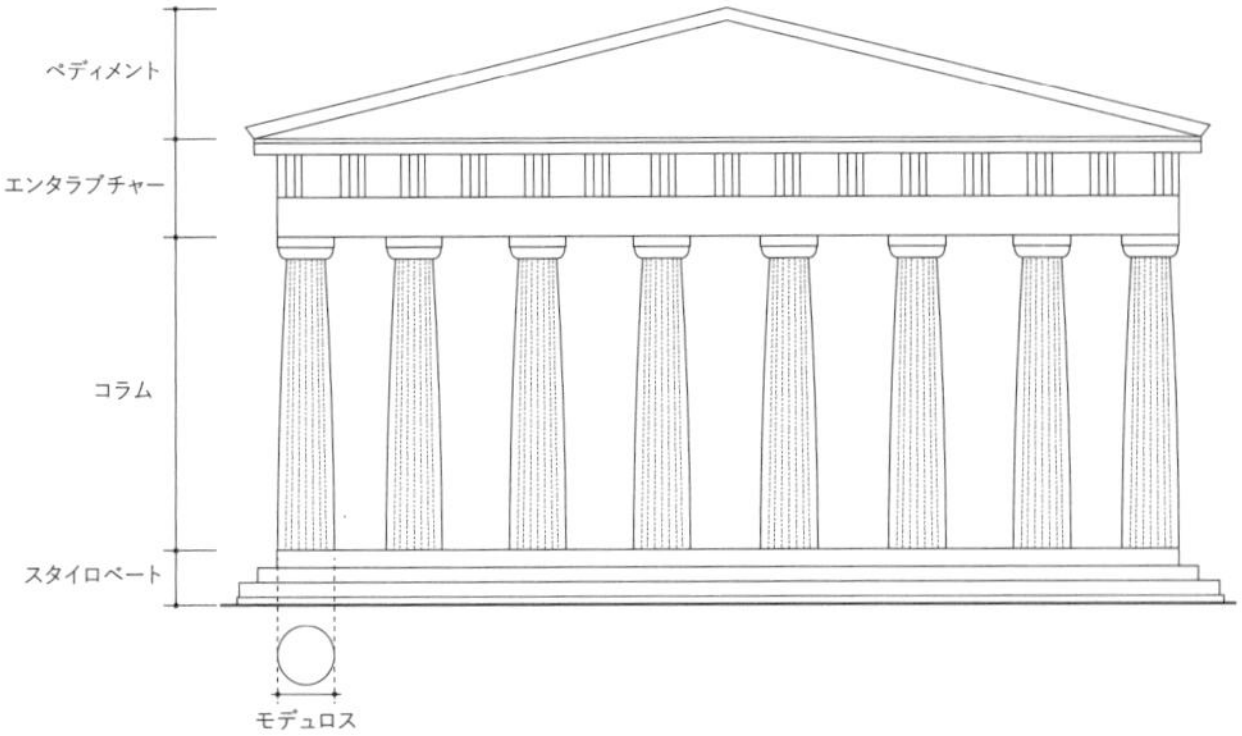

［図1］パルテノン神殿の立面図。ウィトルウィウスはイオニア式・コリント式では柱の下部直径を「1」とするが、ドリス式ではじつは「2」とする。本図は彼に反する。興味深い謎だ。

いになれば聞き覚えがあるはずです。これは「sym 共通の」と「metria 計測する」の合成語です。複数の部分の大きさが、ともにひとつの大きさによって測れることを意味します。難しい言い方をすると単位に対して共約（通約）的である、となります。

たとえばあなたが、古代寺院の建物を訪ね、その幅とか奥行きとか、あちこちを現在のメートル法で測ってみたら、「3・84、6・40、11・52、16・64……（m）」という寸法のセットが得られたとします。これらを1・28で除すと、「3、5、9、13……」と割り切れて、整数の並びに直せる。この「1・28で割れる」と気づく瞬間を想像してみてください。さぞかし爽快でしょうね。サーッとすべてが澄み渡ってしまうのですから。1・28メートルこそがその寺院の設計で使われた単位です。

ギリシア神殿では、それは柱の下部直径でした［図1］。その長さを単位（モデュロス）として、柱の高さ、エンタブラチャーの高さ、柱の間隔、全体の幅（間口）、全体の高さ……などをきれいな倍数とすればシュムメトリアが

森田慶一『建築論』（東海大学出版会、1978年）
森田慶一『ウィトルウィウスの建築書』（東海大学出版会、1979年）

成り立ち、賛美すべき神殿となる。言い換えれば、美しい整数の並びを賛美する意識とは、あらゆる部分がひとつのモデュールを分かち持っているということへの感動、全体から各部までが同じものをシェアしていることによって生まれる、世界が澄み渡るような感動です。これ、あらゆる科学が共有している感動ですよね。

数的なシェアの命令（オーダー）

さて、古代ギリシアでは「自然数」だけを「数」（アリスモス arithmos）と呼びました。そしておもしろいことに、「自然数」以外は〝半端〟とみなしたので、「数」とは区別して「量」（メリコテス me-likotes）と呼んだそうです。近代的な数量の概念に親しむ者には奇妙に見えます。もっとも賢明な皆さんなら、こう推察されたことでしょう。数はもともとモノを数えることから出発したわけですから、その痕跡なのでは？　たぶんそれは的外れではないでしょうね。しかし、古代ギリシアの「数」の顔立ちはもうちょっと異様です。なんと、古代ギリシアの「数」には「1」が含まれていなかったのです。

それは古代ギリシア人にとって、1があまりにも特別だったことを意味しています。おわかりですね。1だけは、すべての「数」に対して単位（モデュロス）の資格をもつ。あらゆる「数」は「1」の集まったものであり、あらゆる「数」のうちに「1」がある。「数」ならば必ず「1」を分有（シェア）しているのですね。そして建築においては、円柱こそが「1」だったわけです。円柱が建物の全体に、この私を分有せよと命令（オーダー）を与えるのです。建物の一部でありながら貨幣のようにふるまう、と言ってもよいでしょう。

古代ギリシア数学の開拓者であるピタゴラスとその弟子たちは「ピタゴラス学派」と呼ばれます。彼らは自然は完ぺきであり必ず整数比を潜ませていると信じていました。彼らのグループは、そのことを賛美するために数の研究を行う、ある種の宗教的結社のようなものであったとされています。皆さんは黄金比はご存知ですよね。ピタゴラス学派では、あれほど美しいものであれば必ずや分母・分子とも整数のシンプルな分数で表せるに違いないと日々研究に励んだのですが、ある時、意に反してこれが無理数であることを証明してしまった。彼らは愕然とし、百頭の牛を生贄にして祈ったとの俗説もあります。

これこそが自然だ

古代ギリシア以来、ヨーロッパでは基本的には「自然」とは神がつくったものすべてです。ただし、この宇宙の中で人間がつくったものだけは例外です。要するに、古代ギリシアの建築論の理屈はこういうことだったのでしょう。自然には「数（アリスモス）」つまり自然数の命令が貫かれているが、人工物は半端な「量（メリコテス）」に逸脱し、自然を撹乱してしまうおそれがある。ならば建築家とは、自然に貫通する単純明快な立体格子を、神殿の基壇や柱やエンタブラチャーにも与える、そういう仕事だったと考えてみるとよいのではないでしょうか。

シュムメトリアを徹底することで、神殿もまた賛美すべき自然界と同じ原理を体現するものとなる、それが約束される、古代ギリシアの人たちはそう考えたようです。ここで大事なのは、前提となる自

アルパッド・K・サボー『数学のあけぼの――ギリシアの数学と哲学の源流を探る』（新装版、伊東俊太郎他訳、東京図書、1988年）
溝口明則・中川武『古代建築――専制王権と世界宗教の時代』（丸善出版、2018年）

然界の原理なるもの自体が、じつはあるのかどうか本当はわからない、ということです。それを、ギリシアの建築家たちはむしろ神殿によって具現化してみせた。つまり建築とは、世界の秩序を建物で再現しようとするものというより、むしろ美しい建築物を大地に据えることによって、世界の秩序とはこれだ、ここに貫通する秩序を見よ、と人々に宣言するものなのですね。これが建築の役割なのです。

建築論は一般に、洋の東西を問わず、古代から現代まで、世界はかくかくしかじかで、だからこの建物はこう設計したんだ、というように語られます。SがこうだからFをこう決めた、というように。でも第2講で話したように、強いFによって喚起し続けなければならないような、不定形で脆い幻としてのSを引き受けるのが建築です。建築論を読むときには、このねじれた関係を念頭に置いてください。

実際の設計はそう単純ではない

ところで、こんなふうに訝しく思った人はいませんか。古代ギリシアの建築美学って、各部を円柱下部直径の整数倍にせよというだけなの？　そんなんじゃ設計にならないよ。極端に言えば、柱の高さが2でも、5でも13でも整数倍だけど、カタチは全然違うよ、野暮な質問なのかもしれないけど……。

いや、もっともな疑問です。私も学生のころにそう思いました。もちろん神殿の雛形は設計に先立って共有されていたわけです。およその定型があり、各部寸法も慣習的な比例がありました。それを踏まえて設計されたわけですが、よく考えるとモデュロスである円柱の下部直径より小さな寸法も決めなければなりません。そういうときはできるだけすっきりした分数が好まれます。それでも実際のプロジェクトで具体的に寸法を決めようとすれば、建物のコーナーや、各部材が噛み合うところなどに、確実にすっきり整理できない箇所が生まれてしまいます。そういうところは大目に見るしかない。

実際はそれどころではありません。神殿の遺構を調べると、主要な輪郭に関わるような大事なところにさえ整数比はなかなか見つからないそうです。モデュロスに対する柱の高さは、男性的で力強いドリス式だと4〜5・5程度、女性的なすらりとした優美さをまとうイオニア式では7〜10程度とまちまちでしたし、柱間も神殿によって1・5〜4とじつにさまざまでした。つまり神殿の実際のプロポーションはじつに多様でした。大まかな雛形を共有していた建築家の本当の関心は差異の方にあったかもしれません。もし、古代ギリシアの建築を、そうした揺らぎの世界として捉えるなら、差異への関心とはつまり修辞学的効果への関心であったと言えるのではないでしょうか。

3 拘束と自由

建物のつくり方が変わった

次に古代ローマに目を移しましょう。ギリシアとはまた違った仕方で「数」が建築に作用し始めることを、ぜひとも見ておきたいからです。

古代ギリシアの神殿は、成形ずみの大理石を積み上げて独立した円柱の列をつくり、その頂部に石の梱《まぐさ》を載せてつなぐ、といったやり方で組み上げられます。工法的には組積式（stacking）、構造形式としては柱＋梱式（column + lintel system）。この形式は、新石器時代に始まるドルメン（支石墓）や、鉄器時代に入ったころのストーン・ヘンジなどと、本質的には何ら変わることのない原始的なものです。しかし、ギリシア人はそれを、今日まで影響を及ぼし続ける造形規範にまで高めました。基壇からコラム（円柱）、そしてエンタブラチャー（梱〜軒）までの構成規範がそれです。柱＋梱は、コラム＋エンタブラチャーという規範になる。それが数的な命令（オーダー）として働く。これによって構築は、技術や労働といった事柄を超えて、世界への哲学、私たちを取り巻くこの世界がどのように制作され、どれほど完ぺきなのかを体現する技芸となったわけです。

さて、古代ローマになると技術や労働のあり方は根本的に違います。彼らは小さなレンガをモルタルで接着しながら積み、これを型枠としてコンクリートを流し込んで一緒に固めてしまい、表面をプラスターで仕上げていました。工法的には一体式（casting）、構造形式としてはピア（壁柱）＋アーチ式（pier + arch system）です。柱上部を梱でつなぐギリシアでは、柱と柱の間隔はせいぜい数メートルでした。水平の梱には、それを真ん中付近でふたつに折るような力が働くので、柱間を大きく広げるのは不合理だったんですね。対してアーチを採用したローマでは壁柱と壁柱のあいだは10メートル、20メートル、あるいはそれ以上も飛ばせるようになりました。彼らはギリシア人には想像もつかなかった巨大な空間を包む堅牢な構造体を手に入れたのです。

ギリシア神殿の要《かなめ》は円柱でした。パルテノンの柱は直径が１９０センチほどもあります。それは無垢の大理石で、ダルマ落としみたいにいくつかの円柱を積んでつくるのですが、積む前に縦溝がついた仕上がりの形状をノミで正確にこしらえておく必要がありました。石工たちはいわば直接にモデュロスを工作していたのです。彼らはまだ抽象的な数と具体的な物体とを切り離せなかった人たちだということが、ここでも感じられます。

対してローマ建築の物的組成の単位はレンガです。それはでき上がる建物のいかなるカタチとも関係がない。パンテオンも凱旋門も、市場も浴場も、どろどろの天然セメントがレンガと一緒に硬化した塊なのです。数というなら、フォルム・ロマーヌムに面して立つ神殿の巨大な円柱1本をつくるのにレンガが何万個必要かというような、帝国の財政担当官僚たちが扱う、いわば乾いた調子の数字が思い浮かびます。これはギリシアとは対照的に、造形にも工作にも関わらない人が扱える数字です。

正方形の成立と展開

それだけではありませんでした。レンガとコンクリートが一体化した、ゴツゴツとした無骨な立体の表層が、オーダーによって飾られるとき、新たな造形上の規範、ギリシアとは異なる命令（オーダー）が現れるのです。ローマ人の工学思想と、ギリシア人の造形哲学が出会ったとき、まったく新しい事態が生じてしまった、とでも言えるでしょうか。このあたりについては、イギリスの建築史家ジョン・サマーソンに導いてもらいましょう。

たとえばサマーソンは、今から2千年近く前にローマに完成したあの有名なコロッセオを例に取り上げています。その立面では、［A］ピア＋アーチの構造躯体に、［B］コラム＋エンタブラチャーの

中谷礼仁『実況・比較西洋建築史講義』（インスクリプト、2020年）

造形が重ねられていますね［図2］。視覚的な形式としてギリシアと違うのは、コラムとコラムの間隔が、コラムの高さにほぼ等しいこと、つまり1：1の正方形を構成していることです。図1に示したとおり、ギリシアでは柱＋楣式の構造形式で、柱間の空間はとてもタテ長ですよね。その制約の中で視覚的効果が探求されていたということです。ところがローマでは、力学的な意味での構造躯体は壁とアーチでできていますから、柱と楣の関係はギリシア的な制約を受けません。ピアとアーチはぽっ

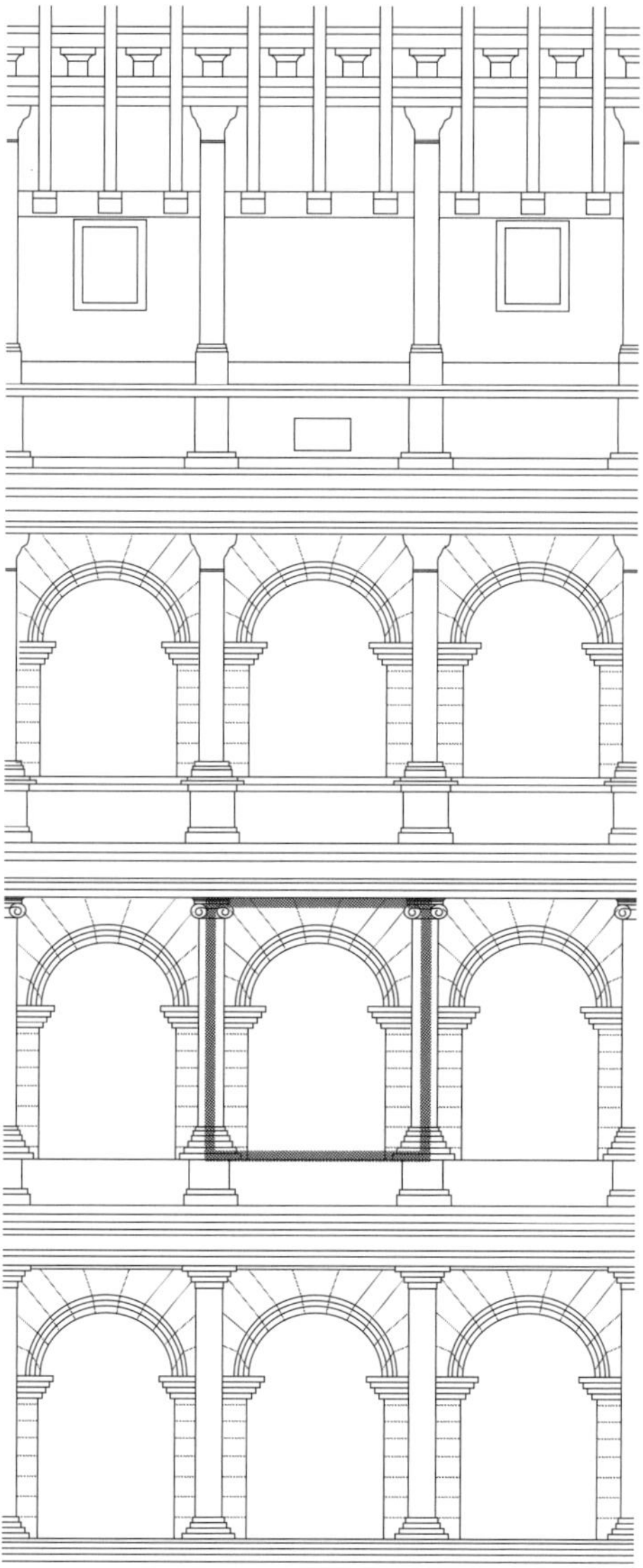
［図2］コロッセオの立面（部分）

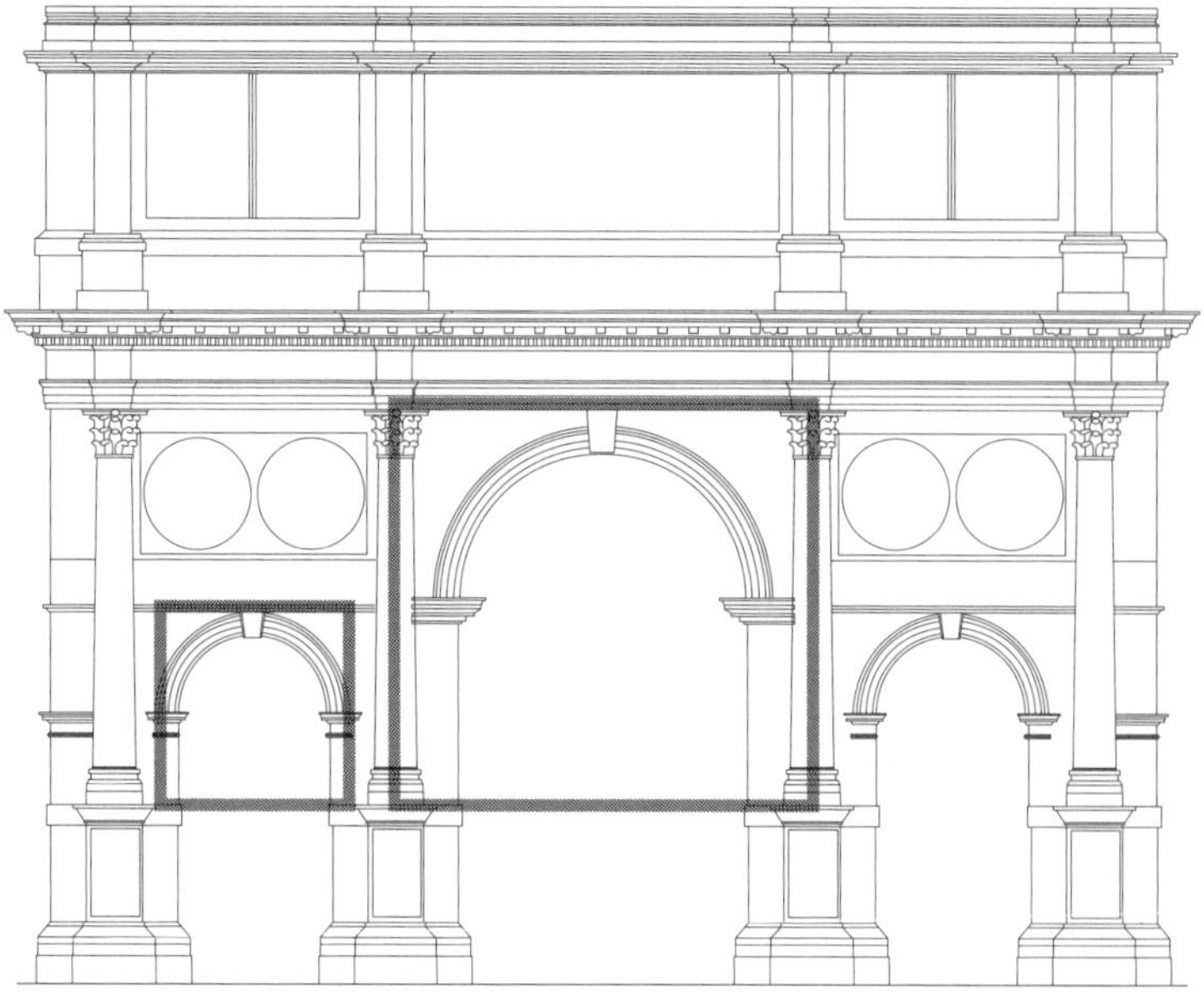

［図3］コンスタンティヌス帝の凱旋門の立面図

かりと空いたベイ（間）をつくっていますよね。そのピアの前面に、柱と楣の形状をくっつけるのですから。かくして力強さや女性らしさなどといった感性的な揺らぎの中にあったギリシア的な比例の性質は消え、代わりに人間的感性と関係のない1：1というハコ、あっけらかんとして人間を突き放すような正方形の拘束が働くようになります。柱＋楣式出身のオーダーが、アーチとの予期せぬ出会いにより変質したわけですね。

サマーソンはまた、コンスタンティヌス帝の凱旋門を例に、この正方形が別の発展形を見せることを教えてくれます［図3］。ここでは中央のベイ（柱間）に架かるアーチの要石がエンタブラチャーの下端にぴったり接していますね。他方では、同じアーチの迫元（下端）が伸びて左右にある脇のベイのエンタブラチャーとなり、これに再びアーチの要石（頂部）をあわせてあるのです。

コロッセオの場合、同一の正方形がひたすら繰り返される「反復的なパタン」がつくられていましたが、コンスタンティヌス帝の凱旋門では、中央の正方形から出発して左右の大きさを切り下げることで「求心的なパタン」を生み出しています。建築家は、ギリシア由来の水平・垂直の構成と、ローマの半円アーチの組み合わせに触発されたのでしょう。そして比例の違いによって女性らしさや力強さといった人間の感性に関わる効果を生むギリシアの修辞学ではなく、正方形という絶対性がひとつの定規となることで均質性や求心性などの秩序を説得的・効果的につくり出す新しいローマの修辞学を開拓し始めたのでしょう。凱旋門の脇のベイでは、その高さの切り下げに連動して、ベイの幅も、アーチの幅も、アーチを支える柱の幅も柱頭も、すべてが比例的に小さくなっています。比例が同じだからこそ、中央と脇とが明快に階層化されうるのですね。機械的・自動的な決定と、効果的な修辞。

これをローマ的オーダーと呼ぶこともできそうです。

比例とは何か

ここで「比例」の意味を確認しておきましょう。比例という見方は、この世界を、大きさという即物的レベルと、大きさどうしの比という関係的レベルとに階層化する働き（効果）を持ちます。たとえばラスコーの画家たちだって無意識に「比例」を知っていたはずです。バイソンの絵はバイソンそのものではないけれど、比例を保てば似せられるし、大きく描いたり小さく描いたりしても類似関係は崩れないわけですからね。

建築の設計もその延長です。たとえば、これからつくろうとする神殿の比例を決めてしまえば、サイズを変えても形が崩れることはない。あるいはあちこちにある複数の建物に同じ比例をもたせ、仲間にすることができる。逆に、一見したところ、似た姿の建物でも、部分を大きくしたり小さくしたりと操作して比例を変えれば美的効果を差異化できる、などなど。つまり比例は、ひとつの建物の内の各部の比較だけでなく、他の建物との比較のネットワークをつくる拡張性にもその魔力のひとつがあるのです。

他方でローマでは、コンスタンティヌス帝の凱旋門のように、ひとつの建造物に比例は同じだが大きさが違う要素が併存するという新しい展開を生みました。ここでは触れませんが、16世紀にはのちにマニエリスムと呼ばれるようになる、多彩な多重化の方法が開発されますね。つまり数ないし比例のもうひとつの魔力は、建物の内に複雑さ、複数性、リズムの変化や解釈の揺らぎなどをつくり出せるところにあるのです。

数は、このように単純な原理で豊穣な効果をもたらす、悪魔的な魅力を備えています。建築家が手放せるはずがありません。

コーリン・ロウ、レオン・ザトコウスキ『イタリア十六世紀の建築』（稲川直樹訳、六耀社、2006年）
磯崎新・篠山紀信・長尾重武『マニエリスムの館　パラッツォ・デル・テ』（建築行脚8、六耀社、1980年）

4　数の相対性と絶対性

古代における神殿と人

最後に、数が、ローカルな都市や地域の文化といった固有性・相対性の世界とも手を結べるものであることを見ておきましょう。その点でおもしろいことを言っているのがドイツの都市デザイナー、カール・グルーバーです。

彼はこう言います。古代の「神殿の扉は〈神の扉〉であり、そのスタイロベートは〈神の石段〉であった」（『図説ドイツの都市造形史』）と。どういうことでしょうか。グルーバーの説明は難解なものではありません。神殿の扉はあまりに大きく、石段の蹴上げはあまりに高いために、とても人間のものとは思われなかった、それゆえに人間を超える存在の偉大さを思わせるのだ、ということです。たとえばアテネのパルテノン神殿は建物の高さが14メートルほどで、外周のコラムは高さ10・43メートル、正面扉もその程度でした。そしてなんと、ナオス（主室）に安置・奉祭されていたアテナ・パルテノス（処女神アテナ）の立像は11・5メートルと、円柱や扉を上回っていた。アテナがナオスから出るときは、首をすくめ、上半身をいくらかかがめて重い扉を開けたのでしょう。これが「神のスケール」ということの最も単純な説明です。実際、偉大な神ほど大きく、神殿もまた大きくあるべきでした。パルテノンの円柱下部直径が１９０センチほどあることは先にも触れました。人間の家なら異様きわまりない大きさの柱です。

逆に、市街地のアゴラ（広場）を取り囲むストア（列柱廊）は、人間のスケールに近かったそうです。

つまり、古代ギリシアの建造物には相対的な神のスケールと、絶対的な人間のスケールがあった、とグルーバーは言います。数の本質は関係＝比例だからこそ、伸縮自在です。しかし人間の身体はおよそ決まった大きさがあるので、これを意識した寸法はある程度の範囲に限定されます。そして、いずれも比例は同じだからこそ、ストアに佇むのは人間、そして神殿に住むのは人間と似ているがはるかに偉大な存在であると、そういう比較が成立するのですね。

だからこそ、古代ローマ帝国は帝政をとるに至って、神のスケールを、人間である皇帝にも与えたのです。それはギリシア的には違反ですが、しかし効果的な違反であり、つまり修辞学的にはすぐれています。サマーソンもそれを、「神殿の威厳を世俗の大建築に移植すること」と述べています。皇帝の宮殿に、皇帝の名が冠されたバシリカ（会堂）、皇帝の凱旋門、壮麗なコロッセオ……これら世俗の建物に、ギリシアならば神殿にしか与えられなかったような、相対的な比例体系が適用されました。フォロ・ロマーノ（ローマ広場）に残る円柱の桁違いの大きさは誰にでも体験できる類いのものでしょう。古代ローマでは、皇帝や貴族・市民たちもまた、いわば「巨大な扉」を出入りするようになったのです。

中世の神と人

しかしグルーバーが評価したかったのは中世ドイツ都市です。そこで比較のために、古代のグレコ・ローマン世界について述べたのでした。もちろん中世においても大聖堂の建物は、たしかに大きい。たとえばドイツ都市では、13～14世紀ごろに4～5階建ての木造ハーフティンバー（真壁づくり）

カール・グルーバー『図説ドイツの都市造形史』（宮本正行訳、西村書店、1999年）

の町屋が櫛比《しっぴ》する景観が立ち上がっていますが、大聖堂はそこから頭ひとつ抜け出す、などというレベルではありません。壁体の高さだけでも町屋の2〜3倍、塔まで入れれば天を衝くように高く、なおかつフットプリント（建物の足跡、つまり平面）も尋常でなく大きい。巨大な山のように都市の真ん中に聳えていたのです。

しかしながら、扉や窓は、大聖堂も市庁舎も豪商たちの町屋も、概ね近い幅に細かく分節されていることが多かった。グルーバーはこのことを強調し、ゴシック（中世）においては「絶対スケールの法則」が適用されたのだと主張しています。

ゴシック大聖堂をよく見ると、たとえば初層（グランドアーケード）の柱は、身廊ではものすごく太く、側廊ではやや細く、壁につく添え柱や戸口を割る間柱はきわめて細いのですが、どれも高さは同じです。つまり、幅と高さを連動させる古典世界の原理は働いていないことがわかります。そして扉や窓は、どれも幅を非常に細かく分割します。同じような小さな幅の開口部が、聖堂から町屋、町屋から市庁舎へと、建物の大きさや種類を問わず、同じ織りのレース生地で覆うかのように浸透していく感覚がたしかにある。これは古代的な相対的寸法、裏返して言えば比例の優位を放棄して、絶対的寸法すなわち人間身体に近接した尺度を遍在させる方法を示唆しているると言えるでしょう。

相似の海のなかに

「神の家」は、幻視絵画の窓から引きずり出され、人々が住む家々の並ぶ相似の海の中に立つことを強いられる。「神の家」と言えども、地上では壁と屋根をもち、戸口や窓のある家でなければならない。ステファノが見た雲に浮かぶ輝く光のような幻視の姿のままではいられない。それでも「神の家」であるためにはどうすればよいのか。これは難題と言えば難題です。でも、そんな難しい探求に取り組んできたがゆえの果実はじつに豊かだったのです。建築は、幻視される他ない理想を、地上のすべてと関わらせつつ際立たせる方法を現に身につけてきたからです。とりわけ数はその要でした。

コロッセオのように、ひとつの秩序が無限に整然と広がっていくことはある種の威容の表現たりえます。それとは異質な、中心性を強調する階層的な構成のもたらす偉大さもある。古代ギリシアでは比例においてあらゆる神殿がヨコにつながり、それゆえに同じようなカタチの比較可能性の中で神々の偉大さやいろいろな性格を表現しました。中世の町並みでも、たしかに大聖堂は大きいのですが、しかし幅を狭く切り分けた窓が鋭くも繊細な表面をつくり、それが市庁舎や一般の町屋へとヨコに共有されていた。

ル・コルビュジエは『建築をめざして』の中で、数への信仰のようなものを執拗に語っています。その率直な邦訳をそのまま紹介するなら、「数」の秩序、それを律する基準線などは、「でたらめに陥らぬ」ために必須であり、私たちが自らつくったものが「偶然」「異常」「いい加減」でないかを「検証」するものなんだ、といった調子です。これは古代ギリシアに遡る、数への典型的な態度のひとつで、こうした考え方自体は別にル・コルビュジエでなくても時代を超えて無数の建築家が共有してきたものです。

通底性・共約性、比例と階層、多重性、対称性、反転性……。数の応用はそうしたさまざまな関係性を建物の内にも外にもつくり出せることがかなりわかってきたのではないでしょうか。数は、建築

ル・コルビュジエ『建築をめざして』(吉阪隆正訳、SD選書、鹿島出版会、1967年)

が建築であるための基礎であり奥義なのです。皆さんも数がつくり出す修辞学的効果の論理をさまざまに探求してみてください。また、建築設計のデジタル化が数の意義をどう変えているのかも考察してみてください。

これで、モダン・ヒューマンとしての我々の世界把握の根底的な特質と、そこから見えてくる建築的思考の基礎についての話は終わりとしましょう。次の第4講からは、ヨコとタテをめぐる議論のふたつ目のパート（第2部）に移ります。

第2部 ヨコにひろがる海原

ありふれて、美しい

ビルト・ティシュー論

第2部　はじめに

第1部（第1〜3講）では、私たちモダン・ヒューマンって何者?と問うところから始めて、建築論の基礎の基礎を考えました。第2部（第4〜6講）では、タテに立つ「建築」を一旦脇に置き、ヨコに広がる名もない建物たちの世界に分け入ります。この世界を、ビルト・ティシュー（築かれた織物＝組織）と名づけましょう。

名もないビルト・ティシューは、かつては「建築」の範疇には含まれていませんでした。しかし今日、ビルト・ティシューの海原にダイブすることなくタテへの構想力を組み立てるなんてことは、まず考えられません。その転換は、19世紀という激変の中で生じました。それについては第3部で話しますが、第2部はむしろその転換に向き合わざるをえない建築家の思考なんだということは、ぜひ心に留めておいてください。

第4講　類型と組織………最初に紹介するのは、都市を形態的な「組織」とその単位である建物の「類型」という視点から読む方法です。イタリアで発展した方法ですが、それを思い切って粗くすると世界の都市へと視野が澄み渡ってきます。類型と組織は、分厚い集合的記憶のアーカイブだということも強調しておきましょう。

第5講　自然と人工…………今度は建物を「工作」の視点から考えます。建物とは人間が自然の素材を一定の配列に並び替える行為です。これを、第4講で整備した類型・組織の議論と組み合わせていきます。そして、やや発展的な議論として、自然と人工について考えながら、自然主義とロマン主義、合理論と経験論についても話してみたいと思います。

第6講　平衡と進化…………もう一歩進め、「時間」という視点に取り組んでみましょう。都市・建築が変化していくリズムやパタンをめぐる議論です。私たちの営みはすべて時間的な平衡や進化というかたちで統合されていますから、その視点からあらためて第4講の類型論や、第5講の工作論の性格を捉え直すこともできます。

というわけで第2部は建物の集まりとしてのヨコの海原に、次々に重要な視点を持ち込んで議論を畳み掛けていきます。テンポよく進めていきましょう。

第４講

Lecture 4: Type and Tissue

類型と組織——都市という織物の単位と積層

本講の基本文献

陣内秀信『都市を読む＊イタリア』（大坂彰執筆協力、法政大学出版局、１９８８年）

陣内秀信『イタリア都市再生の論理』（ＳＤ選書、鹿島出版会、１９７８年）

１　都市組織論と建物類型論

都市組織

都市組織論から入りましょう。関連する理論を日本に紹介したこの分野の先達・陣内秀信さんの『都市を読む＊イタリア』の一部を、私なりに紹介しつつ、そこから独自に展開していきたいと思います。まずは事例から直感的につかんでしまうのがよいでしょう。

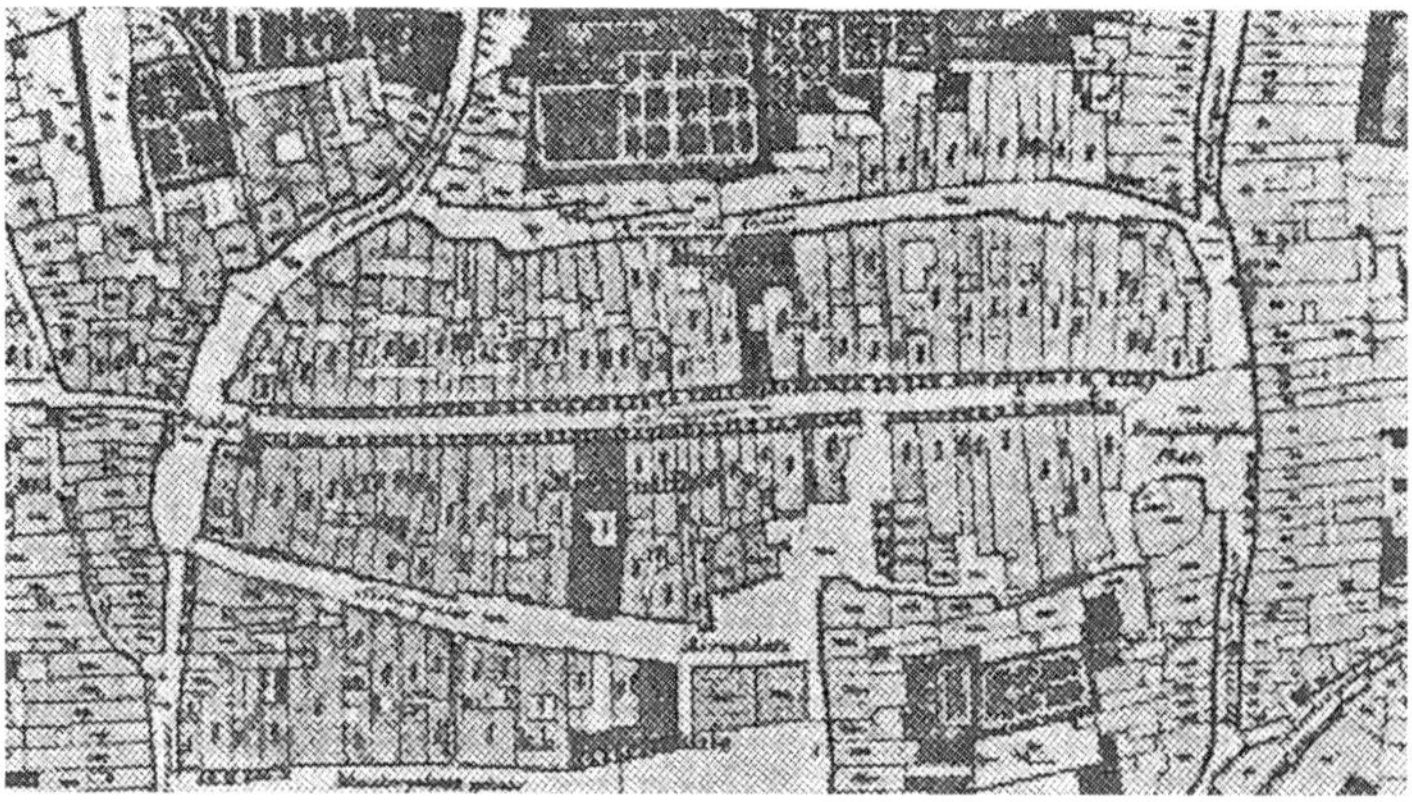
［図1］ボルツァーノの都市組織

図1はイタリアのボルツァーノという都市で、陣内さんが本の冒頭で紹介している例です。こんなふうに、都市というのは、土地が細かく割られ、その上に隙間なく建物が立つことが多いですよね。同じような建物がびっしり。この状態を「組織」という言葉で捉えるのは、ちょっとしっくりこないという人もいるかもしれません。この言葉は、日常的にも専門的にも、会社組織や町内会組織などの社会的な仕組みを指して使うことが多いですからね。でも、ここでは形態的な組成の意味で「組織」という言葉を使っています。その点注意してください。

たとえば「皮膚組織」という言葉なら、口にしても違和感はないんじゃないでしょうか。同型の皮膚細胞がびっしり詰まっている、その配列パタンを「組織」と言うのです。これと同様にボルツァーノの街を見る視点、それが都市組織論です。イタリア語で tessuto urbano、英語で urban tissue です。今回話す理論のふるさとはイタリアなので、イタリア語の用語を使わないとしっくりこないところがあります。その場合には「伊」を添えますね（それ以外は英語です）。

別に難しい話ではありませんよね。まず大前提として、都市をカタチとして見ます。都市を考えるときに頭に浮かんでしまう機能、社会、制度などを、一旦は雑念を振り払うように視野から追い出し、カタチの組立てとしてだけ見る。形態学（morphology）的に見る、と言います。すると、単位要素とそれが並ぶパタンが取り出されてくる。

それがずらりと並ぶことで全体（ある地区）がつくり出されるような単位。逆に言えば全体が分かち持っている単位。第3講を思い出した方も多いのではないでしょうか。そう、モデュール、あの「1」ですね。ここではいわば「カタチの1」を考えているのだと思ってください。細胞組織を想像すればよくわかると思いますが、単位となる要素のカタチは、配列のパタンを直接的に決定するのですから、とても重要です。

建物類型

もし、建物のカタチがあまりにバラバラだったら、その組織には単位と呼べるようなものはない、ということになってしまいますね。でも現実にはそういう街は滅多にない。逆に、建物一つひとつが数学的厳密さをもって「相似」である必要はありません。小さな違いはいろいろあるけどだいたい似ている、つまり第2講以来この講義でおなじみのゆるい「相似」でよい。だいたい似ているものたちは、同じ「型」を分かち持っているんだ、と言うことです。

実際、皮膚組織を構成する皮膚細胞には型（細胞型 cell type）があります。同様に、都市組織によって異なる細胞＝単位の型があって、これを建物類型（伊：tipo edilizio）と呼びます。こういう視点で建物を見るのが建物類型論（伊：tipologia edilizia）。ティポロジア・エディリツィア。略してティポロジアと呼ばれることも多い。都市組織の視点で都市を見るとき、私たちは、このあたりの地区はどんな類型（カタチの1）を共有する建物が集まっているのかな、あっちはどうかな、という視点をとります。ですから類型論と組織論はいつもタッグを組むのです。

ここでedilizia や edilizio は「建物（伊：edificio）」の形容詞形です。これは「建築（伊：architettura／architecture）」ではない、ということが重要です。建築はヨコに広がる建物たちの相似の海からタテに立ち上がることですからね。日本語では一般に建築類型と言うのですが、私は建物類型と呼ぶのがよいとつねづね思っています。

他方でこれを英語にしようとするとちょっとおかしなことになるので、注意してください。そう、建物類型をビルディング・タイプ（building type）と訳してしまうと、図書館、美術館、集合住宅……などの建物種別、すなわち施設類型の意味になってしまうのです。建物類型と施設類型は根本的に違います。施設類型（ビルディング・タイプ）は機能によって建物を分類する議論ですからね。先ほど振り払った「雑念」の方です。

第3講で紹介した〈F－S〉論を思い出してください。デコル論の系譜を紹介した先に、近代の機能主義は形態（F）を機能（S）に一致させようとする一種の修辞学であったというお話をしました。そこではSが君主であり、Fはそれにしたがう、という議論です（実際には機能でカタチは決まらない）。しかし、ティポロジアはFを優位に置く議論です。ひとつの建物（F）が何十世代にもわたって異なる家族や用途（S）のために使われ、引き継がれていくのですからね。このことはとても重要なので絶対に忘れないでください。

2　類型は少ないほどよい

さて、都市組織の単位となりうる建物の型、つまり皮膚細胞のような資格を持つ型には、どんなものがあるでしょうか？　陣内さんの本には、意外にたくさんの類型の名称が出てきますが、私は最も基本的な型だけを絞り込んだ方が視界がクリアになると考えています。やや我流になりますが、お付き合いください。まずは3つです。

コルテ型

ポンペイという都市をご存知の方は多いでしょう。ナポリ近郊にかつてあった都市です。まあ今もあるんですが遺跡です。西暦79年のヴェスヴィオ火山の噴火により、火砕流で都市まるごと埋まってしまい、18世紀に再発見されます。都市まるごとタイムカプセルに入っていたようなものですから、古代ローマ文明の都市組織と建物類型がそのまま観察できます。この都市遺跡からは、中庭を四角く囲むロの字の単位を奥へ繰り返す形式の邸宅がたくさん見出されます。これを「ドムス」と言います。ラテン語で「邸宅」といったほどの意味です。でも、建物類型論では形態学的な言葉を使いたいですね。そこで現代イタリア語で中庭を指すコルテ（伊：corte／court, courtyard）を使い、コルテ型と呼ばれます。

コルテ型は、外周を厚い壁で厳格に閉じ、中心の中庭に向かって開きます。太陽光や風などの環境因子も、人の動きも、要するにあらゆるサーキュレーション（循環）が中庭から周囲の室へ、というパタンをとります。

スキエラ型

先ほど挙げたボルツァーノの街をつくっている建物類型は、日本風に言えば町屋型です。イタリアではスキエラ型と呼んでいて、こちらの方が形態学的なので、この講義ではこの語を採用しましょう。スキエラ（伊：schiera）とは「列」のことで、たとえば兵隊さんが整然と一列に並ぶ様子などを指すイタリア語です。表は道路にぴったりくっついていて、大抵裏は空地を残している。ベトナム北部の都市ハノイの町屋も見事な列型です。間口が4メートル前後、狭いものでは1・8メートルほどしかありませんが、奥行きは数十メートル、ときに100メートルを超えます。現地で売られている英語のガイドブックなどを見ると「チューブ・ハウス」と呼ばれていて、なるほどなあと思いました。

実際、スキエラ型では建物の両側面を分厚い壁で閉じ、上は屋根で閉じるので、開くのは表と裏だけ。サーキュレーションは表から奥へという1本の線になります。まさにチューブが突き抜けるような空間概念です。

ちなみに、複数間口を棟続きで建てると日本では長屋と言いますね。これはイタリアではリネア型

（線型）と呼ばれますが、スキエラでもリネア（伊：linea）でも都市組織としてはほぼ同様ですからここでは一緒にしておきます。

トーレ型

コルテ型では比較的大きく広がった土地がありました。スキエラでは、ほっぺたを両手で挟むみたいに幅がぎゅっと圧縮されています。さらに奥行き方向も後ろからぐいと前方へ押して浅くすると、数メートルから10メートルくらいを一辺とする正方形の土地になります。こうなると中庭をあける余裕はなく、また床面積（容積）をかせごうとすれば上方に積層しなければなりません。トーレ（伊：torre）、つまり塔です。

中世のイタリアでは都市の有力者間の対立と権威誇示のため塔が競って建てられました。有名なサン・ジミニャーノでは最も多いときで70の塔状住居が林立したそうです。ボローニャはもっとすごい。１８０ほどの高塔がひょろひょろと立つ異様な光景を記録した19世紀の写真を見たときは腰が抜けそうになりました［図2］。もちろんこれくらい高いものでは床があるのは下方の何層かだけで、あとは上まで階段だけという感じです。

［図2］19世紀のボローニャに林立した塔状住居

それにしても類型って何だ?

ここでちょっと脱線して確認しておきたいことがあります。

まず、コルテ型、スキエラ型といったタイプそのものは実在しません。論理学者・記号学者のチャールズ・S・パースは、集合概念としてのタイプとその事例としてのトークン(token=証拠の品)を区別しました。難しい話ではありません。あなたの目の前の食卓にリンゴ(トークン)があるとして、それはリンゴ一般を指す概念(タイプ)とは違う。それだけのことです。

では、建物類型はこのパースがいう意味でのタイプなのでしょうか。答えはイエス、でもノー、という感じだと思います。パースのタイプはどんな分類でも当てはめられます。たとえば「住宅」という概念もパース的な意味でのタイプですが、何らかのイメージは浮かぶとしても、「住宅」だけではカタチの論理をつかまえるタイプにならない。建物類型論では、コルテ、スキエラ、トーレといった、単位としての型とその集合の論理について、この類型の形態学的な基本的エッセンスを示せばこうなる、という把握の仕方を含んでいるように思います。ではエッセンスとはどんなものか。

たとえばこういうのはどうでしょう? 私がある都市で集めた500個の中庭型住宅のすべてについて、Aさんは間口、奥行、階高、中庭の大きさ……といった寸法を測り、それらの平均値でひとつの中庭型住宅を作図したとします。Aさんがこれが類型だと言ったら、私にはかなり違和感があります。だって、平均値で作図したら中庭の形状がやや歪になったとしても、そのことにとくに意味はないでしょう?

他方、Bさんは500の実測図をテーブルの上に並べて、1枚1枚をじっくりにらんだり、引いた

米盛裕二『パースの記号学』(勁草書房、1995年)

目でいくつかを比べたりする。そして、「これは逸脱が大きいなあ」なんて言いながら、大半の事例をテーブルの端へはじいていき、基本的な型のモデルになりそうな事例を中央に集めていく、なんて作業をしています。私にはBさんのようなアプローチがしっくりきます。

Bさんは、テーブルの真ん中と隅っこを比較することで、この類型のカタチの基本的エッセンスを判断しようとしているのです。先ほどコルテ型の空間形式とサーキュレーションについてざっと話しましたが、Bさんはそのあたりを力強く取り出しつつ、他の類型（たとえばスキエラ型）との明瞭な違い、この類型の固有性といったことを強く意識しているはずです。

そしてじつは、建物類型というのは何も学者の世界だけの話ではなく、都市の時空を生きてきた何世代、何十世代もの市民や職人たちのあいだに共有されている何かをつかもうとするものだとも考えなければなりません。それは一人ひとり異なる具体的な経験や記憶が染みついているけれど、自身の帰属する都市はこういう型を共有しているだろうと漠然と信じる想念のようなものです。もしそういう想念がなかったら、都市の建物たちがあのように見事な相似の海をなしたりはしないでしょう。とすれば個別の事例は、この想念としての類型が現実のさまざまな文脈と擦り合わされ、変形して、具体のカタチをとったもの、と理解されるのだと思います。先ほどのAさんはその具体をすべてフラットに扱っていたのに対し、Bさんは変形を感知して想念に遡ろうとした、ということです。

ちょっと先走って話してしまいますが、建物類型論は、カタチこそが極端な開発への抵抗、つまり都市のねばりになりうるんだというイタリア的な信念です。数百年あるいは2千年といった長い時間にわたって人は入れ替わり、使い方も変わり、背後の宗教も、政治も、経済も変わってきた。都市の建物はいわばこうした変化を貫いて連続し、またこうした変化を堆積させて現に存在している。ならば現に存在するカタチ（F）が引き受けうる用途や開発目的（S）は都市の連続という観点から正しい。そうでなければ排除する権利が都市とそこに住む私たちにはあるはずだ。こういった「形態の倫理学」とでも呼ぶべき思考が、1950年代のイタリアで現実の都市開発への抵抗の砦として編み出された建物類型論＝都市組織論の背景にはあるようです。ここで第1講の、累進性に歯止めをかける互換性の想像力、という話を思い出すのも悪くないでしょう。現代の自分たちと2千年の歴史の中を流れていた人々との互換的関係を、建物類型を介して取り結び、あるいは再生しようとする想像力。

3 モダン・ヒューマンの都市の建物

これですべてか？

ここまでイタリア由来の議論をざっと私なりに紹介してきました。以下でちょっと独自にお話してみようと思うのは、建物類型論を一気に人類レベル、地球レベルまで押し広げてみようとする展開編です。モダン・ヒューマンの都市という大きな想像力を持ちながら個別の都市に向き合う、そういうことが今後切実な意味をもつようになると思うからです。世界中の市民や専門家が、想像力を共有し、実践の連携を構築していく、なんてことはすでに半世紀の実績があるでしょうが、それはますます当たり前になっていくと思います。

さてさて、先ほどは陣内さんの本に出てくるたくさんの類型から一番基本と思われる3つを紹介しました。コルテ型、スキエラ型、トーレ型。これを、そのカタチの基本的エッセンスを大事にして、ローカルな特徴を捨象し、そして地球上に広げていくことを考えてみてください。

たとえば南アジア、西アジアからマグレブ（アフリカ北岸）、スペイン南部などの一般的な都市住宅は非常にわかりやすいコルテ型です。あるいは中国の四合院もコルテ型と捉えてみることができます。「院」は中国語で中庭のこと。四辺の建物で真ん中に中庭を囲む、というのが「四合院」の意味です。このうち南の一辺がないものは三合院と呼びますが、これもコルテ型の一例と見ればよいでしょう。

4つの超基本類型

皆さん、こうした構え方を受け入れていただいたとして、コルテ、スキエラ、トーレに肩を並べる基本類型を、他にも挙げることができるか考えてみてください。これが意外に難しい。都市型建物の類型なんて無数にありそうで、じつはそうでもないのです。私はもうひとつだけ際立った基本類型を追加して、全部で4つ、それで足りると考えています。ここではあえて形式的に説明してみます。

コルテ型は外に閉じ、内に開く、そして求心的である。ならばその反対に外に開いて発散的になる型が考えられます。建物が敷地中央にあり、周りをニワがとりまき、それを塀でくるむ。じつは、これが日本や東南アジアなどに見られます。日本の民家などでは中心部は屋根の下が部屋に仕切られるだけで、建物外周部の縁側みたいなところがサーキュレーションを受け持つことも少なくありません。この場合、コルテ型ときれいなネガポジ反転の関係になりますね。もちろん、外庭型は比較的融通が効くので世界にはさまざまな種類があります。

あらためて整理するとこんな感じになりそうです［図3］。まず、都市の中に一定の面的な広がりをもった土地が確保されるケースでは、街の喧騒から切り離されたひとつの領域世界をつくれます。一歩入ればひとつの小宇宙となるような世界。そのつくり方は、求心−発散のふたつです。求心型では建物にくっきりと囲い取られた天が象徴化され、発散型では建物内部と外界の広がりが流動的につながります。

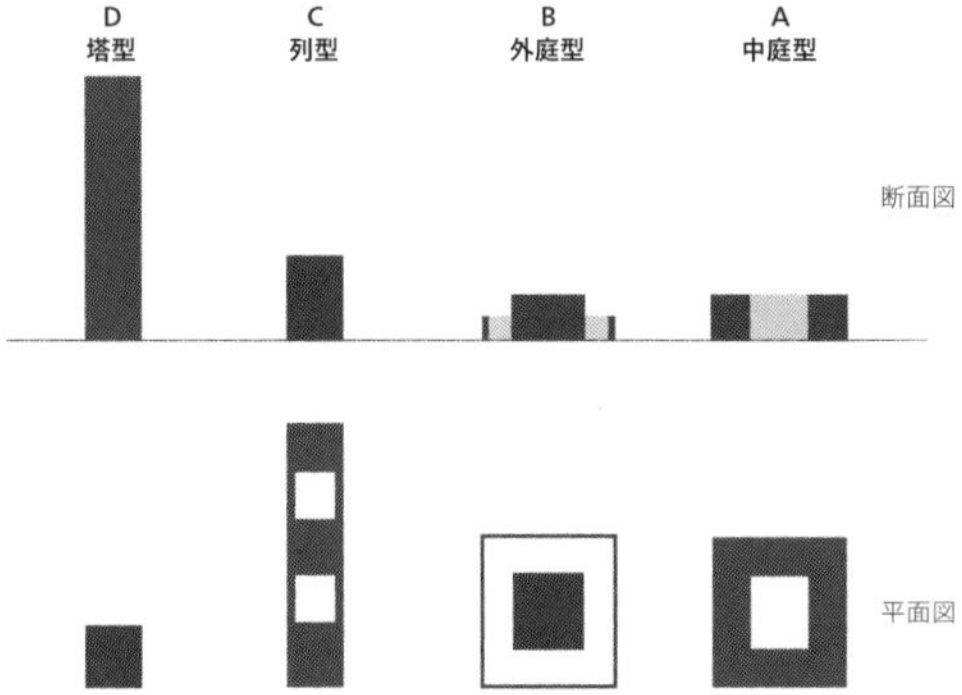

［図3］都市組織をつくる建物の4つの基本類型

次に、「面」からひとつ次元を落とした「線」的な型ですが、これはチューブ（パイプ）を横たえるものと直立させるものとに分けられます。前者では道との界面（インターフェース）が奥へ奥へと延伸され、後者では大地に接する形（フットプリント）が上へ上へと延伸される。これらは互いに向きが90度違いますね。「面」では中心・周縁の反転が、「線」では直交する関係が、きわめて鮮やかな対立をなしていますから、これら4つはなかなかキレイなマトリクスをつくっていると思います。ここで統一的に日本語で整理してしまいましょう。あえてコルテ、スキエラ、といった用語と別に言葉を立てるのは、先にも話したように、イタリア固有の文脈を越えて地球的・人類史的な超基本類型を指すのに使いたいからです。

世界建築史15講編集委員会『世界建築史15講』（彰国社、2019年）

A　中庭型
B　外庭型
C　列型
D　塔型

ものすごく大雑把に概括すれば、これら4つの超基本類型の歴史地理的な現れ方は次のようになると思います。

まずユーラシアでは古代からAが普遍的ですが、東南アジア大陸部・島しょ部、日本、中南米の古代都市ではBが一般的でした。中世以降、ヨーロッパと東アジア、つまりユーラシアの西と東の沿海運河網に沿って商人たちの小都市がふつふつと無数に現れますが、それは建物類型論的にはすなわちCの出現・普及でした。つまり、AあるいはBの世界の中に、Cが登場してくる、ということですね。

近世以降の都市開発では、今度はCが為政者や資本の道具とされます。バラバラに建てられた町屋の前面に連続した軒を取り付けて統制を示したり、はじめから景観が整うように町屋の雛形を定めたり、あるいは商人的な開発者が2〜4層くらいの連棟式町屋を盛んに建てたり、というのがそれです。

ちなみに商業が市場《いちば》として現れる地域では、商人が住みながら商いを営む町屋、つまり列型の都市組織はありません。世界的に見ればかつてはその方が多かったのですが、10世紀ごろからヨーロッパと東アジア（中国・日本）に列型が現れ、15〜20世紀の植民地支配の進展の中で世界の市街地にCが波及していきます。

Dは特殊に見えますが、これもまた形態学的にはひとつの地位を占める資格があります。たしかに近代以前はイタリアの中世都市に集中していて決して一般的とは言いがたいのですが、近代以降、土地に極端な圧力が働いて細分化された土地をめいっぱい利用することが必要になれば、鉛筆みたいなビルがにょきにょき立ちますからね。他方、近代の郊外住宅は世界的にだいたいBの均質な海原となります。

私の知るかぎり、都市の単位となる建物類型はA〜Dの4種以外になく、これらに当てはまらないのではと思うものはいずれかふたつ以上を組み合わせた複合型です。ひとまずこう考えることで世界の都市を見る視界はずいぶん澄んできます。要するにここで私が提案したのは、イタリアのティポロジアをうんと粗くして、世界中の都市の組織をおおづかみに捉えられるようにすることです。

4　組織とは何か

3つの組織

次に「組織」という言葉についても少し確認しておきたいことがあります。「組織」は生物学からきているのですが、少し勉強してみると生物の組織を指す言葉には大きく3種類があることに気づきます。

（a）ティシュー（tissue）……細胞の集合、形態的に同質な組成
（b）オルガン（organ）……ティシューの集合、高次の働きをする器官
（c）コルプス（corps）……オルガンの集合、さらに高次の統一体、生物個体の身体

これらはいずれも「組織」ですが、階層が違います。皮膚の細胞組織（ティシュー）を見る、腕（オルガン）を見る、身体（コルプス）を見る、という具合です。これら3つは見方も見えるものも全然違うでしょう。細胞の配列、機能的なまとまり、人格のある個体、ですからね。ここでモダン・ヒューマンが得意とするアナロジーを働かせ、都市を考えてみてください。ティシューは中庭型とか列型とかの建物が並んで地区ができるレベル。これは純然たる形態的なまとまりです。霞が関とか新宿副都心エリアなどのかたまりは、心臓や肺、脚や腕みたいなオルガンです。さらに上位にいくとそうした器官が集合した身体になり、奇妙なことにそこに人格、つまりこれで全体であり単独であるという性質が現れる。ボローニャ、アンコール・ワット、テオティワカン、京都……といった都市は、ひとつの個性と全体性を備えているかのように見えるでしょう。まるでひとりの人間みたいに。

整理すると、ティシュー（組織）→オルガン（器官）→コルプス（身体）は、フォーム（形態）→ファンクション（機能）→パーソナリティ（人格）に関わっているらしい。皆さんはこれから都市について考えたり、人と話したりする際は、今自分（たち）はこのうちどのレベルに注目しているのかをつねに確認するようにするとよいですよ。逆にこれらを一緒くたにすると混乱や誤解のもとです。どの階層も、部分が集まってひとつのかたまりをなしているのですが、そのかたまりが持つ効果が基本的に

違うのですから。

さて、今回の講義で冒頭から話しているのはどのレベルでしょう？　そうですね、（a）のレベルです。このことをしっかり確認しておいてください。ティシュー（伊：tessuto）という語は適切に選ばれているのです。これが一番建物に近く、かつ、純粋に形態として議論できる水準です。

ちなみにコーポラティズム（corporatism）という言葉があって、これは「コルプス」からきています。社会をひとつの身体と捉える考え方ですね。身体の各部は、いろいろなオルガンからなりますが、それぞれが勝手バラバラに動き出したりはしませんね。「国家コーポラティズム」といえば全体主義（totalitarianism）のことです。「コルプス」は人格的一体性を含意するので、この言葉を持ち出すときは要注意です。集団の一体性を強調するあまり、一人ひとりの自由や個性が蔑ろにされていないとはかぎらないからです。

有機的ということ？

それと、「有機的」という言葉は、カタチが生き物みたいにグニャグニャしている様子を指して用いられることがあり、それは機能主義の建物が四角四面なのと対比的に使われているようです。しかし、有機的とは本来、各部が緊密に分かちがたく結びついて生きたまとまりをなす性質を指します。

建築家フーゴー・ヘーリングは、機能連関の形態化こそが有機的建築を生むと考えたので、正統的な機能主義者であったと言うべきですが、彼のアプローチの帰結として建物のカタチはグニャグニャだったので、表現主義者として扱われがちです。こういう混同もよく理解しておくとよいです。機能主義にもいろいろな考え方があるのですが、たとえばそれがヘーリングみたいな機能的な連関の実直な形態化なのか、一般の機能主義建築のように白くて四角いデザインが機能重視に見えやすいという修辞学の問題なのか、というのは大きな分かれ目です。

機能主義にかぎらず、建築家がえらくかしこまって何か主張しながら建物の説明をしているときは、実際には自分がほとんど修辞学的な問題に取り組んでいるのに、そんな下心などない必然的な形態導出であるかのように（半ば無意識に）混同しているのが普通です。実際のところ、どだいこの種の混同のない建築的言説などほとんどないだろうと思いますが。

ところで、今回の講義の冒頭でビルディング・タイプという言葉を紹介したのをおぼえていますか？　あれは、じつはオルガンの類型を指していたということもわかってきますね。そう、施設とは機能的なまとまり、つまり近現代社会の器官なのですから。ついでに言えばビルディング・タイプは基本的には近現代都市の概念ですから、古い都市については安易に使うのはよした方がよいと私は思います。このあたり、また第7講あたりで触れることになりそうな予感がしています。あっ、余談が長くなってしまいましたね。

生物とはここが違う

要するに、ティポロジアは、都市・建築を有機体になぞらえる思考の一例ですが、ただし働き（機能）ではなく配列（形態）に注目しています。このことは絶対に忘れないでくださいね。他方で、しかしながら都市の組織は、生物の組織とは何かが決定的に違うのではないか、ということについても少し考えておきましょう。

皮膚の組織をつくっているのは皮膚細胞たちだけです。対して、じつは建物という細胞たちの集まっているその下には、あの不気味なヤツが潜んでいるのです。そう、「土地」です。

ヨーロッパ都市では、石造・煉瓦造が一般的で、建物は隣同士ぴったり接着していますし、そのうえ建物は一旦建つと長いこと壊されないので、建物は大地と一体的であるとみなされます。いわゆるローマ法（古代ローマの法の総称）には、土地と建物を区別する発想がなく、つまり両者を合わせて立体的な土地と見ているようなところがあります。ヨーロッパはそれを受け継いできました。

ところが、日本はずいぶん事情が違います。土地は建物よりかなり大きく、いつも建物の外にニワあるいは何とも言えない残地として顔を出しています。それは中庭型の場合の中央にある、建物によって縁取られ人工的に性格づけられたニワとはまるで性格が違います。それ以上に大きいのは、平均40年くらいで建て替わってしまう建物は、永続的な土地の上にチョコンと一時的に乗っかっているオブジェクト（上物）と捉えられてしまうことです。この時間的持続の圧倒的なギャップは、建物よりも土地の方がうんとエライ、という観念を育てることにもつながります。ローマ法的な世界との、乗り越えがたい差異。あとでまた触れることにしましょう。


三好登『土地・建物間の法的構成』（成文堂、2002年）

5　都市の記憶

修復と層化

ところで都市を「類型・組織」という見方で捉えるような態度が芽吹いてきたのは、産業革命・市民革命の進行するヨーロッパでした。都市の乱開発が起こり、壊れていく中世以来の有機的な（！）町並みを懐古的に価値づけるような意識が先鋭化していったのですね。次の破壊は1930〜40年代の戦争の時代に起きた大掛かりな開発でした。そうした経験から、1950年代のイタリアで古い都市の中心部、チェントロ・ストリコ（伊：centro strico）を適切に継承するために、それを読み、描き、知り、そして新しい建物をそこに参加させるための根拠となる方法が探求されて、都市組織論／建物類型論が組み立てられたのです。

人間はいつも、すでにある世界に遅れてやってきて、その世界を見る、描く、知る。そして自らがそこにどう参加するか躊躇しながら、その世界を部分的に組み立て直し、後からやってくる者たちに受け継いでいく。そうした人間の都市への脈々たる関わりを、都市組織論／建物類型論は現在の都市のカタチから読み取っていく。その基本的な考え方については陣内さんの著書『都市を読む＊イタリア』に掲げられた模式図を見ていただくのが一番でしょう［図4］。

まず、古代の市街Aにはティポaの建物が詰まっていた。中世には、周辺にティポbの建物が並ぶエリアBが広がるのですが、同時にティポaにも中世的な介入が加わってティポ^{b}aとなる。ついでルネサンス期に建設されたエリアCにはティポcの建物がつくられ、ティポbはティポ^{c}bに、ティポa^{b}はティポa^{bc}にそれぞれ変形する。こんなふうに考えるのです。

もちろん、現代の研究者＝建築家は、逆に現在の状態から遡っていくのですよね。そのとき、たとえばエリアAの建物類型は〈ティポa^{bc}〉と書けるというこの表現がすでに復元作業の仮説的な出発点となっています。この仮説に導かれるように、各時期になされた介入〈＋c〉や〈＋b〉を見定め、段階的にそれを消して〈ティポa〉に至るわけです。各エリアには、オリジナルに近いものから大幅な改造が重なったものまでさまざまなサンプルがあるので、そのばらつきが時間を巻き戻す作業の参考になります。

ここで各段階での介入、つまり〈＋b〉〈＋c〉をレスタウロ（伊：restauro）と呼びます。英語のrestoration（修復）ですが、それが昔の状態に戻すことではなく、改修、増築など、どんな介入でもフラットに指す言葉として使われているそうです。このことはとても重要ですし、おもしろいと思います。次に、そうした介入の結果が積み重なっていくことをストラティフィカッツィオーネ（伊：stratificazione／stratification）と言います。「積層」あるいは「層化」とでも訳せるでしょうか。地層のような感じです。

人はいつも、目の前にある都市と建物のカタチを読み、知り、そして組み立て直してきた。その一切をレスタウロとして捉える。イタリアの都市史の意識とはつまり、現代の建築家たちが、過去のレスタ

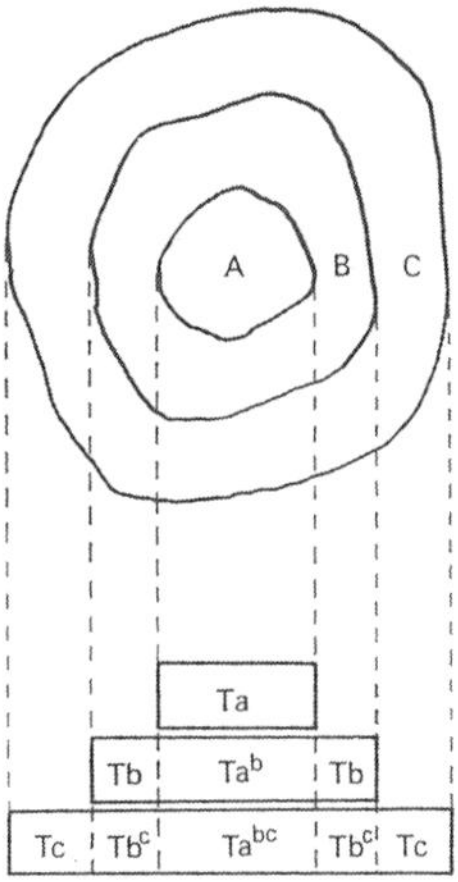

［図4］都市の歴史と建物類型の変容

ウロを知り、自らの実践をそれらと同様の次なるレスタウロとして意義づける道を開こうとするものなのでしょう。この方法の中では、都市は過去のレスタウロの地層であり、それはカタチに刻まれた記憶の書庫そのものです。建築家はその内に住み、ときどき必要に応じて文書を取り出し、読み込み、注釈を書き込んで元の位置に戻す、そういうアーキビストなのかもしれません。そして、この建築家が身につけなければならないのは、かつての「神の家」の修辞学でも、近代の「機械時代」のシステム論でもなく、いわは資料編纂の技です。

ヨコの世界、つまり家々が広がる都市、この講義の言葉で言えば「相似の海」に関心を向け、それへの意識を研ぎ澄ませていくこと。それなしには建築をつくれないという自覚は、近代以降の建築家がたどり着いた自己規定のひとつを示しているように思われます。ですがこれは第9講のテーマですので、いまは予告編にとどめておきます。以下でもちょこちょこ予告めいた話が出ますがご容赦を。

建物から土地へ

ところでティポロジアは日本の都市、あるいは東南アジアの都市などにも適用可能でしょうか。陣内さんはティポロジアの方法を使って東京を江戸からの層化の連続の中に読み取ることに挑戦しました。しかし東京には、実態として江戸時代の建物はほとんどカケラも残っていない。そこで陣内さんは、地割り、つまり土地のカタチに問題を差し戻すことになります。建物が焼けたり、あるいは壊されたりして、新しい建物がつくられるとしても、その都度、土地のカタチはデザインに力を及ぼします。町屋の並ぶ組織、裏長屋を含む組織、大名屋敷の組織、旗本屋敷群の組織……。それぞれに地割りが異なり、ゆえに明治以後の開発とはこの類型性をもった土地の転用と見ることができる。土地がレスタウロを受ける、と考える。そう、「土地類型論」への転換です。

ヨーロッパでは建物と土地は一体となり、立体的先行物としてレスタウロを受ける。ですから建物類型論で層化を考えるとき、土地そのものはほとんど問題にされません。しかし、建物がすっかり失われる、あるいは建物を取り壊して更地にしたうえで新しい建物をつくることが繰り返されるようなところでは、土地がそれ自体として姿を見せます。先ほど「生物の組織にはない」と指摘しておいた、あの「土地」です。逆にヨーロッパでは生物とのアナロジーが比較的うまくいくんですね。この違いは大きい。

戦後日本の都市のような場所では、〈ティポ a^{bc}〉〈ティポ b^{c}〉〈ティポC〉というような層化を前提とする定式化が意味をもちにくい。もっとも、aとbに「ゼロ」を代入すれば、層化の理論そのものはべつに破綻しないのでは?と考えてみることはできるでしょう。しかし、建物類型論・都市組織論は、そもそも連続的な層化をチャラにしてしまうような開発への対抗ですから、本来、a、b、cには必ず具体的な物体とその形態があると考える。0も5も300万もたまたま代入された値にすぎないなどという抽象化はその思想に反します。ここで第3講で話した、物体や行為と切り離せない数と、貨幣のように何とでも交換できる抽象的な数との違いを思い出してもよいでしょう。

裏返して言えば、東京のような都市の特質は、イタリア的思想が理論的抽象化を迫られ、すべての時代の建物の残存が実際ゼロでありうるために、土地という平面が、その上部のすげ替えに微塵も左右されない神のように別格化してしまう、という点にあるでしょう。これが「土地」の優位という問題です。

しかし、そうであっても建物の類型という考え方自体がまったく無効になってしまうかというと、そんなことはありません。アトリエ・ワンによる郊外住宅地の「世代論」はその一例に数えることができるでしょう。ただし、「世代」が問題となっていること自体が、層化がゼロであるような状況での類型論の変質をよく表していますね。建物が物的に連続せず、2代目、3代目と飛び飛びになる。これはむしろ生物個体（コルプス）の非連続性に似ていますね。親と子は物体として別ものですが、ひとつの系譜、つまり家系図として考えることはできる。興味深いですね。イタリアをはじめヨーロッパやその他、地球上の多くの地域では地区をティシューと見るような生物アナロジーがフィットし、戦後の日本や東アジア・東南アジア諸都市ではむしろ建物をコルプスと見るような生物アナロジーがフィットするわけです。先ほど「組織」という言葉について整理したとき、コルプスは都市というまとまりの全体を意味していましたが、ここでは建物にコルプスという言葉を当てていることに注意してください。建物が全体性をもち、人格をもってしまう。それが代謝の激しい状況で生まれてくる事態なのですね。建築家が設計した住宅一つひとつにポケモンみたいなキャラクター性があるのはその意味で奇妙なほど示唆的です。そして結局、親と子が似ても似つかない家系みたいなことになる。

こうした意味で、アトリエ・ワンが、世代論という不連続の認識を乗り越えて、建物と建物のあいだの空隙（ヴォイド）に注目するに至ったのも重要な進展です。たとえ建物を壊して更地にしたとしても、周囲を取り囲む建物の壁面は残る。更地に建物をつくるということは、それら壁面とのあいだの空隙をも造形することだ。言ってみれば、建物同士は、ヨーロッパのようにくっついてはいないが、あいだに挟まったちょっと弾力のある透き通ったグミみたいなものを介して、互いのカタチに影響する。そうして、先行する組織と類型は、新しい建物のデザインに間接的に作用する。出来の悪い歯車みたいに、いかにも遊びが大きくて力の伝達は不十分だけれど、それが連鎖していくことは間違いない。aやbは微弱かもしれないが決してゼロじゃないんだ、イタリアなどとは異質な私たちの都市に合った〈ティポ^{bc}a〉を考えることができるんだ、ということです。これは「外庭型」の郊外で見出された、新しい類型論・組織論・層化論の兆しでもあります。

そして、更地にしないという選択（リノベーション）が増えつつある今日、建築家はいよいよa、b、cという層化の書庫にアーキビストのようにその身を潜らせ始めています。そのとき建築家の方法や基盤にはどのような変化が生じてくるのでしょうか。私たちは今そういう局面にいます。楽しみです。

6　都市的事物

組織の重合

ところで、実際の都市の変化は、建物レベルのレスタウロだけではありません。ティシューやオルガンのレベルで、相当ドラスティックな介入と層化が起こるケースもあります。オスマンのパリ改造なんてそうですね。その「切り裂き」は、建物のスケールを超え、ティシューを貫き、オルガンあるいはコルプス全体に及ぶ。そうしてできた新しい道路に沿って、新しい建物が取り付き、新しい組織

特集「東京をどのように記述するか？」『10+1』（47号、INAX出版、2007年）

北山恒・塚本由晴・西沢立衛『TOKYO METABOLIZING』（TOTO出版、2010年）

加藤耕一『時がつくる建築——リノベーションの西洋建築史』（東京大学出版会、2017年）

が形成される。それが従来の細胞組織と共存します。私は以前、台湾の都市を事例にして、このような切断、重合と、そのあいだに起こっていく縫合、つまり全体として見れば新たな組織の生成、などといった現象を形態学的に捉えることを試みました。ひと言で言えば二重化、多重化した組織、です。コーリン・ロウの『コラージュ・シティ』、あるいはロバート・ヴェンチューリの『建築の多様性と対立性』には、さまざまな組織が互いにアドホックに最低限のつじつま合わせだけで隣り合っている、そうした事例と観察方法が豊富に紹介されています。ぜひ読んでみてください。

都市的な事実

組織の重合を感知する視線は19世紀に広く生まれ、20世紀後半には建築を考えるときに不可欠の想像力となりました。しかし、組織と類型を基礎に置く想像力の中で、アルド・ロッシのそれはいくぶん、あるいは決定的に特異に見えます。

彼は『都市の建築』の中で「都市的創成物」という概念を提示しています。この不思議な訳語が気になったので調べてみたところ、英語版ではurban artifact、イタリア語の原書ではfatti urbaniという語が使われていました。fattiは、人工物、事物あるいは端的に「事実」を指します。あえて直訳すれば「都市の事物＝事実」です。これは独特の感性だと思います。

ここでは私なりの解釈をごく手短に話すにとどめます。彼にとって都市は、2千年にわたって無数の人々が重ねてきたレスタウロの集積です。しかしその人々のほとんどは誰なのかさえわからない。彼らは自分たちが必要だと思った増改築をしただけだろう。その一つひとつはたしかに誰かの営みなのだけど、それが不断に（手の届かない）単なる「事物＝事実」へと送り込まれていく。そうして誰も全体を感知しえない巨大な複合体ができ、それが私たちの眼前にある。

都市は「集合的記憶（伊：memoria collectiva）」ですが、それはロッシにもその全体を知ることなど到底できない、得体の知れないものであり、にもかかわらずただの事実なのですね。しかし事実こそが分厚い。それは一方で開発によって剝ぎ取られてはならないものです。

ロッシの絵は、デ・キリコとも比べられることの多い、何とも不安なイメージです。単なる事物＝事実でありながら、確たる手触りのないもの。それが都市であり、歴史です。具体の物体と行為を見つめようとするとその先に感じられずにはおれない不安に満ちた深い広がり。ロッシについては、また第6講でも触れたいと思います。

類型・組織という思考が、私たちにどのような想像力を与えてくれるのか、少しはお伝えできたでしょうか。今回はこのあたりでおしまいにしましょう。

青井哲人『彰化一九〇六年――市区改正が都市を動かす』（編集出版組織体アセテート、2006年）
特集「先行デザイン宣言――都市のかたち／生成の手法」『10+1』（37号、INAX出版、2004年）
コーリン・ロウ『コラージュ・シティ』（渡辺真理・木下庸子訳、SD選書、鹿島出版会、2009年）
ロバート・ヴェンチューリ『建築の多様性と対立性』（伊藤公文訳、SD選書、鹿島出版会、1982年）
アルド・ロッシ『都市の建築』（大島哲蔵・福田晴虔訳、大龍堂書店、1991年）

第5講

自然と人工——なることとつくることは不思議な関係

Lecture 5: Natural and Artificial

本講の基本文献

ケネス・フランプトン『テクトニック・カルチャー——十九〜二〇世紀建築の構法の詩学』（松畑強・山本想太郎訳、TOTO出版、2002年／Kenneth Frampton, *Studies in Tectonic Culture: The Poetics of Construction in Nineteenth and Twentieth Century Architecture*, 1995）

山本学治『山本学治建築論集1　歴史と風土の中で』（SD選書、鹿島出版会、2007年）

中谷礼仁『動く大地、住まいのかたち——プレート境界を旅する』（岩波書店、2017年）

1　構法の類型学

お決まりですがゼムパーから

第2部で話しているのは、建築におけるヨコへの視点、あるいはヨコへの関心についてです。それは19世紀におこり、20世紀後半に変質しながら波及した。今回の主題についても、やはり19世紀に始まりがあります。ドイツの建築家ゴットフリート・ゼムパーがわけても重要ですが、近年は彼はいろいろな本や批評でひっぱりだこなので、ごく簡単に紹介するにとどめましょう。

1851年、ゼムパーはロンドン万博で展示されていたカリブの小屋に触発されて、建築って原初的にはこんなものなんじゃないかという整理を試みます。彼の眼目は、4つの基本的な素材とそれぞれに対応づけられる特定の技術です。着眼は即物的ですが、全体として実証的というより理念的な仮説だということに注意してください（括弧内はドイツ語。以降、ことわりのない場合は英語です）。

1 炉（herd）…………焼物（keramik）、冶金（metall）
2 屋根（dach）…………木工（holzhandwerk）
3 被覆（wand）…………織物（textilkunst）、衣服（bekleidung）
4 土壇（fundament）……石積（maurerhandwerk）

1の炉はすべての始まりです。ゼムパーはこう言っている。炉の炎が、人に熱と光を与え、体力を回復させる。人の集団、その結集に形を与える。宗教的な信念や儀式に形を与える。その炎を屋根・壁・床で囲うことで、構築芸術（baukunst）の起源としての原始住居は形をなす。これが彼のストーリーです。形を与える、形をなす、という言い回しが繰り返される。それが上記の即物的なリストとともにある。形には物的・技術的な根拠がある、というのがゼムパーの考えの中心にあるんですね。

大倉三郎『ゴットフリート・ゼムパーの建築論的研究――近世におけるその位置と前後の影響について』（中央公論美術出版、1992年）
川向正人『近現代建築史論――ゼムパーの被覆／様式からの考察』（中央公論美術出版、2017年）

テクトニクスとステレオトミクス

次に2はテクトニック（独：tektonik／英：tectonics）、4はステレオトミクス（stereotomie／stereotomics）とも言い換えられます。テクトニック（以下、T）の語根 teks は、組み立てること、織ることなどを意味します。じつは前回の tissue（組織）も仲間で、ラテン語の texere（織る）の過去分詞 tissu に由来するのだそうです。text は、かつては罫線にタテ糸を編み込むようにペンを上下させて文字を書いていたことと関係があるらしい。いずれも、細く、組まれ、編まれるものです。そういう意味では3もこの仲間と考えることもできそうです。ただ、ゼムパーにとって3がつくる被覆には特別な意義があり、この点に踏み込むと大変なのでやめておきます。

他方のステレオトミクス（以下、S）は、土や石などのかたまりを積んで基壇や壁をつくることに関わります。stereos はかたまり、tomia は切り分けることを意味するギリシア語。前野良沢《りょうたく》らの邦訳で知られる『解体新書』の原題はオランダ語で『ターヘル・アナトミア』（ドイツ人医師クルムスによる解剖学書）ですが、そのアナトミア anatomia もこの「切り分ける」からきています。これ以上切り分けられない単位（モデュール）を指す atom も仲間なのだそうです。

TもSも単位要素とその組立てという見方そのものは同じです。違うのは、その単位要素（つまりモジュール）の性質と、それを組み上げるときの工作の手付きですね。Tは線の細さと長さを、Sはかたまりの硬さや重さを扱うのです。まとめれば、1（炉）はいわば建築の始まりを理念的に引き受ける別格の位置にあり、3（被覆）がそれを囲って建物や部屋の姿をつくるのですが、それを支えるための工作の手付きがTとSのふたつに大別される、というわけです。

ところで材料は、工作にとって本質的な条件です。「人類はものづくりに創意と技能を注ぎ込んできたが、何らかの枠組みや限界を決めるのは必ずや物質の性質だった。どのような材料をどれだけ曲げたり、切ったり、冷やしたり、鍛えたりしたところで、つくれないものはつくれない」。環境哲学を専門とするクリストファー・プレストンは、こう書いた後、しかし、と続けます。いまや人間の合成技術がこの歴史的関係性を覆すようになってきた。かつてヒトの工作は、地球が与えてくれる材料の並べ替えであって、ヒトの技術もそれら材料の制約の下で、工作はその豊かな世界を開いてきたのです。ところが現代の科学技術と企業は、ヒトが関わらなければ地上にありえなかった性質をもつ新たな材料を合成できる。

でも、このことについてはまた最後に少し触れることにして、ここではSとTがそれぞれ材料の性質に制約されつつ花開いた地球的かつ人間的な工作の類型らしいということを確認して、その視点から話を進めていきましょう。

2　工作から組織へ

囲いと覆い

ゼムパーは19世紀末には半ば忘れられてしまいますが、1960年代に資料の再発掘が始まり、80年代以降に再評価が活発化したようです。ハリー・F・マルグレイブやケネス・フランプトンら英国

クリストファー・プレストン『合成テクノロジーが世界をつくり変える——生命・物質・地球の未来と人間の選択』（松井信彦訳、インターシフト、2020年）

生環境構築史同人編集発行（ウェブジン）《生環境構築史》（https://hbh.center/）

ティム・インゴルド『メイキング——人類学・考古学・芸術・建築』（金子遊・水野友美子訳、左右社、2018年）

人の建築史家がゼムパーを救い出したのは、近代建築の一元性に対して、地域性や場所性と呼応する建築の多元的な現れを再評価する流れの中で、です。

しかし、彼らに先んじて1950年代にゼムパーを取り上げた人がいます。構造学者で建築批評家でもあった日本の山本学治です。山本は、建物の構造は煎じ詰めれば次の3類型であろうと言っています（大文字のアルファベットは本講義の略号です）。

T　骨組的（テクトニック）

S　かたまり的（ステレオトミー）

M　薄膜的（メンブレイン）

最初のふたつはゼムパーそのまま。最後の「薄膜的」はゼムパーからざっと100年後、20世紀中頃の鉄筋コンクリート・シェルの隆盛を念頭に置いたものですが、ゼムパーの「被覆」がそれ自体で構造でもあるような工作の登場と言ってもよさそうです。もっともコンクリートと言えば、古代ローマにすでにあり、円筒、交差、ドームといった各種ヴォールト構造の曲面がありましたが、19世紀における鉄の登場、そして鉄筋によるコンクリートの補強によって、ローマの各種ヴォールトが薄いシェルとして再発見され、流動的な自由曲面にまで展開した。山本はこれをTでもSでもない第3項として立てたのです。

ただ、今注目したいのはここではありません。山本はもうひとつ、着眼の異なる類型を提示してお

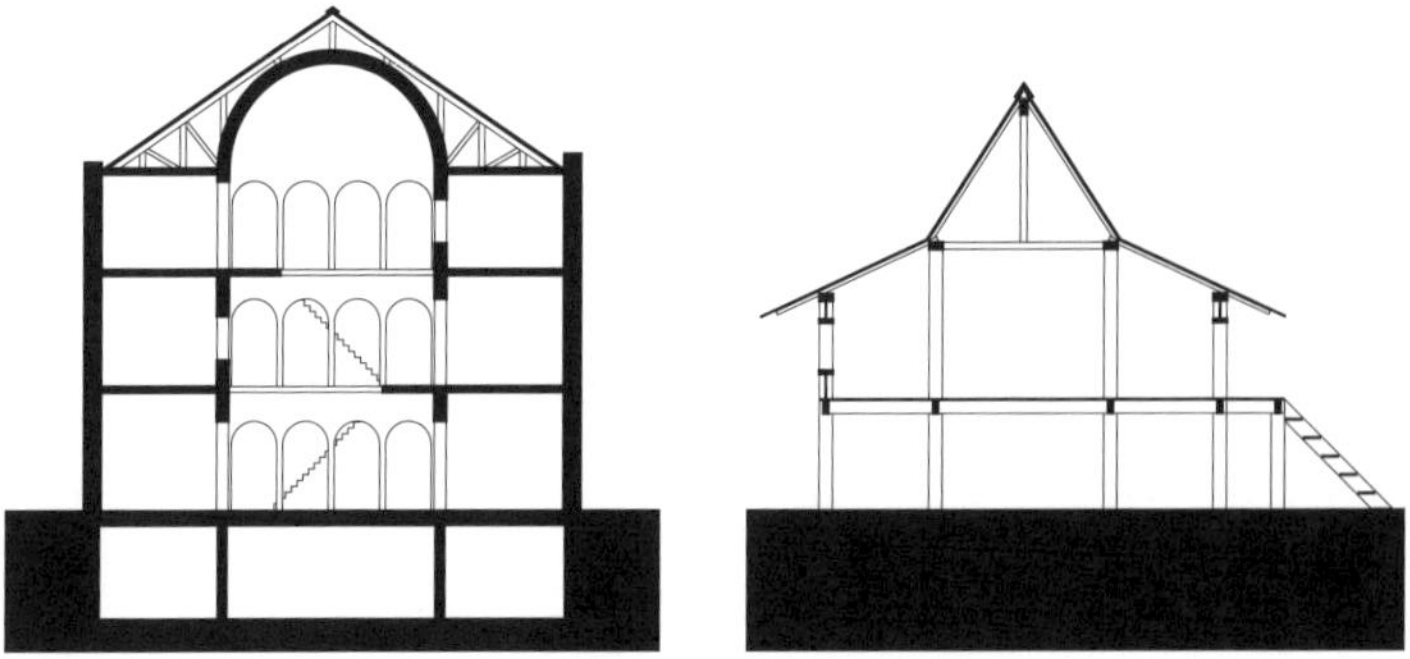

［図1］空間を囲むSの建物（左）と、空間を覆うTの建物（右）の断面比較

り、それがなかなか興味深いのです。

囲い
覆い

Sが支配的な建物は、四周の分厚い石壁によって外の世界とは截然と区別された空間を囲い込むことになりますね。小さな石や煉瓦が積み上がって高さを増す速度は、持ち上げ、下ろす、という一定の身体動作のテンポです。何日も、ときには何年もかけて壁を積み上げていき、囲いができていく。その後にようやく蓋のように屋根が架けられます。

対してTなら、柱をぐいっと立ち上げるだけで十分な高さをかせぐことができ、そこに梁を架け渡し、軒を出した屋根まで一気につくってしまいます。下はスカスカに外部とつながっていて、上は大きな屋根が空間を覆っている。とくに高温多湿の地域では床を高くし、壁は柱と柱のあいだにつくってもよいし、つくらなくてもよい。ですから床と屋根とが水平な空間的広がりをつくり、それが庭や周辺の自然環境へとつながっていくわけです。という

ハリー・フランシス・マルグレイヴ『近代建築理論全史1673-1968』（加藤耕一監訳、2020年）

わけで、こんなふうに対応しそうです［図1］。

S―囲い
T―覆い

これはなかなかよい感じです。構造上の類型論が、建物が外界との関係の中でつくり出す領域性の類型論に結び付けられ、環境因子の制御から生活様式や世界観にまでわたる、かなり包括的な建築文化の類型さえも含意してくれそうだからです。

前回、都市組織をつくる建物の類型は4つしかない、と言いました。37種類に分けられる、などと言われると多すぎてほぼ意味ありませんが、4つとその組み合わせならば視界が澄み渡ります。構法に至っては、20世紀を迎えるまでは、基本類型はたったのふたつ！　そして、囲いと覆いという建築の領域論的な類型もこれに対応してしまう。すばらしい！

ちなみに原広司さんの『空間〈機能から様相へ〉』は、近代の抽象的な空間論を、地表上の各々の地点＝場所におけるきわめて具体的な現れの問題へと書き直し、建築論を飛躍的に柔らかく豊かなものに仕立て直しました。山本の論はそれに比べれば簡潔ですが、世界の物言わぬ建築文化の豊饒さとそこに踏み込むための方法のひとつを教えてくれています。より発展的な読書を望む人には原さんのこの本をまずもってお勧めします。

再び都市組織へ

さあ、ここまで来れば今回の「工作」を、前回の「組織」にも接続できそうな気がしてきます。ざっと説明してみましょう。

Sが支配的な地域では、建物は囲い型となります。外部に対してはとても閉鎖的で、光・風は通さないし、他の人々や動物などに対して家の共同体を守る。その中心にぽっかり空けられた中庭は、光・風そして家の人々が動く流れ（サーキュレーション）のために不可欠のヴォイドです。また、すべての室を周囲に従え、天に向かって抜けたそのヴォイドは、個人に専有されない家族の共同性（コモナリティ）を実際的に支え、かつ象徴的に体現することも少なくありません。外周は分厚い壁ですが、中庭周りには木の柱を立て、梁を渡し、小屋を架けます。つまりTの骨組みが開放的な中庭周りに現れるわけです。こうした建物が外壁をくっつけ合ってびっしり並ぶと、四角でできた蜂の巣といった感じになりますよね。これがユーラシア大陸全般の都市や村落の普遍的な型です。この種の建物類型と都市組織（集落組織）は、数千年といったオーダーの歴史をもっています。

他方、T優位の地域では、建物は覆い型をとり、外部に対してきわめて開放的になるのが一般的です。光も風も外周から出入りする。廊下や縁、ベランダなどと呼ばれる、内部と外部のバッファのような帯状の共用空間が建物の外に巻き付くことも少なくなく、人のサーキュレーションも外周部が担うことがある。そして自家用の菜園や作業庭、あるいは鑑賞用の庭が建物の外をぐるりと囲むのですが、この庭を外界から限る塀（壁）だけはSを採用する場合も多い。ただ、塀の高さはせいぜい2メートルくらいですから、外から庭の様子が何となく窺え、その先に家の内部があることも感じられる。

原広司『空間〈機能から様相へ〉』（岩波現代文庫、2007年）

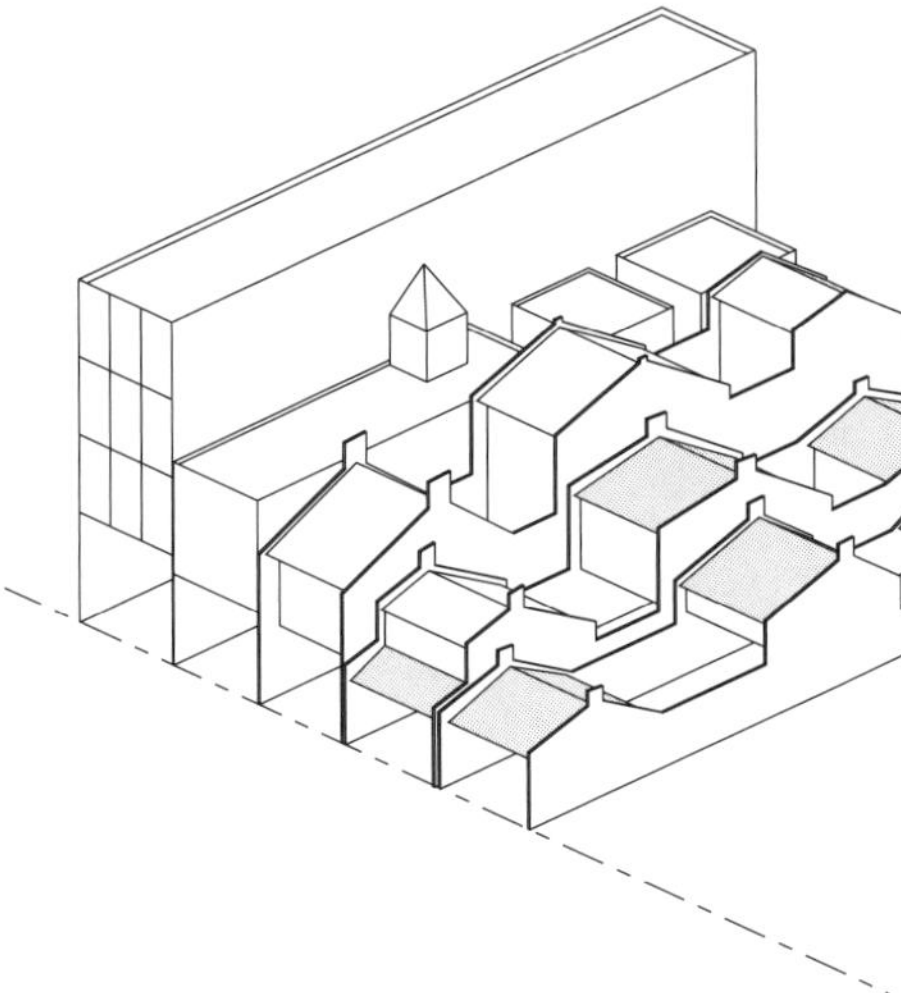

［図2］列型の組織。街路に沿って間口を開くチューブ状の空間

こうした家が並んだ組織は、沖縄や東南アジアの集落を思い浮かべると典型的な風景をイメージしやすいでしょう。密度の低いこうした組織は、湿潤な気候の大陸部・島しょ部によく見られます。日本もそう。また大陸であっても、奥深い山中や高原などにはこのタイプが見られることが少なくありません。中南米の古代都市などもそうでした。

だいたい10世紀前後になると、第3の組織が広がっていきます。それが列型の建物が集まった組織です［図2］。初期の焦点となったのは、ユーラシアの東と西の端でした（中国・日本、そして地中海とニーダー・フランケン地方）。街路に沿って間口を開き、正面から奥へと続くチューブのような空間をつくるのが基本で、光・風のサーキュレーションのために途中に庭を挟むこともありますが、本質的にはモノと人が前後に動くことが重要ですので、これを「抜け」と呼ぶことにします。左右の側壁はお隣同士で共有したり、くっつけたり、あるいは隙間が空くとしてもごくわずかなので、窓のない閉じた壁になるのが普通です。S系、つまりユーラシア大陸ではこの壁は分厚い石・煉瓦・日干し煉瓦などの壁となり、壁と壁のあいだにTの架構を組みます。いわば中庭型の外周四辺のうち、向き合う二辺の壁を取り去り、他の二辺の向き合う壁を外側からぐいっと押して幅を圧縮。そして長さをぬうーっと引き伸ばす。そんな感じです。日本のようなTが圧倒的な地域ではさまざまな構造形式の列型（町屋）が見られますが、たとえ木軸でも側壁は柱と貫の密度が高く、ここで荷重や地震を集中的に負担する傾向はあります。つまり、Tであっても相対的にSに近いあり方をしているのです。

中庭型――周壁S（＋架構T）――囲い
外庭型――架構T（＋囲繞S）――覆い
列　型――側壁SあるいはT――抜け

どうですか？　これで世界がかなりすっきりと見渡せるようになります。都市組織をつくる建物のうち「塔型」はやや特殊ですし、構法的には中庭型の特徴をベースに考えればよいので、ここでは右の3類型を見ておけばよいでしょう。
工作から構造形式を介して建物類型、都市組織までを結びつけて扱えるこの類型的把握は、「時間」を扱う次回（第6講）でもう一度検討しますので、ぜひしっかりと頭に入れておいてください。

3　進化のエージェント

円形の建物

ここで目先を変えてみます。世界の住居の進化系統樹といったもののごく一部を、「工作」の観点から描く初歩的なスケッチを試してみましょう。ぜひ第1講「互換と累進」を思い出しながら読んでください。

第1講の主役であった旧石器人に再登場してもらいましょう。この時代、十分に恒久的と言える建物は存在していませんが、しかし男たちは狩りに出て森の中でキャンプを設営したので、仮設的な小屋やテントのようなものをつくりました。そのさまざまな考古学的遺物も報告されています。いろいろな例が知られていますが、だいたい屋根の下地となる垂木《たるき》を、直接地面に突き刺して、植物の枝葉や動物の皮をなめした幕をかぶせたりしていたようです。つまり垂直の壁はもたず、傾いた屋根がすなわち壁でもある。平面も丸っこくて、まあ大雑把に言えば円錐形の建物だったわけです。

およそ1万年前に、西アジアのどこかで農耕が始まり、台地や低地での定住を始めた彼ら、つまり新石器時代を迎えたモダン・ヒューマンたちは仮設ではない、長持ちする家と倉を必要とするのですが、それは狩猟採集のキャンプの小屋を耐久性のある構築物にしていく進路をとったと考えるのが自然です。

竪穴住居なんていかにもそういう感じのカタチをしていますよね。丸っこい小屋の下に、穴を掘り込むという工夫を加えたように見えますから。わずかでも地中に潜ると多少はシェルターとしての性能が上がります。とくに寒冷な地域では屋根に泥をかぶせ、地面との隙間をしっかりふさいでいわば継ぎ目のない連続面にしてやることで、かなり風を防げるようになる。当然、草原の植物たちは遠慮なく屋根に這い上がり、鳥たちが落とす糞に混じっていた種子からも草花が芽吹きますから、家の屋根と周囲の地面とはまもなく風景としても区別がつかなくなるでしょう。ただ家のところはちょっと膨らんでいるので、要するにポコポコした草っ原が集落の風景なのです。これを引いた目で捉えるなら、人は地表面を必要なだけどら焼きみたいに二重化し、そのあいだに入り込んだ、という感じですね。柱・梁と垂木からなるTの骨組みが、いわばやわらかい泥の連続面の下に人が入り込める程度の隙間を持ち上げている、と表現してもよいでしょう。

比較的乾燥した地域ならば、丸い小屋を日干し煉瓦に置き換えてしまう発想がありえます。つまり構造体をまるごとTからSへと転換してしまう。線状の材に草や泥で薄い仕上げをするというやり方ではなく、かたまり（ブロック）を積んでできた分厚い構造体の曲面がそのまま建物そのものになるようなやり方にジャンプする。ここで、錐体をなす曲面を内側から膨らませるような感じで形状に修正を加えていくと、地面から垂直に立ち上がる壁面と斜めの屋根面との区別がなんとなく生まれてきますよね。

木材が豊富にとれる地域では、丸太を横に寝かして積み上げる発想も出てきます。これは工作の類型としてはSに他なりません。つまり、木材をかたまり的な素材と見立てているわけです。でも屋根は丸太を斜めに架け渡してつくる方が容易です。だから建物全体が木なのだけど、工作の類型という観点で見ればSの壁とTの屋根の組み合わせ、ということになる。ところで、先ほど話した竪穴式住

佐藤浩司「建築をとおしてみた日本」（網野善彦他『海からみた日本文化』海と列島文化 第10巻所収、小学館、1992年）

居にもじつは壁がありました。気づいていましたか。外からは見えませんが、穴を掘ることで「土の壁」ができていたのですよね。頑丈な土の壁と、骨と皮というつくり方の円錐形の屋根とが、S＋Tの組み合わせをなしていたのです。対して、日干し煉瓦の家の場合、たしかに壁と屋根という機能的・意味的な区別はゆるやかに生まれそうだという話をしましたが、すべてがSですから、工作という観点からは継ぎ目のない一体的なつくり方をしていたわけです。

柱・梁の建物

次に、垂直の壁を、棒状の木材を垂直に立ててつくることを考えてみましょう。この選択は、わりに高度な技術を要求します。上を梁でつなぎ、直方体の骨組みをつくるわけですが、これが簡単に傾き、平行四辺形になって倒れてしまうからです。考えてみれば、垂木を一点に集めれば安定するテントのような錐体はとても簡便ながら変形しにくい強い構造なんです。それに比べて柱・梁のフレームを組むことは飛躍的に難しい。

とにかく骨組みの変形を抑えることが必要なのですが、ひとつの方法として、柱を大地に数十センチばかり埋めるやり方があります。いわゆる「掘立て」です。これは柱をそれぞれ自立させる考え方になりますので、柱の頂部と梁との結合はさほどしっかりしなくてもよい。でも柱が根から腐りやすいのが弱点です。建物が長持ちしない。このことを文化的・美学的に逆用しているのが伊勢神宮です。いかにも原始的で恒久性に欠ける性質をあえてとどめることで、文化的アイデンティティの深さを主張しているわけです。

掘立ての段階から抜け出したければ、地面に置いた石の基礎上に柱を立てる、いわゆる「石場建て」へと転換することになります。すると今度は柱の下部が事実上「自由」なので、すべての柱の上部を梁で互いに緊結し、上をがっちり固め、いわばそこから脚が降りている、という考え方をとることになります。今上下反転しましたよ。こちらは木と木をがっちり結び固めるという高い技術が必要ですから、長いことかなり高級な建物に限定されていました。

置換が起きる瞬間

いかがですか？　ここまで少し時間をかけて、原始的な住居がどうデベロップしてきたのか、その推論的なシナリオをいくつか話してきました。建物の基本的な特徴がぐいっと変化するときに何が起きているかと言えば、第1講で話したアナロジーの活躍です。たとえば旧石器人の仮設的なテントから、一方では竪穴住居への転換、他方では日干し煉瓦の丸い家への転換がありえた。いずれの場合も、建物のカタチは一気にまるごと変わりはしません。むしろ変化する部分は建物を構成するさまざまな要素群のほとんどひとつだけに絞り込まれています。その一点において、なかなか鮮やかな解釈変更が行われている。列挙してみましょう。

- 床面－屋根の関係を動かす（床を下げる／屋根を上げる）
- 材料を置き換える（線／面／塊）
- 材を使う向きを変える（横／縦、あるいは積む／組む）

太田邦夫『工匠たちの技と知恵──世界の住まいにみる』（学芸出版社、2007年）
太田邦夫『エスノ・アーキテクチュア』（SD選書、鹿島出版会、2010年）

・建てるから掘るへの転換（ソリッド／ヴォイド、あるいは足し算／引き算）
・固める部位を下から上に変える（固定／自由、あるいは剛／ピン）

これらは、変化させる部分に着目すれば不連続な、デジタルな出来事です。しかし、大きく見るとカタチはそれほど変わっていない。変化の前と後とで、第1講で話したアナロジーがパワフルに働いていることは疑いないでしょう。たとえば材料や技法などを別のものに置き換えても、大きなカタチは変わらない。似たカタチが別のやり方でも実現できる。だから変えてみよう、という判断が喚起される。アナロジーこそが全体の連続の中での部分の変更を可能にするんです。

たとえば材料を木から日干し煉瓦に変える。それでも円錐状の形態はあまり変わらない。同じような生活を引き継げる。でも建物の組成は変わっている。新しい組成Aが新しい技術的な問題系を定義します。

そして、その枠組みの中で技法や道具、寸法などが制約を受けたり、漸進的に改善されたりして、カタチも少しずつ変わっていくでしょう。不連続な転回と漸進的な改良。パタっと転じ、ジワジワ変わる、という感じです。

ここで少しだけ注釈を加えておきますね。安定した建築のカタチをよく調べてみると、たくさんの要素が互いにゆるやかに拘束し合っているものですが、人はそのひとつを変数とし、ここを変えると何が起きるかということに集中します。仮に変数の数を増やすと、途端に全体が流動化して部分を変える効果が推論できなくなってしまう。つまりモダン・ヒューマンの認知能力は変数を複数化すると途端にお手上げになってしまう程度のものなんです。ヒトはカタチの進化のエージェントですが、その任務はかつてはとても限定的だった。カタチの進化の歴史が、つねに改変のシークエンシャルな連なりとして追跡可能なのはこのためだと思います。

経路依存性

ところで、世界中のさまざまな地域に見られる一般的な家屋は、なぜこんなにも多様なのでしょうか。そう尋ねられたら皆さんはおそらく、地域によって気候が違い、地質や生態系も違うからだ、と答えるのではないでしょうか。気候が違えば快適性確保の考え方が違ってくるし、地質や生態系が違えば安価に調達できる材料が違ってくる。それできっと間違いではありません。

でも、環境的な条件が同じでも、建物のカタチはいろいろありえますよね。他にもありえたなあ、でもたまたまね、という感じを表す「偶有的」という言葉があります。建物のカタチなんて半ば偶有的なものです。これまで話してきたように、建物の恒久化の出発点は、旧石器時代の遊動的な生活の中でたまたま手にしていた仮設的構築物の形態や技術です。そして定住化の中で、建物の複雑な条件のひとつに注意が向けられ、何らかの新しい解釈に沿ってある方向への転換が起こる。それが周囲の者たちにも受け入れられるようであれば、その方向に進化の経路が伸びていく。その経路とは、転換によって新たに定義された技術的あるいは美学的・象徴的な課題について漸進的に改良が重ねられていく道のりです。

つまり、建物のカタチは環境条件が決める、というのは一面において正しいけれども、もう半面では経路が決める、ということも忘れないようにしてください。どんな条件の変化も、新しい要求も、その経路を進んできた慣習や慣性とすり合わせられるし、その経路に束ねられている諸条件とうまく撚り直しができないと進めない。もちろん、どこかで決定的な出来事があって、経路のスムーズな延長ではなく、それを鋭角的に曲げるような事態が生じることもあるでしょうが、そういう変化が生じやすいのは権力者のモニュメントで、人々がつくる街や村などの集合的な慣性はきわめて大きいと言うべきです。

ここまで考えてきたようなプロセスが都市の誕生以後も進展していきます。都市では稠密な組織をつくらなければいけませんし、開放性と閉鎖性への意識も研ぎ澄まされる。そして都市とは人とモノと知識が流れ交わる場です。都市組織をつくる建物の類型は、農村などと違ってローカルな特殊性を超える集合の原理が貫徹される。おそらく、そうして、先ほど見た3つの〈組織＝類型＝構法〉の複合ができ上がっていくかもしれない、そんなことがおぼろげにも想像できそうに思いませんか。それが建築家たちのつくるモニュメントのヨコに広がる相似の海原をつくっている。そして第2、第3講で話したように建築家は家屋の海原の中にたとえば聖堂をつくる。ヨコのひろがりの内に、タテの力が働く場をつくり出そうとするのです。

4 自然と人工

アルキテクトンの転倒

先ほど、teksという語根を持つ語をいくつか挙げましたが、この講義は建築論ですから、最初に挙げるべきは建築職人（とくに棟梁）を意味する古代ギリシア語のテクトン（tekton）でした。tectonicという語の起源をここに求める説もあるようです。ここではSとTをまとめて、包括的に工作としての建物のあり方、つまり「構法」を指してテクトニクス（tectonics）とするような用語法だと思ってください。

テクトンの頭にアルケー（arche）をくっつけると建築家を意味する「アルキテクトン（architekton）」になります。アルケーは「初源・根源」、平たく言えば「始まり」を意味します。この世界の始まりに立ち返ることで見出されるはずの、この世界の成立根拠、根本原理といったことです。第3講を思い出してください。古代ギリシアでは建築家とは世界を貫く秩序（オーダー）を建物に分有させる者のことでしたが、この秩序がすなわちアルケーであり、それを数的表現で可視化したのがシュムメトリアです。始まりに遡り、始まりに触れつつ神殿をつくる者こそが建築家なのです。「始まりの工匠」。しかし、この「始まり」は、普通に言えば虚構に他なりません。

古代ギリシアの哲学者プラトンが、『ティマイオス』に「デミウルゴス」という造物神を登場させていることはよく知られています。デミウルゴスもまた元来は工匠・職人を指すギリシア語なのですが、プラトンは彼を、この世界のカタチのあるものすべて、つまり「自然」を「創造」した者として

ジョージ・クブラー『時のかたち——事物の歴史をめぐって』（中谷礼仁・田中伸幸訳、SD選書、鹿島出版会、2018年）

描き直しました。また、ギリシア語でモノをつくることを指す言葉に、「ポイエーシス（poiesis）」＝制作があり、これは無から形あるものを眼の前の世界にもたらすこと、です。つまり制作という言葉は創造を指していて、工匠の通常の仕事とは異質な意味が与えられている。そして、建築家は地上のデミウルゴスとみなされる。

要するにデミウルゴスも、建築家も、目の前の素材で工作する人であると同時に宇宙の始まりに触れる制作＝創造者なのです。この二重性、両義性は重要です。

自然と人工

ところで生物の組織も、人造環境の組織も、材料は大地あるいは他の生物から取られます。しかし、両者のつくられ方には大きな違いがあります。

生物の組織は自らを再帰的につくります。再帰的という言い方は第1講でも出てきましたね。他動詞は主語ではない他の何かに及ぼす作用を表しますが、その作用がくるっと向きを変えて、主語自身に帰ってくるようなとき、その作用は再帰的（自己再帰的、自己言及的）であると言います。つまり生物が自らの身体を「つくる」という場合、「つくる」という動詞が表す作用は生物の身体から出ていくヴェクトルのようで実際には出ていかず、身体の内でそれ自身に加えられる。

たとえばバイソンの肉を食べるのは単に「食べる」ですが、その人が自身の肉をつくるのはタンパク質をアミノ酸に分解して自身に適合するタンパク質に再合成することであって、再合成されたそれは自分自身（の一部）ですよね。つまり自分が（バイソンの肉を素材として）自分自身を合成している。同時に、自らが自らの老いた細胞を捨ててもいる。こういう不断のプロセスの再帰性が、生命というものを神秘的なブラックボックスとして想像させるのでしょう。誰かが外から作用している、操作している、ということがないにもかかわらず、つねに変化し、かつ大きく見れば連続しているのですからね。

人造環境にはこんな芸当はできません。もちろんヒトの労働が必要です。人の筋肉が石や木を切り、運び、積んだり組んだりしないといけない。そして、いかに重労働を投じても石は石。何も分解、再合成は起こらない。地表をつくっていた石を、並べ替えて建物のカタチにしているだけです。ブラックボックスなんてない。見たまんま。

こうした「つくり方」の差異こそが、自然と人工を分けるのですね。人工、つまりモダン・ヒューマンの工作は、自然の素材を刻んだり運んだりするだけで、決して別物に生まれ変わらせることはできないし、そのくせ止めどないアナロジーの力で奇妙な逸脱（失敗）を次々に犯してしまう。工作とは自然の動的かつ安定的な秩序から見れば不具合のある機械の暴走みたいなものです。苛立たしいほどの拙さゆえに、ヒトは自らの工作を自然の完ぺきさに近づけたいのかもしれません。

古代以来の建築論でも、建築をはじめ諸芸術の理想は自然を模倣し、自然の秩序に従うことだという考え方を基礎として語られてきましたし、今日の建築家の中にも建築をいかに自然に近づけるかと言っている人がたくさんいますよね。そこには、建築は工作（ワーク）でなく制作（ポイエーシス）でありたい、つまり材料を切って動かすだけの即物的・機械的な労働ではなく、無から有を生成・創造するような自然の恐るべき美しさを分かち持ちたいという強迫的な願望が働き続けているように思われます。

逆に、建築家がもし人間の「工作」にこそ積極的な意義を見出すとしたら、そこにはそれなりに劇的な価値観の転換が起きていなければならないでしょう。そしてそれは、人間の工作にむしろ自然の制作を模倣するにとどまらない、それ自体に固有の意義を見出すような価値観の登場なのでしょう。実際、そういう転換が19世紀に起きます。

合理論と経験論

自然主義（naturalism）という言葉があります。この世界のあらゆる現象は自然法則の展開にすぎず、そこに目的はない。また何か自然を超えた魔法とか、人間の思いとかいったものが自然法則を変えてしまうことなどない。こうした考え方が自然主義です。

そのように世界を見るヒトの能力が「理性」です。徹底的に自然にとどまり、その「理《ことわり》」を見通していくんだ、という姿勢です。理は古代ギリシア語では logos ですが、これがラテン語に訳されたときに ratio と変形しました。合理論＝ラシオナリスム（rationalism）はこの ratio をもとにした言い方です。これは経験や感情、文化や経済など一切の人間的なものに先んじてある「理」に即す思考の態度です。

こういった古典的な信念の体系が、ヨーロッパの歴史を貫いていますが、つねに盤石だったわけではありません。揺れはいくらでもあります。しかし決定的だったのは19世紀です。古典的な合理論は明らかに動揺し、力を失っていきます。代わりに、私たちが普通に使う意味での功利主義的な「合理主義」が力を持つようになります。なぜでしょうか。いろいろな説明が可能でしょうが、単純に答えてみましょう。

おそらく、かつてない事態を地球は迎えたのです。世界のすべてが最初から決まっていたなどとはとても思えないほど、新しい環境を人間が次々に建設し、その人造環境を押し広げる。今や我々はそれだけの影響力を自然に対して行使しうる力を備えるに至ったんだ——人間がそういう自信を持ち始める。地球上の自然物の総体をバイオマス（biomass）と言いますが、近年では、この言葉と対照させて、地球上の人工物の総体をテクノマス（technomass）と呼んではどうかという提案があります。もちろんこの言葉もteksに連なる仲間たちの一員です。そして19世紀こそ、テクノマスがかつてない速度で膨張し始めた時代なのです。それは人間が以前とは異質な「主体」になり始めたことを意味していました。

実際、19世紀のゼムパーは、建築家をデミウルゴスの模倣者としては捉えません。人は確定済みの美をなぞるのではなく、むしろ過去の諸様式を土台としながらも、材料と技術の可能性に沿い、人間の要求と地理的環境との関係に即して、自ら新たなカタチを生み出してゆく主体的な「工作者」（工作人、独：werker）である——これがゼムパーの人間像です。合理論に対して経験論＝エンピリシスム（empiricism）、自然主義に対してロマン主義（romanticism）の時代です。

ロマン主義は受容と作用の主体としての人間を起点とします。私たちが感じ、考え、身近な環境をつくり出す。私たちはこの時代の矛盾に引き裂かれながら共同体の未来のために闘う。こうしたロマン主義的な自負は、たとえばドイツ工作連盟からバウハウスへの系譜に濃厚に流れています。

植原亮『自然主義入門——知識・道徳・人間本性をめぐる現代哲学ツアー』（勁草書房、2017年）

他方、ピタゴラス学派みたいに整数比や黄金比にこだわったル・コルビュジエは、自然主義・合理論の継承者です。ここまでの話を踏まえて、彼の『建築をめざして』を読めばよくわかると思います。彼は、建築の建築たる所以は決して生産技術や構造そのものではなく、造形を律する数の秩序にあるのだということを、繰り返し繰り返し明言しています。『建築をめざして』という本は、歴史上のモニュメントだけでなく、一般の住宅、船舶・飛行機・自動車などのあらゆる造形物を、ほとんどその視点だけで貫くように考察した書物なのです。もちろん、ル・コルビュジエにも世界をつくり変えていく主体としての人間への、強烈に楽観的な信仰があります。彼の場合、そこに古典的な合理論がかぶさっている。

累進性の爆発

自然主義・合理論では、石にノミをあてて削り出した美しいカタチを見て、それは石にもともと埋まっていたものであって、人はそれが出てくるのを助けたにすぎない、と捉えます。対してロマン主義・経験論では、たとえ石の内部に疎密や縞があったとしても、彫刻のカタチは他でもなくノミをふるった人の手、ひいては人の想念が生み出すのだと考えます。いろいろな出自をもち、いろいろな環境に生き、欲望し、葛藤する人間が、その手や技を使って固有のカタチを新たに生み出すのです。そして、人間は困難を克服して進歩してゆき、やがては地球各地のローカルな奮闘から普遍的な技術を手にし、ひいては人間像そのものを地球全体で統一していくことになるに違いないという展望も、そこには含まれていました。あるいは反対に、たとえばドイツの自然はゲルマン精神の故郷なのだ、だから守らねばならない、失われたら回復しなければならない、というような自然観もまたロマン主義のそれです。人間あるいは人間集団の思いがかたちづくる自然のイメージなのですから。

　実際、人間が世界をつくり変えるロマン主義的な主体になったからこそ、破壊は自らへの反省をも強烈に促します。文明とは何と暴力的なものか、我々は「自然」な存在に戻るべきだと。こうした反省は自然主義への回帰ではありません。人間がいようといまいと関係なく、自然の本質は最初からすべて決まっているんだと考えるのが自然主義です。対して、近代の「自然」はたいてい人間が守るべき儚い存在であり、人間の責任感や無力感などの内面の葛藤を映し出す鏡みたいなものになってしまっている。自然の本来性を云々しているように見えて、じつは人間あるいは人間社会の動揺の投影なのです。それはロマン主義的な自然観と言うべきものです。

　20世紀はこうした愛憎入り交じるロマン主義的な人間観の上に、世界を塗り替えていきました。地表上のモノの再配列くらいしかできず、その限界の中で美しい世界の構築に努力を傾けてきた人間の工作は、新しい技術によって量を担える巨大な生産体制に仕立て直されていきます。工作の大部分はかつての工作ではもはやなく、皆さんご存知のとおり産業の体制であり、資本の駆動なのです。

　他方で科学技術はやがてミクロな生物組織が自己をつくり出すメカニズムに迫るようにさえなるでしょう。つまり、モダン・ヒューマンはいよいよ自然の組成さえ不可視の深いレベルで解明しながら、そこに介入するようになるのです。遺伝子から動物の組織や器官をつくるとか、人為的に自然環境を再現・維持する施設をつくるとか、原子を破壊してエネルギーを取り出すとか、そういった営みを見ると、「人工」はいよいよ「自然」と区別がつかなくなってきたと言えるでしょう。それどころか、

エルンスト・カッシーラー『国家の神話』（宮田光雄訳、講談社学術文庫、2018年）
樺山紘一『《英雄》の世紀――ベートーヴェンと近代の創成者たち』（講談社学術文庫、2020年）
ビル・マッキベン『自然の終焉――環境破壊の現在と近未来』（鈴木主税訳、河出書房新社、1990年）

「自然」がその内に眠らせていた可能性、決して自然自身は開くことのなかった潜在性を強引に開いてしまうような力さえ、「人工」は持ち始めています。

ということは、自然を破壊するときに人間が苛まれる不安もまた変質しているのではないでしょうか。それは、人間の工作は自然の法則を踏み外してしまうという古代以来の自然主義の苛立ちとも、我々が安らぐ場所として理想化された自然の喪失を悲しむロマン主義の憂いとも異質であるはずです。私たちはまだ、それを正確に理解するための言葉を手にしていないように思われますが、近年のあらゆる分野の努力がそれをつかもうと努力していることは間違いありません。少なくとも言えるのは、今や自然主義・合理論と、ロマン主義・経験論とのあいだの区別もほとんど無意味だということです。自然と人間、自然と人工との区別も曖昧になってきたのですから。私たちは自分の身体が自然であり、無数の生物を体内に住まわせ、体外の無数の生物や無機物とつながることではじめて機能するものだということを知っていますよね。逆に人間の作用が及ばない手つかずの自然など、じつはとうの昔からまったくないのです。そのうえで私たちはどんな工作者あるいは制作者たることができるのだろうか。

今日の建築論は、こうした問いの上に築かれつつあるのだと思います。

エマ・マリス『「自然」という幻想――多自然ガーデニングによる新しい自然保護』（岸由二・小宮繁訳、草思社、2018年）
デイビッド・モントゴメリー、アン・ビクレー『土と内臓――微生物がつくる世界』（片岡夏実訳、築地書館、2016年）

第6講

平衡と進化

Lecture 6: Equilibrium and Evolution

——わたしたちは想念のなかで都市建築を分解する

本講の基本文献

グレゴリー・ベイトソン『精神と自然——生きた世界の認識論』（佐藤良明訳、岩波文庫、２０２２年／Gregory Bateson, *Mind and nature: a necessary unity*, 1979）

真木悠介（見田宗介）『時間の比較社会学』（岩波現代文庫、２００３年）

1　かたさとやわらかさ

町屋がひとつ建て変わる

いきなりですが、ひとつの風景の観察から始めましょう。台湾のある街をぶらぶら歩いていて出くわした風景です［図1］。これは採集しなければと、まるで昆虫学者みたいに反応しました。実際、脇

［図1］台湾の町屋が取り壊された後に残った土地

目もふらずに駆け寄り、私のスクラップブックに記録されたのでした。

町屋が1棟取り壊されていますね。両側に壁がそそり立ち、2階の床を支える丸太材（根太）が見えます。この町屋の持ち主をKさんとしましょう。両側の壁は、Kさんの町屋の側壁です。壊したのに、壊しきっていないのですね。これは気まぐれではありません。

台湾の市街地は一般に通りに沿ってびっしり並ぶ町屋でつくられています。通りのオモテに他の建物類型が建つことはほとんどありません。第4講、第5講で話した列型の組織ですね。そして町屋はたいてい側壁を隣家と共有しています。正確に言えば、壁の芯が、隣家との土地の境界線と一致している。土地所有の境界線上に、その両側にまたがるように壁が立っている。いわゆ

［図2］取り壊し後に露出した隣家の壁から増築したことが窺われる

る界壁（party wall）です。そのため、Kさんが家を建て替えようと思っても、左の壁はJさん、右の壁はLさんのものでもあるために、端的に「取り壊せない」のです。いくつかの町屋を一体的に再開発するなら話は別ですが、個別に壊して建て直すだけなら、壁は残る理屈なんですね。

皆さん気づかれましたね。今、無防備に「建て替える」という言葉を使いましたが、日本のように更地にオブジエを置くようにまっさらな建物を建てるのとはわけが違います。2枚の壁と地面とでできた、まるで峡谷のようなカタチをした場を、再び埋め戻すこと。それがここで次に起こるKさんの建築行為なんです。

次の写真を見ましょう［図2］。この

写真の町屋は4階建てですが、もともとは2層だったらしいことが痕跡からわかります。隣と共有している壁ですが、お隣さんの了解をもらって、共有壁の上にレンガを積み増し、高くしたんですね。もちろん建物は高層化します。床面積を増やしたかったのですね。峡谷も険しいものになります。でも、壁とそのあいだ、という組立てそのものは変わりません。だから組織の基本秩序も変わらない。

こんな街のひとつの通りで、もし上空に定点カメラを浮かばせることができ、20〜30年も録画し続けることができたとしてみましょう。その記録をものすごく早回しで再生してみたらどんな映像になるか。どこかで壁と壁のあいだが壊され、峡谷ができたかと思えば埋め戻される。職人さんたちがその都度せわしなく動くのですが、街の姿は大して変わっていない。しばらくすると別の場所で同様に町屋が壊され、足場が組まれ、レンガ壁が積み増され、埋められる。またしばらくして……。組織は大局的に安定しているのだけど、壁と壁のあいだはそれなりに代謝していき、30年もすれば半分くらいは新しいものに入れ替わっているかもしれません。そのあいだ、壁は同じ場所にいつもある。

これが台湾の街に流れる時間のカタチです。日本とはまるで違う。ということは、世界にはいろいろな時間の流れ方をする街があるのでしょうね。わくわくしてきませんか。

かたい／やわらかい

さて最初の風景に戻ります。まだまだ観察が足りません。

第5講の「工作」の観点を思い出してみましょう。興味深いことに気づきませんか。そうです。界壁はS（ステレオトミー）、そのあいだはT（テクトニクス）でつくられているのです。つまり、レンガを積んだSが比較的長く残り、木造軸組のTが比較的頻繁に入れ替わる、という関係なのです。これを比喩的に「かたい／やわらかい」と言い表してもよいでしょう。

あいだをつくっているTは、福建省産の杉の丸太材を使っています。これなら壁から壁まで、4～5メートルほどの距離をひとつの材で架け渡し、その上に板を張って家具や人間などが乗っても、容易にポキッと折れてしまわないだけの粘りがあります。これはレンガや石にはできない芸当。そして、間取りの変更など必要があれば、もとの材の姿にキレイにばらしたり、組み立て直したりすることも比較的容易です。そして、Tでできた「あいだ」の造作部分はすべてその持ち主が専有できます。

対して共有されるSの壁は、レンガ一つひとつは小さいのですが、それを40センチメートルほどの分厚さで積み上げています。必要なところは数個レンガを積まないでおくことで深さ20センチ程度の穴をつくり、そこに差し込んだ丸太材（S）を支えるようにしています。そして壁には、隣人の存在感を消すほどに分厚く、中が密実に詰まっていて、火を通さず、音を伝えず……といったことも求められます。もちろん、Sの壁が壊せないということではありません。現に、道路に面する建物正面の壁は取り壊されていますね。それでもここに述べてきたようないくつかの性能はSの方がはるかに果たしやすい。中でも火災は重要かもしれません。誰かが出した火で壁が簡単に燃え落ちてしまうようでは、共有財になりにくいですからね。

実際、別の日、別の街で出くわした風景は衝撃でした。4～5棟ほどの町屋が火災にあった風景です。Tの部分がほとんど焼け落ちてしまい、残った梁や母屋も真っ黒に焦げてぶら下がっていました。対してSの界壁はきれいに残っている。この風景を見た後、しばらく押し黙っていた私は30分後に

「列壁都市だ！」と叫びました。柱が等間隔に並んでいれば「列柱」ですからね、壁が見事に4～5メートルの間隔を空けて行儀よく並ぶのは「列壁」でしょう。人々は列壁のあいだに入れ替わり立ち代わりやってきて寄生している、そんなイメージが湧いたのでした。

たしかに、KさんがNさんに土地を譲っても、さらにMさん、Oさん……と所有者が移っても、壁は基本的には残り続けます。であれば、その壁は長い目で見れば、誰のものというのではなく、「都市のもの」と考えればよい、ということになります。

いずれにせよ、こうしたSとTの相対的な性質の差が、街に流れる時間のカタチときわめてよく適合している。このことを表に整理しておきます。

［表］台湾の都市組織の成立ち

部位	構法	所有	時間
A 壁	S（ステレオトミー） かたい	共有	固定＝都市のものとして定着 （無意識の層に沈む）
B あいだ	T（テクトニクス） やわらかい	私有	代謝し続ける （短時間の生活サイクルに関わる）

2 あり方と動き方

類型の視点／構法の視点

これまで話したことに戻ってみましょう。この街は、第4講で主題とした類型と組織の視点で見れば「列型の建物（町屋）がびっしり並んだ組織」ということになりますね。そう見えていた街が、時間の視点で見るときには「かたい／やわらかい」の分節として見え、それは第5講のテーマだった工作の組立てと深く関わっているらしいことが見えてきます。同じ都市が、前者の視点からは「町屋都市」と見え、後者の視点からは「列壁都市」として見える、ということでもある。このズレは何か重要なことを示唆していそうです。

類型という意識からは、都市・建築のスタティックな「あり方」（静態）が観察されている。こう言い換えてもよいでしょう。Jさん、Kさん、Lさんがその中で生活する空間の単位としての町屋。組織は土地の境界線で区分され、それが3軒ある、というように捉えられる。

ところが時間軸に沿ってダイナミックな「動き方」（動態）を観察すると、見えてくる分かれ方が違う。変わりにくいものと変わりやすいものとに分かれ、それらが組み合わさっている。それが都市組織のもうひとつの姿として現れる。このとき、Jさん、Kさん、Lさんは列壁都市に寄生する小人のように思われてきます。彼らがそれぞれ短い期間、壁のあいだを専有し、次々に別の誰かに入れ替わっていっても壁は残る。レンガを積むことで大地が壁状に立ち上がり櫛の歯のように等間隔に並んだ、そんな「都市のもの」としてのインフラがあり、そのあいだに人々は杉丸太を持ち込んで取り付くのです。

さまざまな「動き方」

世界の都市や集落を「あり方」の相で見るのはある意味で容易です。しかし、やや面倒でも「動き方」を見ていくことがとても重要です。一定の安定性を保ちながら代謝・成長できるか。火災のリスクを人々がどう受け持つか。災害や戦争の痛手からどう蘇っていくか。そもそも長期的には入れ替わる所有関係をモノの組立てにどう対応づけるか。こうしたことに、この「動き方」が関わってきます。「動き方」にはじつにいろいろなタイプがあり、私たちがまだ知らない事例も多々あるはずです。

日本の戦後はかなりレアケースでした。「あり方」と「動き方」が一致してしまっていたのですから。それがすなわちスクラップ・アンド・ビルドです。建物の物的組織の中に「かたい／やわらかい」、「変わりにくい／変わりやすい」の分節が事実上ない状態です。同じ木造でも、江戸時代の大都市では借家が圧倒的に多く、借家人は畳や障子・襖をもって引っ越したものです。建物と畳や建具のあいだに、「かたい／やわらかい」の差がある。これは台湾のS／Tの対比のように鮮やかな工作上の対比をなしてはいませんが、たしかに畳や建具は柱・梁とは違って動かせる。そして実際にそれらを持って引っ越していたのなら、都市の建物が皆同じ寸法体系でつくられるようになっていなければなりませんよね。材木の産地から、製材所、大工、畳職、建具職、あるいは紙屋に至るまでがこの仕組みに連なっていたことになります。そういったものと、少数の地主と多数の借家人からなる都市社会の階級的な組立てとか、それを踏まえた所有の関係、法的な諸関係といったものも関わっている。「かたい／やわらかい」、「変わりにくい／変わりやすい」の対比は、社会的な諸関係が、技術的な性格の差（構法的な組立て）を通して顕在化したものなのでしょう。

いずれにせよ、石造文化圏だからその対比があり、木造文化圏ではスクラップ・アンド・ビルドにしかならない、というのは単純すぎる思い込みだろうと思います。重要なのは「かたい／やわらかい」の相対的な差なので、その差のつくり方はいろいろありうると考えた方がよいです。もちろん、SとTの差はその最も明瞭な範例ではあるのですが。

3 平衡と進化

もっと大きく、もっと高く……?

皆さん、ちょっと疑問も湧いてきましたよね。先ほどの、Jさん、Kさん、Lさんたちの街はせいぜい4階建てくらいだけれど、もし10階建てのビルを建てようなんて話が出てきたらもうこの講義の説明は役に立たないのではないか。壁とあいだ、SとTという組立てが許容する変化の範囲を超えてしまったら、あの街はどうなるのか。当然の疑問です。少し考えてみましょう。

動的平衡と進化

台湾の街は、S+Tという仕組みが対処できる範囲で動いているかぎりは、組織としてはきわめて安定的です。どんなに所有者が変わっても、どんなにTの部分がつくり直されても、場合によってはSが積み増されても、組織としての基本的な組立ては変わらない。何度も強調してきたとおり、動的であり、なおかつ安定している。ミクロには動いているけど、マクロには変わらない。ちょうど、私たちの身体の細胞が数ヵ月から数年でほとんどそっくり入れ替わってしまうのに、形態的な特徴は維持されるのと同じです。これを「平衡 equilibrium」ないし「動的平衡 dynamic equilibrium」と言います。

これまで述べてきた形態の記述と変化の記述を組み合わせると、じつは「平衡」の記述を目指していたのだということがわかりますね。Kさんが自分の町屋を建て替えようとしたときのように、組織が動く瞬間にはS＋Tの組立てが活躍するけれど、普段は列型（町屋）の組織という景観と生活が見えている。ミクロな動きは構法学的な組立てが司っており、そのことによってマクロな列型の形態学的秩序は維持されている、ということです。

ところが、平衡を打ち破らなければ解決できないような状況の変化が起きると、組織（系）は「進化 evolution」しなければならなくなります。さもなくば他の組織に取って代わられる。

たとえば地価が上昇し、なおかつ高層化を可能にする技術と材料が使えるのなら、当然ながら町屋も高層化していきます。私の台湾での観察では、だいたい4～5階建てまでならば、列型のままで床を増やしていきます。列型の場合、土地は短冊状に切れており、原則として最上階まで同じ人が所有していて、上階へは階段で上がっていく。土地が深いので、奥行きの真ん中あたりに中庭を設けて光井戸とする。こうした特徴が4～5層までなら変えずにいられる、ということです。

突然変異、あるいは？

しかし、さすがに5層を超えて高層化したいという経済的な欲求が高まってくると話の前提がまるっきり変わってしまうでしょう。その要求は、当然ながら階によって違う人が住む、あるいは所有する状態を求めるものです。私が台湾調査で知った範囲では、町屋3～10間分がひとつになって6～12階建てのビルができる、といった変化が大きな都市の中心部では1980年代くらいにはたくさん起きてきます。もし定点カメラがセットされていたとしたら、都心のあちこちで建物が壊れたと思ったら埋め戻される、というそれまでの記録映像とは違う状況を、カメラは記録し始めます。建物が壊さ

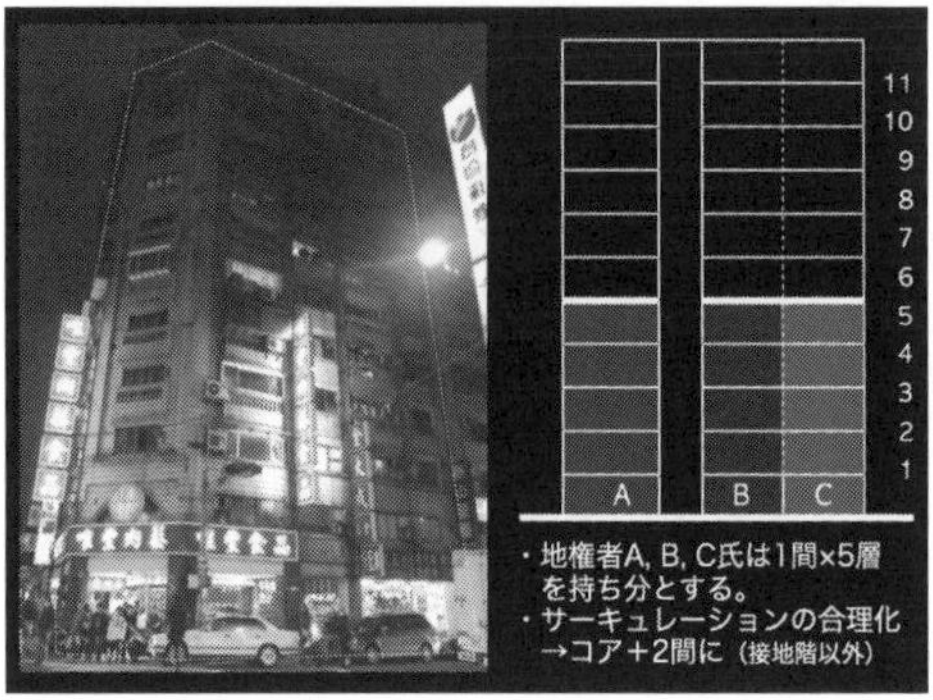

［図3］3軒の2階建て町屋が11階建てのビルに進化した（台北）

れ、そこに列型よりもうんと太っちょで背も高い建物が立ち上がる。あちこちで、ボコッ、ボコッと始まったそうした変化が次第に同じ再生速度とは思えないくらいに激しく止めどなく起こるようになる。

この変化の初期には、こんなビルができます［図3］。正面からは4つ分の柱間が見えていますが、左から2番目は間口が小さく、そこが入り口になっていてエレベータのドアがこちらを向いている。エレベータの裏を回り込むように階段室もある。

話を聞いてみると、5階まではもとの所有者A・B・Cさんの持ち分なのだとか。3人でエレベータと階段のスペースを出し合ったので、各々の間口は少しずつ小さくなっています。BとCはもともと間口4・5メールくらいの標準的な町屋で、この建替えのためにかなり狭くなってしまった。そこで2〜5階については1フロアずつまとめて持つことにしようということになった。図の概念的な区分をもとに、話し合いによって2〜3階はB、4〜5階はCというように持ち分を決め、ゆったり使えるようにしたのですね。でも1階だけはそれぞれ小さな間口で元どおり店をやることにしました。もっとも建替えから30年ほども経った今は、息子が継いでくれなかったCさんの店はテナントとして携帯ショップが入っている。

他方、6〜11階は分譲。他人にこれだけ売却すればかなりの収益になります。それをA・B・Cさんと、このプロジェクトを請け負ったデベロッパーが事前の契約にもとづいて分けた。建設費用はほぼ全額デベロッパーが出したのだそうです。法規が許す11階建てにすれば皆に利益が出る計算になったからね、という話でした。

感心してしまいました。なるほどー、こうやって町屋がビルに変わっていくのかと。これはとても示唆的な事例です。まず、このビルは全体としては元の列型とはまるで違う。上は幅の広い部屋を多数積み重ねているわけですからね。でも、このビルが町屋3棟が並ぶ状態からの変形である経緯はそれなりにトレース可能です。つまりこのビルはUFOみたいに飛来した外来種ではなく、紛れもなく台湾の町屋を母体とする突然変異体なのです。元の組織が自らを別種の組織へと進化させたということです。A・B・Cさんたちを働かせて、街の組織が変異体を生み出したんですね。

もっとも、実際にはこのように一定の連続性を追えるような事例ばかりではありません。15間、30間といった数の町屋がまるごと買収されて、大きなオフィスや百貨店に化けたというような事例も少なくない。この場合、でき上がった建物は元の姿をまったく引き継ぐ必要がありません。近現代社会は空間的な要求の規模が大きく、要求の内容（機能）も多様で、しかもめまぐるしく変化してしまいますから、元の姿からトレースできる変化ばかりとはかぎらない、ということです。

いずれにせよここで理解してほしいことは、代謝の中で動的平衡が維持されるフェーズと、それを打ち破るような不連続な進化（変異）を組織が求められるフェーズとがある、ということです。そして後者が増えていくのが近現代の特徴です。したがって、私たちはこう言わなければなりません。すなわち、近現代の不連続な変化に対抗するために生まれた建物類型論・都市組織論は、裏を返せば必然的に生まれたときから挑戦を受けているのです。これが次の第3部の背景になるわけですが、建築家アルド・ロッシはやはりそのあたりをきわめて感度よく体現した建築家です。

4 分解の宇宙

集合的修復の時空

建築家アルド・ロッシの『都市の建築』には、第4講でも登場してもらいました。そこではきわめて即物的でありながら、またきわめて幻想的でもあるような世界として、ロッシが都市・建築の時空を捉えていたらしいことを見ました。そのことを、今回の講義を踏まえて、あらためて考察してみたいと思います。

彼の言う fatti urbani つまり都市的事物＝事実とは、千年、2千年という時間にわたって投げ込まれてきた無数の人々の営みが堆積した、都市・建築の物的な組成のことです。そこにはレンガを積み増し、床や屋根の木材を取り替え、建物を分割したり、足し合わせたり、道路をつくって建物を削ったり、口を空けた顔を修復したり……といった多彩な行為が集積している。イタリアの建物類型学ではこうした行為はすべてレスタウロ〈restauro 修復〉と呼ばれるのでしたね。その理論をつくるときに大きな影響を与えたといわれるモーリス・アルヴァックスの「集合的記憶」をもじって、それを「集合的修復 restauro collectivo」と呼んでもよいでしょう。

これを今回の講義の文脈で見直すなら、こう言うことができるでしょう。つまり、「集合的修復」の時空を私たちが覗き込むときに注目するのは、類型・組織という静的な集合の形態ではなく、変わりにくいものと変わりやすいものの分節、要するにレスタウロが行われる際に工作の手が組織を切り分ける、その切れ目です。その線に沿って、部材が取り替えられたり、別のもので埋め戻されたり、何かが付け加えられたり、積み増されたりするときに顕在化する切れ目です。言い換えれば、修復の実践において立ち現れるのは建物が概念的に分解された状態なのだということです。

分解と堆積

ロッシが描く、バラバラなカタチの浮遊するような幻視は、おそらくこのあたりと関係しているのではないかと私は考えています。彼の描くカタチは中庭型・列型などのいわゆる建物類型ではありません。そのことは第4講でも指摘しておきました。建物の類型ではなく、建物をさらにバラした単位と考えた方がよい。歴史を超えて生き続ける類型の不変性を見ていたと理解されがちなロッシですが、彼が思い描いていた都市の単位とは、じつは建物類型をさらに想念の中で分解したものなのではないか。古代ローマの遺跡の上に重ねられてきた膨大なレスタウロの物的堆積は、建物よりも細かい単位での切断・交換・付加……なしにはありえません。堆積を凝視し、腑分けしていくとき、そこに広がっていく、いわば「分解の宇宙」が幻視されていなければならないはずなのです。いつの時代の人々も、それなしにはヨコに広がる都市・建築の海に介入していけません。層化の背後には、分解の想念

アルド・ロッシ『都市の建築』（大島哲蔵・福田晴虔訳、大龍堂書店、1991年）
アルド・ロッシ『アルド・ロッシ自伝』（三宅理一訳、SD選書、鹿島出版会、1984年）
モーリス・アルヴァックス『集合的記憶』（小関藤一郎訳、行路社、1999年）

がなければならない。

先に触れた台湾の「列壁都市」という想念が浮かんだとき、私は少しロッシに触れたような気がしました。列壁都市の風景とは、動き、工作、つまりレスタウロを可能にする組織の切れ目の幻視的な表現なのですから。台湾都市そのものはロッシとは何の関係もありません。しかし町屋という建物類型を見る建築理解と、組積造の壁と木造軸組の造作というような分解された建築理解とがあって、その両方が必要なのだということは間違いありません。建築家が都市建築の堆積に対して切り込むには、どちらも必要になり、それをどう構えるかが「都市の建築家」の態度や方法を決めるのです。

高度成長からバブル崩壊までの日本都市では、建物をまるごと壊し、更地にして新しい建物を建てるという、スクラップ・アンド・ビルドの激しい代謝が当然のように進みました。そういう都市においては、切れ目は建物と土地のあいだに入っている。しかし、今日の私たちは、目の前のコンクリートと鉄の都市、そして延々と広がる木造の都市に、そうではない切れ目を入れる経験を増やしつつあります。そこにどんな「分解の宇宙」、すなわち切断・交換・付加というレスタウロと堆積の世界が新たに描き出されていくのか。そのことに私は大いに注目しています。日本にもロッシのような「分解の幻視者」がすでに現れているはずです。

5　時間のカタチ

歴史の継承

では最後に「時間」についてもう少し私の考え方を述べて第2部を結ぶことにしましょう。

都市・建築の時間と言えば、私たちはよく「歴史の継承」なんて口走ったり、誰かがそう演説するのを耳にしたりしますよね。でも、私は「継承」や「保存」といった言葉が使われるとき、小さな違和感をおぼえます。こういった言葉には虫の居所が悪い父の機嫌を窺うような、あるいは胡麻をするような上目遣いを感じることも少なくないからです。

そういう関係はヘンです。歴史殿の尊顔の前に御簾《みす》が垂れていて、私たちはおそるおそる手前からありがたい御声を聞く。そんな隔てられた関係はおかしい。歴史に外部はありません。それはトンネルのように内側しかなく、それも照明の当たったところしか見えず、前方はまだ像を結ばないぼんやりした弱い光でしかない……そんなものでしょうね。このトンネルの中に、あなたの目の前にある建物たちもあなたと一緒にいるのです。その中に古い建物も混じっていますが、古いといっても地球史から見れば、あるいはそれより圧倒的に短い人類史から見ても、まったく大した話じゃない。私もあなたも、それぞれの誕生日にこのトンネルの天井から不意にこぼれ落ちるように、危なっかしくもこの世界に後から参加した。その時点で、彼らとの関係は否応なく結ばれている。

相手が20年ほど前にできた郊外の似たりよったりの住宅であろうと、千年前に建立されたお寺の門であろうと、それを壊したり改造したりすることは、このトンネルの内部をつくり変えることであり、

雑誌『10+1』37号「特集=先行デザイン宣言――都市のかたち／生成の手法」（INAX出版、2004年）
中谷礼仁『セヴェラルネス+　――事物連鎖と都市・建築・人間』（鹿島出版会、2011年）

この世界つまり歴史を変えることであり、要するに前方の薄光の中に次第に像を結ぶであろう未来を変えることとです。それだけのこと。ならば責任をもって創造的な関係をつくるべきです。

いけない、いけない。つい大仰な話になってしまいました。今回の話題は、あなたのヨコに広がる都市・建築の世界に流れている時間をつかまえよう、ということです。どうしても重くなりがちな「歴史」という言葉は脇に置いておき、「時間」を考えてみよう。トンネルの中は一様に時間が流れているわけではない。そこにはじつにさまざまな時間のカタチがひしめき合っているのです。

時間のカタチ

時間とはモノの配列関係が変わっていく、その速度やリズム、ひと言で言えば動きのパタンへの私たちの感受性とか認識枠組みみたいなものだと私は考えています。わかりにくいでしょうね。少し説明します。

この宇宙には、太陽や地球の回転、大気の動きと降雨、海の潮流と水蒸気の上昇、多様な樹木の成長などを含む、膨大かつ複雑な動きが含まれます。ひらたく言えば、モノの配置関係が刻々と変わっている。そして、ちょうど時計の中の大小の歯車みたいに、それらは互いに嚙み合い、かつ異なる速度で動いている。ただし時計の歯車と違って、きちんと嚙み合うところだけでなく、外れがちなところやほとんど連動しないところもある。もうひとつは、歯車そのものもその関係も変化していくのだということです。たとえば地球史の中に植物が出現すると、それがつくり出した物質循環によって大気もその動きも変わりました。森を切り拓いて街をつくれば、イノシシの生態は変わり、ヒトはそれまで知らなかったウイルスと接触して体内に迎え入れることになるかもしれない。

　私たちはそういった動きのパタンを捉える。そして、自覚的にせよ無自覚にせよ、世界の中をひしめくように動いているいろいろなパタンを覚え、またそのどれかを雛形ないし物差しにして世界の複雑な動きを捉えている。朝起きて夜寝るといったことに始まって、自分たちのいろいろな動きを世界の歯車に対してゆるやかに噛み合わせたり、ズラしたりしている。このときに作動しているパタン的な認識の枠組みを、時間と思えばよい、というように私は考えています。いろいろなステップを刻んで踊るこの世界に、自分のステップを合わせたり外したり。『文化としての時間』の著者エドワード・T・ホールにならって言えば、生きるということは、いわば時間的なダンスなのです。

収集

　古今東西のいろいろな時間のカタチを集めるのは楽しい作業です。

　たとえば世界の民族誌は、かつて多くの地域の多くの文化で、昼と夜は別の場所のように観念され、そのふたつを人が往復するのだとイメージされていたことを教えてくれます。その場合、夕方や朝方は境界領域として捉えられます。あるいは、1日、1月、1年は円を描くように戻って繰り返す循環的なパタンとして観念されることが多い。

　近代人の私たちは、こういういろいろな時間のカタチを、昔の人の思い込み、「未開」の人々の遅れた考え方だと思いがちです。あるいは、自分にも似たようなイメージはあるが、それは本当の時間ではないとも思っている。本当の時間というのは、直線的で、無限に進み、均等な目盛が打たれてい

エドワード・T・ホール『文化としての時間』（宇波彰訳、TBSブリタニカ、1983年）
スティーブン・カーン『時間の文化史』（浅野敏夫訳、法政大学出版局、1993年）

て、後戻りはできない、そういうものだ。先に挙げたいろいろな時間のカタチは所詮人間の捉え方、いわば文化や観念なんだと。

しかし、それこそが思い込みではないでしょうか。というのは、私たちは直線・無限・均等・不可逆な時間があまりにも自然なものと感じられるような社会に生きていると思われるからです。端的に言えば、それは近代社会、あるいは資本主義社会に適合した時間のパタンなのでしょう。私は、この直線・無限・均等・不可逆な時間と、往復的・循環的などの他の時間とは、お互いに相関的に併存していると考えるようにしています。もちろん時間のパタンは他にもいろいろある。それら無数にして大小の、互いに連動したりしなかったりする歯車のリストの中に、都市や建物のもつ変化のパタンやリズムも入れて考えればよいのではないでしょうか。

時間誌

ずいぶん前のことですが、「時間誌」という言葉を思いつきました。

ヨーロッパには、クロノス、トポス、ビオスの3つで知の全体を分類する伝統があるそうです。西洋建築史の故・鈴木博之さんがロンドンの美術史研究所に留学したとき、その図書館の配架がこの分類に基づいていた、と回想されていたのを読んで知りました。

クロノス、トポス、ビオスは古代ギリシア語です。美しい響きですね。

たとえばこう訳せます。時間・空間・生命。でもこの言葉の並びはいかにも近代的です。すべてを貫いて見通していくような、近代的な学問の視線を感じさせます。では、時、場、生と訳すとどうでしょう。かなりやわらかな含みを感じます。一つひとつの時、それぞれの場、一人ひとりの生。そういった個別性を扱えそうですね。鈴木さんが言及したロンドンの図書館の分類はもう少し具体的な意味を含んでいます。「編年、地誌、伝記」。ヨーロッパの伝統的な学芸のジャンルです。ひらたく言うと、国の出来事の年表づくり、諸国の風景・風俗の報告、王や偉人たちの人生と事績、といったことです。

おもしろいなあ、なんて思いながらぼーっと空想みたいなことにふけっていたら、ふいにこんなことに思い至りました。たとえばトポスに対しては topograhpy／topology という対を考えることができる。トポグラフィーはいろいろな場所の特徴を集めて記述する行為に関わります。地誌ですね。同じトポスでも、トポロジーは空間についての一般理解を探求する学問、つまり位相幾何学・位相空間論です。同様に、ビオスについては biography／biology（伝記／生物学）です。一人ひとりの生の記録としての伝記に対し、生物・生命現象を広くカヴァーする学理の体系を目指す生物学。つまり「〇〇グラフィー／〇〇ロジー」の対は、個別要素の採集・記録に関わる具体的な行為と、一般理論化を目指す営みとの対なのです。

他にもいろいろあります。たとえばエトノス（ethonos＝民族）についてその多様な現象を集めていく ethnography（民族誌）と、民族とは何かと一般論を考える ethnology（民族学）の対などはわかりやすいですね。geo（地球・大地）の場合、geography は地理学、geology は地質学（地球科学）になるのも、ふむふむという感じです。フォトス（photos＝光）の場合、photography は写真（術）でして、これは多様な光の現象を一つひとつ固有のものとして記録することであり、photology はまさに光学なんで

鈴木博之『近代建築論講義』（東京大学出版会、2009年）

すね。すごくちゃんとできているようでもあり、学術がつくられてきた紆余曲折の事情を窺わせるようでもあり、とてもおもしろい。

いずれにせよ、いろいろな言葉にこれらがくっついて、私たちが学んでいる西洋起源の知の体系は立体化されているような気がします。ならばクロノスにも同じことがあてはまるだろう。そう思いますよね。つまり、時間誌／時間論の対もきっとあるんだろうって。ところが、chronography は普通の辞書には出てこず、すこしくわしい辞書では時間計測装置（chronograph＝ストップウォッチ）を使った計測だとか、あるいは年代記だとか書いてあるのだけど、あまり一般的には使わないらしいことがわかります。他方の chronology はと言うと、これまた年代記と書いてある。こちらは普通に年代記の意味でよく使われています。年代記というのは、またの名を編年史といい、年別に出来事を並べていく記述のことです。さっきも出てきましたね。でもおかしいと思いませんか。「〇〇ロジー」なのに、一般理論じゃなく、収集・記録なんです。

私が期待したのは、ここまでに述べてきたような意味での時間のカタチ、つまり時間のカタチの多様性を収集していく作業としての時間誌（クロノグラフィー）と、時間一般の理論としての哲学的な時間論（クロノロジー）の対でした。しかし、時間については西洋の学問体系はどうやら「グラフィー／ロジー」の整理がうまくいっていない。混乱している。きっと時間という対象の難しさなのだろうと想像します。

ならば、私の当面の仕事は都市・建築の多様な時間のカタチを集めて時間誌（クロノ・グラフィー）を書くことだ。都市・建築の世界を、たくさんの歯車が噛み合いながらまわるような絵として描き直したい。そしていつかは都市・建築の時間論（クロノ・ロジー）を書けたらなんとすばらしいことだろう。もう15年ほど前に、そんなふうに確信しました（笑）。

台湾の町屋の解体現場は、そのころの時間誌スクラップブックの採集事例のひとつなのでした。

第2部を聴き終えた皆さんは、組織・類型（形態）、工作（技術）、動態（時間）といった視点を重ね合わせていくことで、無名な都市建築の世界を分厚い構造として読み解くおもしろさを感じてくださったことと思います。注目したのは即物的なカタチとその工作=代謝でしたが、それを通して、相似の海原の主人公たちの集合的な営みについても想像力が膨らんだのではないでしょうか。

私の話は基本的に伝統的な組織を受け継いでいる都市に広く使えるものと考えています。農山漁村については、視野を自然的環境にまで広げることがとりわけ重要になりますが、組織・類型、工作、動態という視点は同様に忘れないでください。

続く第3部では、ここから「建築家」へと視点を折り返すことになります。19世紀以降の建築家は、この無名の相似的世界を無視して建築家であろうとすることは決してできません。

第3部

タテはいかに可能か

バラバラな世界に

アーキテクト論

第3部　はじめに

第2部（第4〜6講）のビルト・ティシュー論では、無名の建物が広がるヨコの海原の成立ちについて考えました。第3部＝アーキテクト論の主役である建築家は、その一部に介入し、それを書き換え、何らかの幻視をタテに立ち上げる。ところが類型・工作・時間という視点で話した相似と差異の海原そのものが、近代以降は大荒波に変化します。そのうえ建築家がヨコにコミットしなければならなくなったのが近代です。

第3部では、そうした歴史の裂け目に遭遇していることを鋭敏に察知した建築家たちの態度を見ていきます。これは激変ですから、建築家の構えも目まぐるしく転換していきます。第1部、第2部と違い、冒頭からスピーディーなので目を回さないよう心構えを。

第7講　饒舌と沈黙……まずは凪の海原がなぜ、どのように大荒波へ変貌したのかを駆け足で捉えます。社会の誕生、都市の変貌――。近代建築の誕生を見る前に、まずは伝統的な建築の基盤がいかにこの荒波と格闘して解体していくか、それを通してどんな感性や理論が生まれたかを理解したい。崩壊過程こそ、今日の私たちが学ぶべき歴史かもしれないからです。

第8講　過去と未来………次に考えたいのは、過去と未来への態度、つまり建築家がどこに立ち、そこから歴史をどう見たのか、という問題です。全地理と全歴史が視野に入ってしまった19世紀の大理論、伝統ある過去の突端にいるという自意識、過去を振り切る未来派の幻視、過去をフラットに並列できる感覚。21世紀の激動に生きる私たちにとっても切実な問題のはずです。

第9講　単純と複雑………社会のバラバラさと変化の速度。だからこそひとつの統合された建築のごとき社会を夢見た〈近代1〉と、むしろ複雑で流動的な現実を建築の基礎に組み込もうとした〈近代2〉。今日の私たちは〈近代2〉の延長上にいて、ますます多彩な主体と予測不可能性を抱え込んでいます。第9講では〈近代2〉の建築論を、その基礎から考えます。

そして結びの第10講では、第3部を踏まえて今日の建築家の姿をあらためて描き直します。ヨコに広がる海にダイブし、そこで出会う一切とともに創作のプロセスを走りながら、なおタテに立つ幻視を現出させる建築家について。

第７講

饒舌と沈黙──喧騒のなかのサイレンス

Lecture 7: Talky and Silent

本講の基本文献

若林幹夫『都市論を学ぶための12冊』（弘文堂、２０１４年）

アドルフ・ロース『ポチョムキン都市』（鈴木了二・中谷礼仁監修、加藤淳訳、みすず書房、２０１７年／Adolf Loos, *Die Potemkin'sche Stadt*, 1997 + *Gesammelte Schriften*, 2010）

レム・コールハース『錯乱のニューヨーク』（鈴木圭介訳、ちくま学芸文庫、１９９９年／Rem Koolhaas, *Delirious New York: A Retroactive Manifesto for Manhattan*, 1978）

大原まゆみ『ドイツの国民記念碑　１８１３年－１９１３年──解放戦争からドイツ帝国の終焉まで』（世界美術双書、東信堂、２００３年）

1　19世紀ジャングル——社会の誕生

ヨーロッパの19世紀はとても激しい時代でした。建築家にとっては、自身の戦場がみるみる変貌していく劇的な変化の時代。言ってみれば何百年も美しく手入れされてきた、静かな庭園が、みるみるうちに野生の森に呑み込まれ、深く喧しい獣たちのジャングルへと様変わりしてしまうようなものだったと思います。ジャングルのでき方やあり方は真面目に歴史を辿るならもちろん国や地域によっていろいろですが、ヨーロッパの文脈を中心に要点をざっくりつかむとしたら、およそ以下のようにスケッチできるのではないかと思います。

（1）伝統なき主役の登場

第1の要点は、〈伝統なき主役の登場〉です。かつて建築家にカタチを求めていたのは誰でしたか？そう、世俗的な権力と宗教的な権力でした。王や貴族が前者、教会が後者ですね。そうした権力の理想にカタチを与えるのが建築だったのです。ところが社会の革命と産業の革命が進む中で彼らの権力が否定され、新たに表舞台に躍り出た資本家や中流層が自分たちにふさわしいカタチを欲するようになる。また労働者など庶民層も、公共政策の回路を通して何らかのカタチを要求する層になりました。

ところが、彼らは今はじめて自分に「ふさわしい」意匠なんて修辞学的な問題を考え始めた人々です。「ふさわしさ」は多分に前例の蓄積を踏まえて、つまり伝統に即して判断されてきました。では、この伝統なき新しい主役たちにはいったいどんなカタチが「ふさわしい」のか。これは建築家たちにとって難問でした。

（2）アトム化した人々の流動性（モビリティ）

第2に彼らがかつてなく流動的であったこと。19世紀のヨーロッパでは村落や都市、教会、商職人組合、大家族などのさまざまな伝統的共同体が壊れ、その縛りから解き放たれたバラバラの個人が、地理的空間と社会的関係の中を移動していきます。これが〈アトム化〉です。アトムはもちろん原子。分子結合がほどけてしまった、ということですね。

一人ひとりの人生を考えてみてください。あなたがもし200年前の農村に生まれていたら、14〜15歳で一人前とみなされ、イエの労働者の一員となり、子どもを10人ほどもつくって農民として死んだでしょう。でも現代に生まれたあなたは経済力が許す範囲では自由です。20代半ばまでひとり立ちを先送りしてもらい、そのあいだに都市へ出て高等教育を受ける。ムラのナリワイでは生きていけないからイエは継げない。多少の後ろめたさはあっても自分が望む仕事を見つけ、自分と同様に自由な赤の他人と親密な家族をつくる。全部が本人の意志で決まるほど世の中甘くはないけど、この道のりをあらかじめ決めておく脚本とかムラやマチの規範みたいなものがほとんどないのも事実です。

こうしてアトムたちはいかにも勝手気ままに、素早く、ランダムに動きまわりそうなのですが、しかし不思議なことに、意外にも全体はただのカオスになるわけではありません。なぜそうなのか。どんなメカニズムが全体を調整するのか。これを切実な問題と捉えた人々が19世紀後半に始めたのが「社会学 sociology」。伝統的な共同体とは異質なこの謎めいたうごめきを指す言葉が「社会 society」。

19世紀が「社会の誕生」の世紀だと言われるのはこういった意味においてです。この「社会」を、19世紀以降の建築家は相手にしなければなりません。

(3)ティシューからオルガンへ

アトム化した人々が自由に動いているようでカオスにならないのは、ひとつには社会がアトムたちを集めたり流したりするさまざまな仕組みをつくり出すからです。議会、官庁、各種の学校、各種の病院、刑務所、美術館と博物館、図書館、温室、鉄道と駅、公園、あるいは工場やオフィス、百貨店、映画館、遊園地、それに労働者住宅、職業安定所なんてのもそうです。それぞれが、それを運営する者、使役される者、利用する者からなる「小社会」であって、それぞれのS(広義の制度)に対応するF(物的な施設)を持っている。第4講でお話した「組織」の3段階を思い出してください。もし都市を生き物の身体(コルプス)に喩えるなら、ここに列挙した機関=小社会は、さしずめ心臓・肺などの器官(オルガン)ですね。

かつては支配層も庶民層も、住まいがすなわち働く場所だったことは皆さんご存じでしょう。都市の人々は身分別の地区に暮らしていて、それぞれに建物類型と都市組織が違った。それが集まったものが都市だった。伝統的な都市の各部分を、組織(ティシュー)という見方で理解することができるのはそのためです。ヨコに広がる類型=組織の海からタテに突出するのは宮殿や教会などごくひと握りの建物にすぎず、それをつくるのが建築家の仕事だったのですね。

対して、新しい都市はその複雑な働きの一部を専門的に担う小社会を次々に生み出し、それらによ

菊谷和宏『「社会」の誕生——トクヴィル、デュルケーム、ベルクソンの社会思想史』(講談社選書メチエ、2011年)

中野正大・宝月誠『シカゴ学派の社会学』(世界思想社、2003年)

って自身を駆動させるようなあり方をしています。住宅だって、人が朝出ていって夜帰り、栄養と睡眠を取り繁殖を行う器官になります。それ以外の機能は別の器官にゆだねる。これが近代住居だということは皆さんもご存知でしょう。

要するに〈ティシューからオルガンへ〉です。ティシュー型都市が、オルガン型都市に変貌する。こんな用語はありませんが、悪くない造語かなと思います。近現代の建築家は、つまり多種多様なオルガンに「ふさわしい」カタチを与える、オルガン型都市の造形者なのですね。逆に現代の可能性はオルガンから新しいティシューへ、ということになると私は思います。

(4)公/私を編成する大転換

19世紀は古い権力に従属していた人々が自由な「私」になる時代です。では反対に、かつての栄光を失った王侯貴族や宗教(日本では武家や社寺)はどうなると思いますか? そう、あなたと同じ「私」になるのです。こうして現れたすべての「私」とその財産を等しくカヴァーする新しい「公」の概念が再定義されます。これが近代の〈公/私〉です。「パブリック」の概念は、皆さんが想像するよりうんと過激なのです。

「公」は、都市という巨体の隅々に血がいきわたるように古い組織(ティシュー)を切り裂いて大動脈を通し、血管網を系統化していきます。公共施設としての道路や橋梁ですね。国や私企業などが敷設する鉄道もこれに準じます。また旧権力がその特権により蓄積した土地を没収し、それも活用しながら学校、博物館、公園などの公共施設を整備します。これらが公共のオルガンですね。これらを広い意味で社会のインフラと呼べますが、インフラがインフラであるための条件は、すべての「私」が接続・利用できること。

「公」はまた、一切の「私」を漏れなく登録する台帳をつくり、彼らが「社会」の一員であるために必要な、皆に共通の知識や論理、自由や責任を彼らに教え込みます。学校や監獄はそのためにつくられた施設の代表です。

すべての「私」が等しく使えるインフラと、すべての「私」に等しく適用される制度が整えられてはじめて、個人も組織も効率よく活動でき、公正に競争しながら幸福を享受できる。そういった理念が、この公／私の編成には分かちがたく結びついています。

（5）規模と速度を担う産業

都市の規模はかつてとは比べものにならないほど大きく膨らみます。18世紀半ばなら、世界の100万都市を数えるのに片手で足りました。ヨーロッパには50万都市すらなかった。ところが20世紀を迎えたとき、ロンドンの人口はなんと600万を超えていました。急拡大する「社会」は、こちらで中世以来の街を壊し、あちらでは新しいオフィスや工場や労働者住宅をつくり、みるみるうちに変化していく。その尋常でない量と速度を担うのが、新しいテクノロジーであり、それは産業のオルガンを生み出します。

技術の変貌は建物のカタチも変えます。鉄筋コンクリートの庁舎、鉄とガラスの駅舎やオフィスビルなんてのはそのわかりやすい例でしょう。膨大な数の石や煉瓦を積み上げて壁をつくる古い建物に

松井道昭『フランス第二帝政下のパリ都市改造』（日本経済評論社、1997年）
ピエール・ラヴダン『パリ都市計画の歴史』（土居義岳訳、中央公論美術出版、2002年）
藤森照信『明治の東京計画』（岩波現代文庫、2004年）
ミシェル・フーコー『監獄の誕生——監視と処罰』（田村俶訳、新潮社、1977年）

比べ、こうした新しいテクノロジーはとにかく速い。工場で組んでおいたトラス梁ふたつを現場に運び込み、両端と頂点を固定すればあっという間に巨大なひとつのアーチができ、幅数十メートルもの空間を覆えるわけですし、鉄骨を現場で次々にリベット接合していけば高さ100メートルを超えるようなオフィスビルもみるみる組み上がる。竣工の遅れはそのまま経済的な損失ですから、速度は今やきわめて重要な指標であり価値です。建築家や建設会社もいつも大量の仕事を抱え、どの依頼主からも急かされている。

とはいえ、建物は概して比較的ローテクです。発電所や飛行機などと比べればわかるとおり、本当に先端的なテクノロジーの出番は多くない。野心的な建築家たちが考えたのはむしろ、近代テクノロジーの性格（S）にふさわしい表現（F）、という問題です。お気づきですよね、「機械時代のデザイン」とはやはり多分に修辞学的な問題なのです。そのマニフェストを最初に鮮烈に打ち出したミラノの未来派には次回の第8講で登場してもらうつもりです。

もうひとつ、これに関連して少しだけお話しておきたいのは、テクノロジーへの恐怖やニヒリズムです。急速な変化への不安と嫌悪。代わって称賛、推奨されるのは、人間らしいスケール、手仕事、温かみの感じられる素材感、囲われ守られた感じのする広場などです。しかし人間らしいって何でしょう。第1講で話したモダン・ヒューマンの本性を思い出しましょう。「人間性」には「累進と互換」の両面があったのですね。そのうち互換性、つまり人間関係の調和や、人工と自然の調和を取り戻そうとするのは人間性のひとつの側面にすぎません。そして、そうした論調がヒューマンなスケールや手仕事や広場を強調するのもまた、濃厚に修辞学の問題です。つまりそれが本当に失われた決定的な何かを取り戻せるわけではないことには注意しておきましょう。

（6）深層／表層の分離

速度の価値、テクノロジーの変貌と産業化。これらは建物のつくり方、ひいては設計の仕方を変えます。その典型的な現れのひとつが建物の生産を部分に分けること。すべてを工場生産の部品にしてしまい、現場に運んで組み立てる、というようなやり方はもっと先の話ですが、19世紀後半のヨーロッパやアメリカではもう建物を構造躯体と表皮とに分ける考え方は一般的になっています。

躯体には鉄やコンクリートを使うことも増え、その外にセメントやテラコッタでできた歴史様式の細部などの装飾部品や外装パネルを取り付ける。こうすれば工期が短くなるだけでなく、躯体を変えずに意匠の選択肢をいろいろ提示できます。こうして交換可能な「表層」という捉え方が一般化するとともに、変わらない躯体が「深層」とみなされる。この〈深層／表層の分離〉という事態が進む中で、内容（S）にふさわしい様式（F）という命題は、着せ替え人形の衣装みたいなものになっていきました。

どうですか。こうなると建築の意匠は何だか気軽で自由になったようでもあり、同時に表層だけの問題に閉じ込められて窮屈になったようでもありますね。「様式」という概念も新しいものですが、それはかつての建築に用いられるときは建物の全体性、つまりその時代の価値観の中で、生活や儀礼、構造形式や施工技術、意匠と象徴性といったすべてを統合した建築のトータルな特質を指します。ところが19世紀の設計実践では、表層だけを指すのです。これはきわめて異様な事態であったと考えな

ジョン・フィッチェン『機械化前の建設技術としくみ』（藤本一郎他訳、鹿島出版会、1990年）

くてはなりません。

2 異形の都市と想像の共同体

近代都市と国民国家

言ってみればあの時代は、地球上の多彩な共同体が自らその身体を壊しながら、同時に新しい器官やら血管やらを次々につくり出し、速度と量に耐えられる強じんな身体へと組み替えていく、そんな激しい歴史過程でした。この変化の性質がひとたび理解されれば、それはむしろ人為的に引き起こすべき変化だともみなされるようになります。そうして世界の主要都市が近代化を競い合う。都市にとってもまた遅れは損失であり、自身の存亡に関わるからです。

アニメなんかでよくありますよね、敵のボスキャラ一歩手前くらいの強敵が、劣勢の局面を打開しようと自分の肉体を壊し、ボコボコっと奇妙な器官をあちこちに膨らませて異形になってしまう。あんな感じ。近代都市とはそんな異形の身体です。

それらを国土という枠で束ねるのが近代国家（国民国家）です。日本は二百数十の、ドイツは300ほどの古い都市（国）を束ねて近代国民国家になりました。今地球は、その表面が二百数十の国民国家によって分割された球体としてイメージされる。この国民国家なるものもまたカタチを欲しがりました。それはそれなりに切実な願望だったと思います。都市には異形と言えども身体があり、錯乱はしていても人格がありますが、国家は国境という「輪郭」と、その内側の「均一性・一体性」という虚構だけでできている、何とも現実味の薄い「想像の共同体」（ベネディクト・アンダーソン）です。だからこそ、それを支える想像力、つまり説得力をもって共有されるイメージをいかに豊富につくり出すかに、近代国家は躍起になったのでしょう。少なくとも１９６０年代くらいまではそうだったのではないでしょうか。

あばれ狂う荒波に

さて、ずいぶん話が長くなってしまいました。いやむしろ、こんなに短く近代の要点を語るなんてあまりに無茶でした。ご勘弁ください。ただこうして乱暴でも19世紀の激変をスケッチしてみると、それは建築家にとってなかなか厄介な事態であったことが多少は見えてくるでしょう。彼らはいわば未経験の注文に、未経験の速度で、次々に応えていかなければならなくなったわけだし、その仕事場はとにかく嗜好や利害に引き裂かれ、前例がなく、ゆえに答えに根拠がなく、つねに不確実なものになったのです。

ところで近代建築史の教科書って、どれも「近代建築」がどんなふうに目指され、また獲得されていったのかを描こうとしますよね。歴史家は終着駅を知っていて、始発駅を決め、両者をつなぐ線路を描こうとする。そして、社会や技術の変化は、その軌道上を走る機関車のエンジンや燃料として捉えることになります。だから厄介な状態に取り巻かれて身動きが取れなくなる、みたいなことはあまり強調されません。でも、建築はむしろ、いつも厄介な問題にまみれているものなんじゃないでしょ

ベネディクト・アンダーソン『定本 想像の共同体――ナショナリズムの起源と流行』（白石隆・白石さや訳、書籍工房早山、2007年）
日埜直彦『日本近現代建築の歴史』（講談社選書メチエ、2021年）

うか。

話を戻しましょう。近現代の建築家は、ヨコに広がる相似の海がもはや凪《な》いでいてはくれず、水しぶきを吹き上げる嵐の海であることをよくよく承知しつつ、そこにタテへの構築の足場を架けなければなりません。そういうとき、建築家も人の子、まずは手持ちの足場を架けてみるはずで、そうするともともと岩盤に立てていた足場では荒波に持たないので必死に補強しているうちにグロテスクなことになってしまったりするかもしれません。また、何か新しいジャンプにつながりそうな足場を着想して、多少うまくいったとしても、それはたまたまのことかもしれません。今日正しいと思われた答えが明日正しいかわからないのが近現代の流動性です。この不確実性はどんどん増し、21世紀初頭の今、プロジェクトごとにまったく別のアプローチを試みる建築家がいても少しも不思議ではない状況にまで立ち至っています。

建築は今なお、多方面からの技術的配慮を重ねつつ最終的には修辞学的にしかカタチの適否を判断できないジャンルです。修辞は長い蓄積に基づいてようやく成立する類の社会的共有の術です。王の身だしなみの良し悪しは先祖代々の王家の伝統を踏まえて判断される。しかし、近現代の建築家がカタチを与える相手は皆伝統を持たない。公共性の水準ではユーザはバラバラ。近現代の修辞が、博打あるいはハッタリのような性格をぬぐいきれるとは、私にはとても思えません。それなのに、たまたま偶然の中での淘汰と連鎖で生まれた出来事の流れを、まるで終着駅に向かう列車のように描くのはあまり役に立つ歴史とは思えませんね。厄介と偶然を含まない歴史は現在の自分と重ねられません。

理論はいつも挑戦を受ける

ここで、第2部のはじめに紹介した建物類型論＝都市組織論を思い出してください。あの議論は、もともと無秩序な開発への抵抗の運動として組み立てられていったものです。これは今こそ立ち返っておくべき問題です。つまり類型論＝組織論が、形態と記憶の稠密に詰まった都市・建築の世界を理解する知的方法体系としてつくり上げられたのは、その対象が壊れ始めていたからです。類型と組織の視点で理解できる美しい都市はすでに綻び始めていた。

だから最初から役に立たないことが宿命づけられている、などと言いたいわけではありません。理論とはつねにこういう歴史性を帯びるものです。理論は認めがたい現実への対抗であり、ゆえにはじめから根本的なところで現実からの挑戦を受ける。そういう緊張をはらんで、建物類型論＝都市組織論もまた生まれてきたのです。

もちろん、類型論＝組織論がすべてではありません。近代以降、建築家は自身の基盤の不安定さにもがきながら多くの理論を語ってきました。そしてすぐれた建築理論はいつも現実からの挑戦を受けてきた。というより、そうであることでしか緊張ある思想は生まれないのです。このことはまたあらためてお話することになりそうなのでこのへんでやめておきます。

3 内容のインフレーション

デコル論を思い出そう

第2講の冒頭で話したことを思い出してください。土居義岳さんの「デコル論の系譜」を駆け足で紹介したのでした。不安な方は少しだけ戻ってみることをオススメします。本書では〈F－S〉という記号を用いて、建築とはまだ見ぬカタチを欲している何か（内容＝S）に、それに「ふさわしい」イメージ（形態＝F）を与えるものなのだというように話しています。「ふさわしい」は人々により説得的な共感を生もうとする修辞学の回路です。

もっとも、かつては「時代の様式」と呼べるものがそれなりにあり、歴史的な変遷もゆっくりでしたし、依頼主も限られていました。「時代の様式」をベースに、プロジェクトの背景を踏まえて適切な修辞学をそこに加味することが、建築家の仕事でした。そうした安定性が18世紀半ばくらいからSの変質でガタつきはじめ、19世紀に入ると、今回話しているようにFを欲する新しいSがみるみる増えました。いわば「Sのインフレーション」が起きたわけです。ではどう対応するか。もちろん、頑張ってFの供給を増やして釣り合いをとるのがひとつの有力な方法です。Sが増えたらそれだけFのレパートリーも増やすのです。

「様式」創出の時代

古代ギリシアからバロックやロココに至る歴史様式を総動員するだけでは足りません。イタリア・

バロックとかドイツ・バロックとか、ヨーロッパ史が内側に細分化されます。もっと細かいものになると「スコティッシュ・バロニアル様式」なんてのがありますが、もう異国の私たちには何だかわかりませんよね。これはスコットランドで中世以降に建てられた城郭をもとに19世紀につくられた様式です。円錐形の屋根、「タレット」と呼ばれる城郭の隅部の小塔、上部に狭間の凹凸をつけた胸壁風のパラペット、あるいは出し狭間《はざま》といった要素によって、中世や軍事へのロマンティックな連想を誘う、変化に富んだシルエットに特徴がある。スコットランド・ナショリズムの盛り上がりの中で、とくに田園の邸宅に好んで用いられたそうです。

他方では外側へ視野が広げられます。エジプト、バビロニア、アラビア、ペルシャ、インド、中国、日本……と、古今東西のあらゆる様式がレパートリーに追加されていきました。たとえばエジプトのピラミッドの形態は、墓地門あるいは墓碑にふさわしい形態として欧米で流行したようです。この場合のピラミッドは、エジプトのファラオたちの墓を連想的な根拠にして19世紀の様式レパートリーに追加されたものです。

さらに、たとえば内部ではゴシック様式を基調にした教会も、都市に対してはバロック様式で周囲と調和させつつ威容を示すなどという折衷の事例も増えます。ふたつ以上の異質な様式を違和感なく調整して混ぜ合わせるのは、建築家にとっては新しい種類の技巧が高度に求められる仕事でしたし、それによってさまざまな未知の雰囲気をつくり出すことができました。

建築家に求められる技能

こうしたさまざまなFがまず施主のテスト、ついで社会のテストを受けます。つまり、依頼主が気に入らないと採用されないし、多くの人が受け入れてくれないと流行しないわけです。だからいろいろ試すしかない。もちろん、施主の多様さに応じてできるだけたくさんの表層レパートリーを備え、選択したり調合したりできることが、すぐれた建築家の条件になっていきました。

たとえば、明治国家は最初、国会議事堂の設計をドイツのエンデ&ベックマン事務所に依頼しましたが、彼らは得意のドイツ・バロックの設計案の他にもうひとつの案を送ってきました。そのカタチは何となく中国の宮殿建築に着想を得たのかもしれないというくらいに原典不明で、全体が醸し出す暗く茫洋とした雰囲気はおそらくゴシック趣味的な路線をねらったとも思われます。このエピソードについて確認しておきたいのはふたつ。ひとつは、彼らドイツ人建築家にとってドイツ・バロックは日本の国会議事堂（S）に対して「ふさわしくない」という修辞学的判断があったと思われること。もうひとつは、同じ躯体に対して表層を2〜3案提示するなんてのは19世紀後半の建築家が施主とコミュニケーションするときの基本的振る舞いであったこと。

また日本の建築界にとっては最大の恩義ある外国人と言ってよい英国人建築家ジョサイア・コンドルは、鹿鳴館や上野博物館をはじめ、新首都東京のいくつかの器官（オルガン）のカタチをつくったわけですが、彼はルネサンス、バロック、ロマネスク、インド・イスラームなどの様式をさまざまに混ぜ合わせました。私たちには想像しにくいことですが、コンドルは真摯に近代日本国家に「ふさわしい」様式を模索していたのです。伝統なき近代における〈F－S〉結合の恣意性をよく示す事実です。

こうした事例はヨーロッパ、アメリカ、そして列強の植民地都市などでグローバルになされていた様式一覧表の拡充作業の一端だったと考えればよいでしょう。

修辞学的ロングリスト

〈F―S〉の修辞学的一覧表はみるみるうちに長くなっていきました。Sは勝手に増えていくので、建築家としては手段を尽くして人為的にFのインフレーションを起こしていた、と言えるでしょう。一般に「歴史主義」と呼ばれるこうした動向は、無数の様式を創出していくことでした。世界史の中の諸様式が源泉だとしても、19世紀西洋の需要の中でさまざまなニュアンスの改変を施され、修辞的な性格を与えられ、試され、名付けられていったものです。様式はいまや、洗練を重ねて時代の清華とも言うべき完ぺきさに向かって収斂するといった価値ではなく、多ければ多いほどよい、増やせ！という発散的な方向が価値を持つようになったのですね。こうして世界の建築家の集合知である様式ロングリストができていく。19世紀末のアール・ヌーヴォー、ゼツエッシオン、20世紀前半のアール・デコなどは、歴史様式からの自由の意義を示した功績はあるものの、大局的には同じリストの増補部分と見なすこともできます。歴史様式からの脱却という文脈で評価されるC・R・マッキントッシュの独特の形態は、先ほど紹介した「スコティッシュ・バロニアル様式」のヴァリエーションとも評されています。

そして気づいてみると、当時の建築は、よく言えば絢爛豪華な、悪く言えば錯乱した、全体としては極端に「饒舌」な様相を呈し、建築家もまた「饒舌」さをもってその才能とされるようになっていました。様式は商品のような交換価値となり、建築家は豊富な知識と技巧を武器に様式を売り込む知的なビジネスマンになっていた。19世紀の激変という厄介事に対応するために手持ちの方法で頑張っていたら、いつのまにかその根本が変貌していた、というわけです。もちろん、これは「時代の様式」を持てない、混乱の「暗黒時代」なのだと危機意識をあらわにする建築家たちもいました。「次なる統合」、新しい「時代の様式」への収斂が広く待望されてもいたのです。19世紀前半にすでにそうした言葉が現れ、世紀末にも、20世紀の最初の10年にも、似たことが叫ばれています。

近代建築確立の前夜へ

ところが、1920年代中盤には新しい建築の姿が現れる。そうです、近代建築のことです。諸様式も装飾も脱ぎ捨て、何も語らないプレーンな面や立体、つまり伝統的な表象体系に対して「沈黙」を打ち出した近代建築。

もちろん近代建築だって決して一枚岩ではないのですが、多くの建築家がカタチは「結果」だと言ったことは示唆的ではあります。機能・構造上の要求に従えば、その結果としてカタチは必然的に生まれる、それこそが最も美しい近代的なカタチなのだと。この型の言説の威力は、歴史様式や装飾のリストを、形態を決める回路の外に追い出せるところにあります。プロジェクトより先に、プロジェクトの外にあるFのリストを参照しなくても、スタディを通していわばゼロから事後的に導き出せる、というわけですからね。この説明方法の変更はなかなか鮮やかです。彼らに言わせれば機能や構造は装飾を求めないので、Fはプレーンな立体になり、表象的には「沈黙」する。「饒舌」から「沈黙」へ。

しかし、これはあくまで近代建築プロモーターたちの説明であり、宣伝です。美しく鮮やかな転換が語られるときは、だいたい後づけの説明というのが歴史のつねです。今回は、19世紀の厄介な事態が何を生み出していたかをまず確認したいと思います。近代建築のパイオニアたちもその中から模索したのです。そして「沈黙」の意義は彼らが独自に発見したわけではありません。

実際、近代建築の登場以前、19世紀から20世紀初頭まで、Fの「饒舌」さが膨張していく中で少なからぬ人々が「沈黙」の価値にも気づきはじめていた、いやそれが広く現実になりつつあることを認めざるをえなくなっていた、と考える方が適切です。ウィーン、マンハッタン、東京、ロンドン——異形の姿に変わりつつあったこれらの都市を巡りながらこのことを考えてみましょう。

4 ポチョムキン都市

釘付けの様式

ウィーンで活躍した建築家のアドルフ・ロースは、19世紀の終わりに「ポチョムキン都市」（1898年）という、よく知られた文章を書いています。

ポチョムキンは女帝エカチェリーナII世の寵臣。1768年から1774年の露土戦争（ロシア、オスマントルコ両帝国間の戦争）によってクリミア半島はロシアの領土となります。エカチェリーナII世にクリミア・ハン国の併合を進言したのがポチョムキンで、彼は戦後クリミア開発の指揮にあたっていました。1787年、女帝自らのクリミア半島視察の行幸に備え、ポチョムキンは彼女が手に入れたクリミア半島の価値を雄弁に証明しようとします。実際にはそこは見渡すかぎりの荒れ地だったのですが、自分の進言の正しさと女帝の栄光を示すために、荒野にハリボテの美しい村々をつくらせた。――もっともこの話は伝説であって史実とはかけ離れているらしいのですが、それは今はどちらでもかまいません。ハリボテの集落は「ポチョムキン村」と呼ばれます。やがてこの言葉は、急ごしらえのハリボテ、表面だけの取り繕い、といったことを意味するようになりました。

ロースが「ポチョムキン都市」と形容したのは、ウィーンのリングシュトラーセ（円環道路）です。1857年に撤去された城壁とその外に広がる掘の跡地に、官庁やオフィス、商業施設などが新たに建設された円環状のベルト。近代都市が必要とするたくさんの器官（オルガン）が、リングを成して古い都市を囲んだわけです。オスマンのパリ改造、バルセロナの拡張、シカゴの大火復興、東京の市区改正、そして多数の植民都市の改造など、19世紀後半から20世紀初頭まで、多くの都市が「改造」されました。閉じて狭いティシュー型都市を切り開き、近代というものが躍動して異形のオルガン型都市に化ける条件を整えてやらなければならなかったのです。

リングシュトラーセはたしかに「急ごしらえ」でした。ロースによれば、そこに建物をつくる者たちはまず躯体を組み上げ、一旦「上から下までファサードにモルタルを塗り込んでフラットにする」と、そこに建築家らしき者が決めた「ゴテゴテの装飾を釘付け」するのだと説明します。「釘付け」とは？　それはルネサンス風、ゴシック風、バロック風といろいろですが、どれもセメント細工であり、釘で打ち付けられるようにできていたというのです。先ほど話した深層と表層の分離、その一例です。「分離」は比喩ではなく物質的現実だったのです。かくしてリングシュトラーセはフェイクで満ちる。ではそんなフェイク（F）によってどんな内容（S）が表象されていたというのでしょう？

かつてゴシック大聖堂の身廊にひざまずいて光を浴びた者は「神の家」の実在を信じたでしょう。バロックの、あの洞窟のように連なり閉じる壁面のうねりは隙間のない教会の包摂力を思わせたでしょう。しかしそれらはいずれも過去のこと。過去のFが表すべきSはもう退場して久しい。いやいや、彼らを表舞台から引きずり下ろしたのは自分たちではないか。

にもかかわらず彼らの様式によって自分を飾っている私たち。中身のない借り物を使わなければ何も表現できない私たち。たくさんの新しいものたち（S）がカタチ（F）を欲しているのに、古い様式（F）をとっかえひっかえして腕を競い合う建築家たち。こんなにダサいことはない！――ロースは憤りました。

ロースとダンディ

ロースが「装飾は犯罪である」と述べたことは皆さんもたぶんご存知ですよね。どんな教科書も必ず触れていますからね。この装飾罪悪論がモダン・ムーブメントのブレイクスルーになったというあの話です。でも彼は若者たちに伝統と戦えと言ったのではありません。ロースは伝統そのものはすばらしいと考えていた。伝統に根を下ろしてカタチを纏うことができるならそんなによいことはない。しかるに近代人は伝統を持たない。デザインが伝統の上にあった長い歴史の持続が19世紀にすぼまって終わり、伝統のない真空にデザインは放り出された。19世紀のあの様式的錯乱は、その真空を古今

田口晃『ウィーン』（岩波新書、2008年）

アドルフ・ロース『にもかかわらず――1900-1930』（鈴木了二・中谷礼仁監修、加藤淳訳、みすず書房、2015年）

アドルフ・ロース『装飾と犯罪――建築・文化論集』（伊藤哲夫訳、ちくま学芸文庫、2021年）

東西のあらゆる様式やその折衷によって埋めようとするもがきでした。でもそれは格好悪い。では伝統を持たぬ人間はいかにしてカタチをつくればよいのか。それがロースの問いだったと思います。

書き手としてのロースは何よりもファッション批評家で、自らもあの時代にダンディと呼ばれたファッション実践者のひとりでした。ロースはいつも身体にフィットした、すっきりしたラインのスーツを着こなしていました。その色は黒でした。

身だしなみに最大級の配慮を払いながら、あくまでも無頓着を装う。趣味や言葉遣いが、ありがちな既成の類型のどれかに安易に陥ることのないようにしたい。自分はどうありたいかという問いを手放しているように見えてもいけないが、かといって奇をてらった形や色使いはもっといけない。伝統なき私たち近代人にふさわしい意匠とは、いわば伝統に憧れつつも自らはそれを持たぬという宿命の表現なのかもしれない。屈折しているかもしれないが、それを引き受ける他ない。そんな際どい線を研ぎ澄まそうとしている自分自身に陶酔できる精神、あるいはそうした人物（男女は問わない）を指すのがダンディという言葉です。

建築や衣服のデザインが最終的に「ふさわしさ」の修辞を必要とし、それが伝統を踏まえて判断されるべきものであるなら、ロースはそういうことが当然だった歴史的時空の終わりに立っていたのです。

5 亡霊都市

高層ビルのファサードは内容を表象しない

舞台をニューヨークに移しましょう。ここでの登場人物はマンハッタンのレンダラー（パース描き）であったヒュー・フェリス。彼はレム・コールハースの『錯乱のニューヨーク』で一躍有名になりました。

マンハッタンの高層ビルは、ジャングルジムみたいに均質な鉄骨の3次元フレームに、テラコッタ製の軽量外装パネルを引っ掛けてつくられていました。ウィーンのリングシュトラーセよりも建築生産の工業化が進んでいる。のみならず、ここではリングシュトラーセ＝ポチョムキン都市とはまた違った意味で、FはSを表象できません。

そもそも、マンハッタンのビルのほとんどは、テナント（店子＝賃借人）が入居するビルなのですから、中身はフロアによって違う。だいたいはオフィスだけれど金融会社、保険会社、電気メーカー、法律事務所などバラバラだし、フィットネスクラブやカフェバーが入居するかもしれない。それに来年も同じとはかぎらない。こうした内容の一つひとつにあわせて外装を決めることなど無意味です。結局、ビルの表層は無個性なカーテンウォールとしておくしかない。そう、「沈黙」です。オーナーであるデベロッパー（開発・管理会社）の個性は、ビル頂部のカタチを建築家につくってもらうことで表現するのだけれど、高さ100メートルを超えると地上からはあまりに遠く、逆光の空にチラチラと記号的差異を競う程度の話です。

猿谷要『ニューヨーク――世界の都市の物語』（文春文庫、文藝春秋、1999年）

ヒュー・フェリスの気づき

もうひとつ、もっと重要なことがあります。ビルのおよそのカタチは、市当局が1916年に決めたゾーニングという規制によって、じつははじめから決まっていたのです。法はその土地に立ちうるビルのヴォリュームをさまざまな数値で縛っています。そしてデベロッパーが床面積をできるかぎり増やしたいと思えば、法が想定する最大ボリュームに近づき、一致してしまう。そのカタチは、敷地の大きさがそのまま立ち上がる低層部と、中央の面積25パーセントまでなら上限なしの高層部分を、斜めの面でつないだような姿です。建築家はこれを階段状にしたり、それを細かくしたり大まかにしたり、あるいは小さな垂直の塔をいくつも尖らせてゴシック風にしたり、いろいろ工夫はできるし、中央高層部分の頂部にそれなりにユニークなシンボルをつくることもできる。これも施主が求めるそのビルらしさの修辞学なので、建築家にとっては重要な部分ですし、実際いろいろな工夫がなされます。けれどもそれだけのこと。大きく見ればやはりカタチは最初から決まっていた。決まっているからこそ、建築家は細部の仕事に追い込まれ、それに打ち込むようになる。

つまり、現実のプロジェクト（施主の発案や依頼や……）に先んじて、都市のどこか深いところに亡霊みたいなやつが潜んでいるのです。亡霊には顔がありません。亡霊はデベロッパーの資金と建築家の膨大な実務を通してはじめて肉をもらう。それまでは肉も顔もないが、外形だけは決まっている不可視の亡霊ビルが、都市の奥底にいて、黒く、押し黙っている。フェリスがある超高層建築家に依頼され、ゾーニングの理解を深めるために描いたのは、他ならぬその亡霊の姿でした。彼のレンダリングが黒い沈黙とも言うべき姿で不気味に見えるのは、きっとそのためでしょう［図1］。

少し冷静に考えてみましょう。ビルのおよそのカタチとは、デベロッパーたちを突き動かしている資本増殖の原理と、そのうごめきに最低限の鋳型をはめようとする法、つまり私と公がせめぎあう界面そのものです。これもまた近代の激変が生み出した建築の実態のひとつのありようです。マンハッタンのデベロッパーや建築家はもちろんこうしたことを知らなかったわけではありません。当然です。近代都市の建築は「私」の利益追求をエネルギーとして駆動し、公は機械的にそれを押さえたり誘導したりする。そういう仕組みなんだということは、争う余地のない「事実」としてアイロニカルに受け止めるしかない。

［図1］ヒュー・フェリスのドローイング

建築理論家のコーリン・ロウも「事実」という言葉を使っています。マンハッタンの前身であるシカゴの高層ビルについて、彼はその均質な鉄骨造の骨組みを「理念 idea」ではなく「事実 fact」としてのフレームと呼んだのです。ただただ、法規が許すかぎりにおいて、資本の命令に従ってひたすら「床」を最大化するだけのフレーム。

私の利益は、都市が記憶の貯蔵庫《アーカイブ》であるといった話とは何の関係もなくカタチ

コーリン・ロウ『マニエリスムと近代建築――コーリン・ロウ建築論選集』（伊東豊雄・松永安光訳、彰国社、1981年）

を上書きしていくでしょう。建物類型論＝都市組織論は、それゆえ資本の運動を前提とする公私の調整という近代都市の「事実 fact」に対して、社会も経済も人間さえも超えて持続する物質的・形態的な堆積という「事実 伊：fatti」を対置する。同じ事実ですが、まったく違うのです。

6 バラバラゆえに

伊東忠太と神社建築の修辞学

次は、たぶん皆さんには自国のことながら馴染みのない話題を取り上げましょう。日本近代の神社建築をめぐるエピソードです。

1920年代まで国を代表する神社建築の設計をリードしたのは建築家・建築史家の伊東忠太でした。彼が明治後半に設計した平安神宮や宮崎神宮は、それぞれに独自のカタチをしています。平安神宮は平安遷都を行った桓武天皇を祀る神社だからということで平安宮大極殿を復元し、縮尺5／8で再現したものでした。宮崎神宮は神話上の最初の天皇である神武天皇すなわちアマテラスの子を祀る神社だから、アマテラスを祀る伊勢神宮の形式を参照しながら、屋根を銅板葺きにして反らせ、本殿を妻入にするなどの操作を施した独特のカタチでした。これらが〈F－S〉を「ふさわしさ」でつなぐ修辞学の新しいセットを生み出そうとする試行錯誤であったことは、皆さんには理解していただけるでしょう。伊東は19世紀末の西欧の、あの饒舌なありようをそのまま吸収していたのです。ところが1910年代に、これが変質し始める。

いちばんフツウ

1912年、明治天皇が亡くなります。紆余曲折がありますが、明治天皇を祀る神社をつくろう、というプロジェクトが持ち上がる。先ほどの理屈で言えば、明治という新しい西洋化の時代を生きた明治天皇（S）にふさわしい建物（F）、たとえば煉瓦造の洋風建築の社殿だって候補になりそうですね。実際、伊東は明治天皇崩御後の新聞取材にそう答えていました。ところが、いざ明治神宮創建の審議会に呼ばれて会議の席についた伊東は、そんな考えをすっかり懐に仕舞い込んでしまったようです。議事録に残る伊東の、伊東らしからぬ発言を紹介しましょう。

まず、伊勢の神明造《しんめいづくり》、出雲の大社造、住吉の住吉造あたりの古くて有名な様式はどうかと伊東は言い、そして自ら却下します。どれも特定の神社を強く想起させすぎる、というわけです。出雲大社などはかつてはひとつの教団組織だったわけですしね。では「流造《ながれづくり》」はどうか、と伊東は話を転換します。流造は全国の7〜8割の神社に使われ、最も「普通」であり、特定の神社の系統を連想させない。「中立的」で、「国民的」だと。「国民的」？　これが要点でした。端的に言えば、「どんなカタチにすれば明治天皇を表象できるか」ではなく、「どんなカタチにすれば明治天皇の神社として国民が受け入れやすいか」が、明治神宮におけるカタチの問題の核心だったのです。

これは何を意味していたでしょうか。簡単に言えば、〈F－S〉問題においてSに「ふさわしい」Fという修辞学の回路は、建築家がこうだ！と言えば済む問題でなかったことに、伊東が気づいた瞬

藤田大誠・青井哲人・畔上直樹・今泉宜子編『明治神宮以前・以後——近代神社をめぐる環境形成の構造転換』（鹿島出版会、2015年）

間だったのです。明治天皇が国民的カリスマで、その神社創建が「国民的」なプロジェクトになってしまい、そのことに迫られたがゆえの気づきでした。国民は実際にはバラバラなアトムです。信仰も含めて、いろいろな出自をもち、激変の近代に翻弄されている。彼ら国民のすべてが受け入れなければプロジェクトの成功とは言えない。修辞学とはもともと、建物を受け取る人々による共感や承認が成否を分けるものなのです。これが第1の転換です。

それは第2の転換もはらんでいました。誰にも賞賛されるカタチを積極的に求めるのは必ずしも容易ではないし、得策でもないかもしれません。そこで誰にも拒絶されない、できるだけ違和感の少ない、ありていに言えば無難なカタチを選ぶこと。もちろん、それを可能なかぎり美しく洗練させ、天皇の神社らしいカタチにする努力は必要です。しかし、基本的な判断として、きわめて消極的な選択こそが意義を持ちうることもあるのが近現代社会の特質だということは、皆さんぜひ覚えておいてください。

こうして、平安神宮・宮崎神宮などの「饒舌」に対して、明治神宮では「普通」「中立」が重視され、社殿は饒舌に明治天皇の時代や人生、彼の地位や個性を語ろうとするのではなく、むしろ「沈黙」することになった。それは紛れもなく神社建築の姿をしていますが、しかし、脱色され、黙っているのです。

宮城（皇居）は国民から閉ざされた領域でした。だからこそ明治神宮は国民が立ち入れる第2の宮城、いわば開かれた「死後の宮殿」として構想されたと言えます。神霊となった天皇はそこで親しく国民に出会う。その国民は、一口に国民といっても実際にはじつにさまざまであり、バラバラです。

何を信じ、何を感じるかわからない彼らが違和感を覚えることなく天皇に出会うための場は、ニュートラルでなければならなかったのです。

サイレンス！

この点で参照に値するのが、黙禱の誕生です。あの、黙って祈る黙禱です。その厳密な起源はわかりませんが、少なくとも世界に広まる原型となったのは第1次世界大戦後の英国における「ツー・ミニッツ・サイレンス」でした。

第1次世界大戦は、近代国民国家が、その産業経済の競争を激化させたあげくに引き起こしてしまった世界初の総力戦でした。かつての王侯の統治する国家では、戦争は王の軍によって戦われました。新しい国家は、そうした旧来の統治を否定して現れた、国民自身による自己統治の国家ですから、戦争となれば全国民が兵となるのが基本原理です。政治も、経済も、そして軍事さえも国民のものなのです。

1918年に戦争が終わると、戦没者の追悼儀礼は大英帝国にとって難題となりました。たとえば国教会の司教が儀式をしたら、大英帝国に含まれるイスラム教徒、シーク教徒などの異教徒たちは「蔑ろにされている」と感じるでしょうね。我々の息子たちだって命がけの戦争を戦ったのに！と。彼らもまた帝国の臣民なのです。では「信教の自由」「世俗主義」「政教分離」を掲げる近代社会において、「公共的な慰霊」はいかに可能なのでしょうか。

その結論こそ2分間の「黙禱」だったのです。広大な大英帝国の全土で、誰もが黙る。互いに見も

粟津賢太『記憶と追悼の宗教社会学――戦没者祭祀の成立と変容』（北海道大学出版会、2017年）

知らぬあらゆる人々の身体が、時差を超えて定められた同じ時刻に、あらゆる作業を中断し、ただ黙る。互いに見えはしなくとも、きっと帝国中のすべての場所で、すべての人々が同じことをしている、いや「何もしていない」。そうです、何かを「する」ことは排除をともなう。だから一切合切「やめる」のです。この論理学的反転はあざやかです。

ロンドンに、この黙禱儀礼の中心となるモニュメント「ザ・セノタフ」が建設されました。設計競技に勝ったのは19世紀末から20世紀初期にかけて活躍した英国の建築家エドウィン・ラッチェンス卿。ただでさえ単純簡明な新古典主義をさらに脱色した、いわば「沈黙」の古典性によるデザインが実現されました。流造の明治神宮本殿と同じですね。

セノタフとは、ギリシア語で空虚な墓、すなわち「遺体のない墓」です。第1次世界大戦の犠牲者はあまりに多く、没地が広域にわたっていましたから、英国政府は遺体の回収を「やめる」ことにしました。個人での遺体回収も禁止。貧富の格差が不満となって噴出することが予想されたからです。ここでも中立性が問題にされ、ゆえに墓は「空っぽ」だったわけです。

疲れましたね。近代というものがもたらした建築の変容、そして建築家の変容について考え始めた今回の講義は、第1部とも第2部ともまるで違う調子になりました。「社会の誕生」、「異形の都市」に巻き込まれる中で、カタチをつくることの意味は確実に変質していきました。カタチの強制的インフレーション、そして趣味判断・下部構造・社会調停などのさまざまな部分に現れる饒舌と沈黙の意義。こうしたことは今日の建築もまた無縁ではなさそうですが、いかがでしょうか。

第８講

過去と未来——世界が壊れるとき、建築家の立つ位置

Lecture 8: Past and Future

本講の基本文献

レイナー・バンハム『第一機械時代の理論とデザイン』（石原達二・増成隆士訳、鹿島出版会、１９７６年／Reyner Banham, *Theory and Design in the First Machine Age*, 1960）

ベネディクト・アンダーソン『定本　想像の共同体』（白石隆・白石さや訳、書籍工房早山、２００７年／Benedict Anderson, *Imagined Communities : Reflections on the Origin and Spread of Nationalism*, 1983）

1　前講のおさらい

伝統的〈Ｆ－Ｓ〉問題の破綻

前回のおさらいから始めましょう。

19世紀の〈社会の誕生〉は建築が体現すべきSのインフレーションを引き起こした。それに追われて建築家はFを止めどなくつくり出し、〈F－S〉問題を破裂寸前まで暴走させてしまった。西欧生まれの〈F－S〉の回路は、日本のような周辺国や、列強の植民地も巻き込みつつ、20世紀初期に至るまで集団的に酷使され、そして恐ろしい大きさに膨らみ、擦り減ってしまっていた。

いや、あれほど豊穣な成果をあげたのに疲弊ばかり強調するのはアンフェアだという声も聞こえてきそうですね。はい、そういう評価ももちろん大事です。たとえば出自の異なる歴史様式を折衷するとなれば、相当に込み入った技巧が要求されたはずです。あるいは、後で簡単にお話しますが、深層／表層が分離されたためにそれぞれの設計技術は相当洗練されました。

とはいえ、やはり私たちの「時代の様式」と言うべきものをつくり出さなくてよいのか……。そういう視点をもつ建築家から見れば19世紀は「暗黒時代」であり、これこそ我々のものだと言えるひとつの様式をいつか手にするまでの「過渡期」だと論じていたのです。

それからウィーン、マンハッタン、東京とロンドンを舞台とするエピソードを紹介しました。〈社会の誕生〉という地殻変動に、アドルフ・ロースは趣味判断、ヒュー・フェリスは欲望と公益、伊東忠太とエドウィン・ラッチエンスは同意調達のそれぞれの局面で突き当たっていた。

近代以降の建築家は皆これら3つに直に触れることを強いられます。かつては、いくら王や教会に絶大な権力があるといっても、むしろ個人としての王や個々の教会が恣意的にカタチを指示したわけではなく、先立って時代の様式があり、また「王宮らしさ」「教会らしさ」を大きく決める修辞学があって、建築家はそれらを介して彼らと向き合うことができた。ひと言で言えば文化的基盤としての建築がそれなりに揺るぎない規範としてあったのですね。ところが、今やそれが失われ、3つの粗暴な力学に建築家は晒されることになった。

バラバラな「私」が歴史的根拠のない趣味を云々するとカタチが左右されてしまう。「資本」がもっと大きく！　と欲望するのを、「制度」がまあ最低限これくらいにしとかないと公共の利益が、とブレーキをかける、ただそれだけのことでカタチが決まる。公共的な仕事になると主題の表象なんて危なっかしい挑戦より、ニュートラルなものをよしとする理屈でカタチが決まりがち。現在まで地続きですね。

ざっとこんな具合に、伝統的な〈F－S〉問題がほとんど機能しなくなっていたことは、いくつかのチェックから明らかなのですね。実態として錯乱したし、設計の根本に関わる諸環境が大幅に変化していたのです。

「表象の危機」と近代建築

そういうわけなので、近代建築運動は伝統の権威に果敢に挑んだのだ！という通俗的な理解はちょっと成り立ちません。実際には、伝統は彼らが破壊したのではなく、とっくに異様な姿になって壊れかけていたのです。第1に、もし彼らが戦ったとしてもその敵は19世紀の様式世界であって、かつての伝統とは相当異質なものに成り果てていた。伝統的な〈F－S〉問題の回路を維持することで新しい事態に対処したために、深層／表層の分離に明らかなように、建築としての本質的な部分まで変質してしまっていた。そして第2に、その世界もそろそろ華やかさに疲れきって自壊寸前だった。それを盤石な権威として描きながら、ぶっ壊してやったぜ、というのはちょっとね。あの勇ましい通俗的イメージは、今なお大学の学部生向け教科書や授業で繰り返し語られていますが、当事者がつくった神話を歴史として語ってはいけませんよね。

とにかく前回の講義で皆さんに考えてほしかったのは、既存のものが壊れていく歴史過程についてです。もちろん当事者にとっては、老朽化したビルの爆破をテレビで観て「見事に壊れていくねー」というような客観的な話ではありません。渦の中にいれば渦は見えないわけで、その渦の中でもなお、過去と未来への態度を決めていかざるをえない。今回はこのことをあらためて考えてみたいと思います。

私たちが生きている21世紀初頭も、今まで当たり前すぎて疑わなかったものが壊れ始めている。そしてまだ未来が見えるわけではない。現実には断片的に顔を出しているに違いないのだけれど気づきにくい。19世紀から20世紀はじめと似ているかもしれません。この講義では未来予測はしませんが、ただ私たちも過去と未来に対してどう立ち、どう見通すかが問われているのではないでしょうか。

では話を続けていきましょう。

2 過去の終わり

まずはじめに、ロースについて大事なことを確認しましょう。それは、彼が近代人の格好悪さを見抜いたのは、彼が伝統の力をよく知っていたからだ、ということです。ロースは伝統的な装飾を完膚無きまでに否定した人ですが、でも彼は伝統の凄みを重々承知していたし、深い敬意と憧れを持っていたと思います。このことを見落としてはいけません。伝統には圧倒的な蓄積と幻惑的な洗練があり、人を黙らせる力がある。そしてだからこそ、「我々近代人はそれを持っているか、いや持っていない」と彼は反語的に問わざるをえなかったのです。あるいは、すでに伝統から放り出されそうになっている自分たちに気づいたからこそ、伝統の意義を思わざるをえなかったのだと、逆向きに想像してもよいでしょう。

ロースの歴史観を再確認しましょう。近代人は気づいたときにはすでに、伝統という陸地が終わる岬の先端にいる。自分たちのカタチをつくろうにもやり方がわからないから、後ろを振り返って広い陸地のあちこちに建築家という名前の様式ハンターを派遣する。ああ私たちにも「様式」を使えるときがきたのだと口元を緩めたのもつかの間、それはお前のものではないと宣告される。やっぱり自分たち近代人は伝統大陸の突端にいたのだ。崖下を見下ろすと、波打ち際にはテラコッタやセメントでできた紛いものの様式の細部が累々と折り重なっている。

前と後ろに挟まれて狼狽《うろた》えながらキッチュ（紛いもの）の山をつくるしかない近代人。たしかに格好悪いですねー。だからロースは伝統への愛と、自身の歴史的宿命の両方に忠実であろうとし、岬の先端にとどまるための趣味の洗練を選ぶ。じつに鋭い感性ですし、この感性に根ざしながら建築家としても興味深い探求の軌跡を残した人です。でも海の向こうにあるはずのもうひとつの大陸を目指す者には、彼は気取った評論家に見えたかもしれません。

3 過去から未来を見通す──大理論の時代

絞り込んだ視点で全体を説明する

ところで19世紀には、大きな理論的体系の構築に努力を傾ける人たちもいました。人類建築史というべきスケールを覆うような大きな理論。その理論を踏まえて彼らは未来の様式への展望を語りました。ちょっと第5講を思い出してください。建物をつくる工作の技法は、少なくとも近代を迎えるまで主要なものはステレオトミー(S)とテクトニクス(T)、つまり組積系と軸組系に分けられるのだという話をしましたね。その説明を提供してくれたのはゴットフリート・ゼムパーという建築家でした。彼もまた19世紀の大理論家のひとりで、建築の起源(始原)、建築の基本要素、技術と理念、色彩と輪郭、様式、産業、現代への批評と未来の展望といったものを包括的に論じました。彼のように神を持ち出さずに世界と人間を理解し、建築の発達を見通そうとした人々は他に何人もいます。

世界の建築の知識も増えました。証拠事例(トークン)の収集が進めば進むほど、それらを束ねる原型と言えそうな理念的な型(タイプ)を仮想したくなりますよね。それをさらに束ねて上へ上へと積み上げていくと最後には「ザ・ケンチク」が君臨します。

逆に言えば、この理念的な原型としてのザ・ケンチクはどんな条件によって下位の類型に分かれるのか、そして最後はどんな変数を入れると現実の証拠事例の個別性が出てくるのか、といったようなやり方で説明がつくだろうと考えられました。変数とは気候風土、宗教、政治……などですが、1890年代、学生時代の伊東忠太もこういう言い方をし始めています。19世紀末ごろの欧米に流布して

土居義岳「「近代建築」の世界史──「ふたつの近代」の見取図」(『世界建築史15講』所収、彰国社、2019年)

いた考え方でしょうね。そういう知識を背景に、建築家たちも様式を組み合わせたり、細かな扱い方をスタディしたりして、ロングリストを増補していったわけです。前回話した伊東忠太による宮崎神宮の様式操作の話なんかがわかりやすいと思います。

進化論と史的唯物論

大がかりな理論ということでは、この時代の代表は何と言ってもダーウィン以降の「進化論」と、マルクスとエンゲルス以降の「史的唯物論」ではないでしょうか。進化論は、いくつかの単純な概念で全生物史を説明できるかもしれない!という壮大な知的プロジェクトです。史的唯物論は、「生産様式」などのやはり強力な理論装置を武器に人類がつくってきた社会構成体の型とその発展を説明しきろうとする。

ダーウィンの進化論は、ダーウィンその人を離れると社会や文化の未来を占うために利用されるようになります。アドルフ・ロースも、そういった議論に触発されつつ、全身の肌を埋め尽くすような入れ墨を施した原始人から、文明の進展にともなって装飾は次第に抑制と秩序化が図られていくものだから、「饒舌」な19世紀は歴史進展の法則に逆行していると言っていました。

他方の史的唯物論は共産主義革命の基礎理論となったものです。第1次世界大戦のあいだにロシア革命が起き(1917年)、まもなくソヴィエト連邦が成立しました(1922年)。未来への態度ということであれば、このソヴィエトの成立は、やがて地球上のすべての社会が同様に組み替えられ、歴史はそこで究極の目的を達成して終わる、といった夢想の流行も含めて、第2次世界大戦前の世界史の最重要事項のひとつでしょうね。他の国々も、並行してそれぞれの社会のありようを大きく書き換えていきました。資本主義経済が世界を覆い、それが資源争奪戦争をもたらしてしまったことを踏まえつつ、資本主義に対抗して次なる理想の社会をつくる改革も、また資本主義に適応しつつ社会を安定させる改革も、かなり抜本的なレベルから、計画的・組織的にやる必要がありました。政府にせよ企業にせよ場当たりや自由放任ではラチがあかない。第1次世界大戦の終戦のころにはまだ産声をあげたとも言えない段階にあった近代建築は、1920〜30年代の政策のうねりにコミットすることで急速にカタチを凝固させました。税金を使った共同住宅の建設に19世紀的な歴史様式や装飾なんて不要ですよね。むしろ量産可能な定型化が図られた。バウハウスの一連のジードルンクや、ル・コルビュジエのドミノや量産住宅の型シリーズなどもこの大きな動きの一部です。こうしたことも含めて、共産主義国家の誕生やその計画主義的な思想の影響は非常に広く、大きかった。近代建築は以後も、こういった大衆化・工業化のレベルと、モニュメンタルな公共建築などの一回的な芸術的作品のレベルとの緊張をもって展開していったと言えるでしょう。引き裂かれ、かつ影響し合う関係でもって両者をカヴァーする建築文化のあり方は、古代にも中世にもなかった、近代以降に固有のものだと思います。

理論というのは、未来への改革の背中を押すこともあれば、受け取った人の判断で取捨されることもあり、あるいは誰にも何の影響も与えないことだってある。いかにもドイツ工作連盟やバウハウスの源流という感じのゼムパーだって、じつは20世紀に入るころにはほぼ忘れられていたので、近代建築成立には直接的な影響は小さい。理論が有効かどうかなんて打ち出す前も後もわかるものじゃない。

21世紀初頭の現在は、何かが行き着くところまできている、これをずるずる続けるのはやめて早くその先を見せてくれと人々がジリジリし始めている時代でしょう。こういう時代にはきっと大きな理論が模索されるのではないでしょうか。その際に注意してほしいことがあります。理論には、すでに起きている事象に対する新たな見通しを澄み渡らせる意義と、未来像を喚起する意義のふたつがあります。あらゆる理論に両方を期待するのは酷です。ただ、建築が変わるためには、きっと未来への幻視が必要です。レイナー・バンハムはそれを強調した建築史家です。

4　未来の幻視――人間身体の更新

機械と一体化せよ

バンハムは『第一機械時代の理論とデザイン』という重要な本を書きましたが、この本では近代建築の成立過程に決定的な役割を果たしたものとして、「未来派」に高い評価が与えられています。

未来派の若者たちはこう考えました。今我々を飲み込もうとしている新しい時代とは、人間身体が自動車、つまりエンジンをもった鋼鉄の機械と一体化する時代だ。そうして人間は伝統的身体にはなかったパワーとスピードを身につけるに違いない！――これがロースが装飾罪悪論をおおやけに口にしたのとさほど変わらない1909年に、工業都市ミラノでグループを旗揚げした青年たちが抱いた未来の「幻視」です。

人間は今や、長いあいだその身体の奥底に眠らせていた次元を、機械時代の到来によって覚醒させるだろう。それなのに手持ちの芸術はあまりに古すぎる。そんなものは博物館送りだ。詩も建築も、未来の身体に「ふさわしい」何かへと更新されなければならない、というわけです。

言ってみれば人間の身体をオーバーホールする感覚ですね。オーバーホールというのは、不具合のある機械なんかをちょこちょこ修理するのじゃなく、完全にバラして一から組み上げ直してしまう、ということです。いや、これでは比喩が不十分ですね。むしろ彼らが抱いたのは身体を取り替えてしまうくらいの過激なイメージでした。人間自身が古いままなら、たしかに新しい事態にたじろぐしかない。でもその古い身体を真新しい身体に交換すればすべてが変わって見える。未来が輝いて見えるなら現在などどうでもよい。

身体性を取り替える

これで19世紀の錯乱はもちろん、ロースの洗練をも突き抜けていく暴力的なほどの幻視が得られたとは言えるでしょう。新しい身体の力と速さのおかげで、昨夜までは大海と見えていた眼下の海の向こうには今や陸地が見え始めている。跳べる気がしてくる。ロースは旧時代と新時代の裂け目にとどまった人に見え始めている。こうして自分のいる場所は、過去が終わる絶望的な崖っぷちではなく未来の大陸の上陸地点へと捉え直される。歴史認識が反転される。

このように「人間身体」ないし「人間像」の更新は、近代以降、行き詰まった状況を突破するときに繰り返し呼び出される回路です。伝統をもたない近代人にも身体はあります。伝統的修辞学が身分を根拠とすることが多いのに対し、身分を否定した近代以降は身体こそ本質的なものとみなされる。だからこそ、身体性の更新は建築の前提を古い歴史観もろとも置き換えてしまう効果を持ちやすいのでしょう。考えてみれば、同時代のドイツの動き、つまりドイツ工作連盟（ヴェルクブント＝工作の組合）からバウハウス（＝建物の家）への展開は、工作者としての人間というイメージによって牽引されていました。１９６０年代のメタボリズムが「ホモ・モーベンス」（動く人）と言い、１９８０年代の伊東豊雄が「遊牧少女」と言ったのも、古臭い建築をその新しい「身体」に「ふさわしい」ものへと更新せよと迫る、そうした思考回路の事例です。

先ほどの史的唯物論とソヴィエト成立は、国家ひいては地表上の全社会が書き換えられる構想に関わっていました。近代が「書き換える」ことへの期待や強迫を特徴とするものだとしたら、その極小が身体の取り替えであり、極大が全社会の革命でした。前者は芸術の前衛、後者は政治の前衛として現れた。その両方が骨抜きになると、耐久消費財をどんどん買い替えようという高度成長の論理に落ち着くでしょうね。余談でした。

過去と現在のすべてを横並びに見る

次に、未来派と比べながらピュリスムについても触れておきましょう。未来派の旗揚げから9年ほど後、シャルル＝エドゥアール・ジャンヌレ、後のル・コルビュジエと彼の友アメデ・オザンファンが立ち上げた絵画運動（１９１８〜２５年）で、ル・コルビュジエの建築の原点のひとつです。彼らは工場生産された日常の事物を抽象化してその核心にあるフォルムを描きました。彼らの眼には、機械時代の到来がもたらす新しさは、未来派的な「幻視」でなく、それなりに「事実」となって身体と感性を覆いつつあるように見えていた。何かものすごく刷新された身体に交換されるのではなく、自分の中に近代化が浸透して内側からじわじわ変えていく、それを見つめる感じでしょうか。突飛かもしれませんが、日本で言えば今和次郎の考現学（1927年～）や、戦後のデザインサーヴェイ運動（1966年～）といった活動と比べてみるのもおもしろいように思います。とくに後者の、60～70年代の青年たちが、僕たちにとってはもうコンクリートの団地こそが身体化された文化なのさと言った、あの感覚に近いところもありそうな気がします。伝統文化が失われるのを嘆く気にもならないし、かといって未来派みたいな恍惚もピンとこない。未来派の兄貴たちが過激な「未来」に陶酔できたのは、それが現実にはまだ「来ていない」からですよね。来てしまえばもう未来ではなく、事実としての近代性です。そうなれば、今度は、その事実に対して建築家としてどう構えるのか、そのスタンスがむしろ問われる。

ル・コルビュジエの場合、その構えはかなり古典的な精神に由来するものでした。これまで何度か触れたように、古代以来の数的秩序への信仰をもって近代の工業製品をも見分けていく視点です。ピュリスムの絵画は工業製品の単純なフォルムを捉えるための習作群のようなものでした。また『建築をめざして』（1924年）を読んだことのある人なら、きっとこの本に綴られる不思議な歴史感覚に戸惑ったことがあるのではないでしょうか。彼はこの本で、原始人の集落も古代ローマの都市も、ゴシック大聖堂もバロックの宮殿も、ガラスの瓶や陶器の水差し、ギター、テーブルと椅子、そして自動車から船、飛行機まで、何でもすべて同じ視点で見ている。それは、感動的なものには秩序があり、

八束はじめ『希望の空間――ロシア・アヴァンギャルドの都市と住宅』（住まいの図書館出版局、1988年）
八束はじめ・小山明『未完の帝国――ナチス・ドイツの建築と都市』（福武書店、1991年）
八束はじめ『メタボリズム・ネクサス』（オーム社、2011年）
八束はじめ『ル・コルビュジエ――生政治としてのユルバニスム』（青土社、2013年）

秩序の上にしか建築的な感動はないという信念です。通俗的理解では、ル・コルビュジエは機械の時代の新しい美学を目指した革命の闘士と見えるかもしれませんが、実際にはそういう未来派的な性格は希薄でした。むしろ古代のギリシアやローマ、そしてルネサンスからマニエリスムへと流れる普遍的な合理論（第5講参照）の眼が『建築をめざして』には貫かれている。人類の制作（ポイエーシス）をすべて等価に見てしまうル・コルビュジエのこうしたフラットさが、未来派のすぐ後に現れたのはとても示唆的なことだと思います。

5 伝統からの反転

19世紀の階層的構成

ところで一般に、近代建築の形態（F）の特徴は、無装飾のプレーンな線・面・ヴォリュームの構成などと説明されます。このうち「構成」ということについて、過去と未来という今回の文脈に沿って少し話しておきます。

私たちは第3講で数の魔法について考えましたね。数は部分と全体とのあいだに明瞭な関係性をつくり出せるので、建物の全体の統制には絶大な力を発揮する。統制にはさまざまなシステムがありうるけれども、まずもって洋の東西を問わず古代以来のほとんどの伝統的諸造形を貫いてきたのはシンメトリーです。これは左と右がぴったりと重なるという数学的関係性であり、その幾何学を統御しているのは見えない「軸」です。それが要素を従えているわけですからね。あとは均質な格子、整数比や黄金比などの比例による平面や立面の制御といったやり方もある。『建築をめざして』で歴史の時空を旅しながら考察されているのも、基本的にはひたすらこういったことです。

じつは、伝統的な軸的構成の方法が高度な洗練に至ったのは19世紀のことです。近代都市のオルガン(器官)としての施設は未曾有の規模に膨れ上がり、プランも複雑になりました。それを古典的な求心的秩序をもつようにまとめるのは難儀です。そこで、最も上位の中心軸に対して、一段階副次的な軸、さらに下位の軸というように、伝統的なシンメトリーを階層化する方法が洗練されました。こうすれば、どんなに大規模で複雑な建物でもすべての細部が段階的に高次の秩序にまとめられ、最終的に中心軸へと統合されることになります。加えて、前回話したように、19世紀にはとにかく表層のレパートリーを増やすこと、なおかつ交換できることが重要でしたから、階層的な軸や補助線の格子に、どんな歴史様式の細部でもうまく乗せていけるようにする設計方法の研究も深められていました。先ほど19世紀には19世紀の豊かな成果もあるんだという評価にも触れましたが、今話したプランから立体の抑揚や細部装飾に至るまでの統御方法はそのひとつです。これを19世紀的な「求心的構成」と呼んでおきましょう。

構成主義の遠心的構成

もし、これに真っ向から対立するなら軸を消すのが有効です。もう少し正確に言えば、要素の配列が軸を生まないようにするのです。それはつまり、線、面、ヴォリューム等の要素がいくつかの異なる方向へと伸びる運動を示し、全体として遠心的、発散的な状態になるようにする調整作業を要求します。そして実際のところ、近代建築における「構成」とは、おもにこうした方向性を指して用いられます。それは絵画や彫刻でいち早く見出されていた美的な質で、それを推進していたのは、ロシアやスイスなどに拠点をもつ構成主義グループの作家たちでした。バウハウスの教育・実践は初期の紆余曲折はありますが、まもなく構成主義の方法を建築に導入することが意図的にプログラムされるようになります。

もちろん、遠心的、発散的、あるいは少なくとも古典の伝統から逸れ、不規則で変化に富む動きを重視する傾向ということなら、英国を中心とするピクチャレスクなども、近代の「構成」の源流のひとつと見ておく必要があるかもしれません。フランスの芸術的権威の牙城だったエコール・ド・ボザールにも、変形敷地への対応方法の蓄積や、ロココでの大小多数の部屋のシークエンスみたいな伝統があります。いずれにせよ、19世紀の「求心的構成」に対して幾何学的に真逆をいくには「遠心的構成」を導入するのがよいだろうとの判断は強烈に働いていたと思います。少なくとも、近代建築のカタチ（F）は、機能や構造などの要求（S）を合理的に解いていった結果として必然的に生まれてくる、というようなものでないことだけはたしかです。モダニストたちは繰り返しそう主張したけれど、実際には「求心的構成」に対する「遠心的構成」、その対比が間接的に新しさを生む修辞学を与えていたのだろうと思われるのです。

形態は形態としての強度や生気をもたなければなりません。19世紀建築に造形的な生命を与えていたのは歴史様式などの装飾的な細部の抑揚、それらが乗ったヴォリュームがつくる変化やリズム、それをひとつの全体にまとめあげる強力な階層性だったわけですが、複数のヴォリュームの遠心的な構成だけで全体に力強い動きを与えるのはよい方法だとも言えます。

ところで、ル・コルビュジエには求心的構成と遠心的構成の両方があります。これについては次回の第9講で話しましょう。

表象の禁止

ちょっと脇道にそれますよ。驚かないでくださいね。

時は紀元前1400年代。モーセという男が思いがけずある声を聞きました。繰り返し呼びかけてくる声の主が神であることを彼はやがて確信します。その神は、紆余曲折の末に風変わりな契約をモーセらに迫る。それは次の3つの主項目を含む10の条項について誓えというものでした。「私の他に神はいない」、「私の偶像をつくってはならない」、「みだりに私の名を唱えてはならない」。これがユダヤ教、キリスト教などの一神教の原点となるエピソードです。この神は、像や名によって私はこのような存在だと雄弁に自己を性格づけようとする、そういう神ではない、むしろそれを拒否している、ということです。

それまでの神々は、まさに「神々」だったのですね。たとえば映画『千と千尋の神隠し』のニギハヤミコハクヌシは琥珀川という川そのもので、龍の姿をしていましたね。あれは「万物が神」式のとても古い種類の神です。『もののけ姫』の森の動物たちも同様で、劇中の彼らは文明化を推し進める集団に蹂躙されていましたが、メソポタミアの『ギルガメシュ叙事詩』では「フンババ」という森の神が、その森の開発を望む都市国家ウルクの王ギルガメシュに殺されます。本来、フンババは森そのものだったのでしょうが、都市文明以後の世界では「多数の神々」式の神の一覧表（パンテオン）に取り込まれて龍や獅子の特徴をあわせもつ巨人の姿を持つようになっていた。ちなみにエジプトの神々は皆同じようなヒトの身体にいろいろな動物の頭部を乗せるというフォーマット性が美しい。そしてギリシアやローマの神々は動物的特徴を失い、すっかりヒト型になります。しかしアニミズムの神々も、多神教の神々も、それぞれに固有の像と名が与えられた、性格の異なるたくさんの神々の世界でした。

一神教の神は、なんとこうした神の表象のあり方自体に切り込み、その根本的設定を鮮やかに変更してみせたのです。どういうことでしょうか。

表象されるものとされないもの

第1講を思い出してください。私たちモダン・ヒューマンはこの世界のあらゆるモノや現象、あるいは私たちの想像や観念をコトバやイメージで表象せずにおれない生き物です。ところが、モーセに語りかけてきた神は、一切を表象しようとするモダン・ヒューマンのその能力を、この自分についてだけ「封じろ」と命じた。そもそも表象は思うままに操れない不如意の能力なのですから、これはもう呼吸するなというくらい理不尽な命令です。

つまり、ヒトが表象によって止めどなくカラフルに描き続けるこの世界に、一点の穴を開けよと、この神は命じます。いわば黒い穴を。色の黒ではなく、色がないという意味の黒。その「表象の穴」

こそが主である、というわけです。逆に、この穴から発射された光がこの世界のすべてに色を与える。

しかし一番大事なのは、これによって他の神々がどうなるか、です。つまり、神が表象禁止の命令を発すると、姿形のある従来の神々は、そのへんの木々や石ころなどと一緒に「表象されるもの」に分類されてしまう。皆さん、私たちが名やイメージを与えたモノやコトをすべて、マジックペンで「表象されるもの」と書かれた段ボール箱に突っ込んでしまうことを想像してみてください。一切合切が吸い込まれていくけれど、一神教の神だけは泰然としている。

多神教から一神教への設定変更は、本当に強力です。

近代建築の白

近代建築の「沈黙」も、ある意味では19世紀の「饒舌」をまるごと括ってしまう効果があったでしょうね。もちろん建物は現世に建つので、一神教の神と近代建築は全然違うものですが、沈黙することで饒舌をぜんぶ向こうへ追いやる効果は似ています。

皆さんの中には、そんなふうに考えなくとも、機能的であろうとすれば装飾はなくなるだろう、と考える人もいるでしょう。でも、柱がイオニア式だったり、破風がペディメントのカタチだったりすると機能を果たさない、ということはありません。もし、意味伝達だって建物に期待される機能だと考えるなら、それら細部を消すことは反機能主義的だと言えなくもない。また、近代建築は構成を重視するから無装飾の方がよい、という声も聞こえてきそうです。でも、ル・コルビュジエがゴシック大聖堂には数的秩序が隠れている、といったように、私たちはどんなに細部があってもその秩序を透かし見ることができますから、細部は必ずしも構成の邪魔ではないのです。

このように考えていくと、やはり近代建築の白いプレーンさは、19世紀建築を向こう側へ追いやるような対比をつくっているのであって、それをテコに、いわば間接的、相対的に「近代らしさ」という修辞学に説得性、納得感をつくり出す意義があったのだろうと考えられます。

さらに、第2講で触れたように土居義岳さんは、機能主義だって機能に「ふさわしい」形態という回路で考えたのだから伝統的な修辞学の系譜を受け継ぐのではないかと指摘しています。たしかに近代に「ふさわしい」形態を、とプレーンな白さや遠心的構成などが選ばれたということは否定しがたいでしょう。そして結局は、伝統的な〈F－S問題〉が危機に陥った後、プレーンな白さや遠心的構成が近代に「ふさわしい」〈F－S〉結合として、それなりに多くの人が納得感をもって受け入れていった。建築は、伝統的な〈F－S〉の自壊的な状態から、早くも書き直された〈F－S〉論との再契約を果たしたのです。

「白」をめぐってはかなり込み入った議論がありますので興味のある方は勉強してみてください。

6　伝統の創造

国民国家の虚構性

さて、今回のテーマならば目を向けないわけにはいかない重要事項にまだ触れていませんでした。

「伝統の創造」です。

前回話したとおり、王侯や教会を私たちと同じ「私」へと差し戻すことで近代の「公」、つまり公共の概念がつくられました。理屈上はアトムとなった「私」ですが、もちろん彼らはいろいろなかたちで結合し、あるいは集団に帰属します。夫婦、家族、地域共同体、学校や職場、趣味のサークル、都市自治体……。それらは皆、自分たちの歴史を描こうとします。家族の歴史、学校の歴史、会社の歴史、都市の歴史……。それぞれが重んじるに足る伝統が描き出される。これは虚構です。史実を素材としていても、物語の枠組みとなる共同体そのものが新しい。それに、その共同体に属す人々や将来的に属すだろう人々が受け入れやすく、誇りに思えるような物語が紡がれる。つまり「私たちにふさわしい伝統を」という修辞学が働く。そしてこの「伝統」が、たとえば学校なら校章や校歌のデザインに活用される。

しかし、最も強く「伝統」を欲し、かつあらゆる文化領域にわたってその「表象」を求めたのは国民国家でしょう。国境の内に住む「みんな」が、互いに顔を見たこともないのに同じものに帰属していると信じるのが国民国家ですから、前回も話したようにこれは近現代の人間集団の中でも最も現実味を欠いた虚構と言ってもよいのです。

皆さんの財布にある千円札の「千円」という数字は、あの紙自体に千円の価値があるかどうかとは無関係です。単に千円のモノと交換できるということを「みんな」が信じているので千円の価値があるのです。根拠がなくとも想像力と信頼があれば虚構は現実を動かせるわけですね。「国民」という共同体もそうです。「日本映画って国際競争力がないねえ」などと嘆いたりする感情、またそもそも

マーク・ウィグリー『白い壁、デザイナードレス——近代建築のファッション化』(坂牛卓、邊見浩久、岩下暢男、天内大樹、岸佑、呉濵逸訳、鹿島出版会、2021年)

「日本映画」に他の国の映画とは違う「自分たちのもの」という関心を向けることが自然であるという感覚そのものが奇妙とも言えるのです。

パブリック・リリージョン

こんなふうに考えていくと、戦争なんてほんとに信じがたいことに思えてきますよね。虚構である国民国家のために、私たちのおじいちゃんたちは兵隊になって戦地へ行きました。兵の死が報じられれば、見も知らぬ無数の母親たちが涙しました。では果たして同じ母親たちが、他国の兵の死に触れて同じ涙を流すでしょうか。いや場合によっては喜ぶ可能性だってあるでしょう。これは恐ろしいことですね。国民国家は虚構ですが、人々を実際に動かし、感情を左右する。そこには宗教性が含まれます。自分たちが自分たちを信じるのですから、近代国家というのは自己言及的な「公共的宗教」だと言ってもよいでしょう。これを支え続けるには、端的に言えば死と生をつなぎ、過去と未来をつなぐ歴史が有効です。75年前の自分のおじいちゃんたちの戦死と、将来ありうるかもしれない孫たちの出兵とが連続した物語の一部として捉えられる感覚をつくること（戦争に反対するにもこの想像力が活用されますね）。そしてできれば、「わたしたち」「みんな」の現在につながってくる連続性、途切れない物語、あるいは先達の努力の蓄積といったもの、つまりひと言で言えば「伝統」をつくり上げること。こういう負荷が文化領域全般にかかり、これが私たちの伝統だというリストがつくられたり、その語り方が定型化されたりしていきます。こういう文化を共有している私たち、という想像力がフィクションの空虚さを埋めていくのです。

近代人は伝統を持たずに立っている。仮にロースが現れなかったとしても、これは歴史的な事実です。だからこそ近代人は伝統を欲しがり、実際につくり出すのです。

近代建築と伝統

建築はむかしから幻視を可視化するもので、その具体的なカタチは伝統にもとづく修辞学によって調整され、強められてきた。そうして建築は、相似と差異の町並みが広がるヨコの世界から、強度をもってタテに屹立してきた。そして〈社会の誕生〉以後、少なくとも1950年代までは、国民国家こそがそれを最も強く求めたと言ってよいでしょう。それは王権と宗教に代わる新しい権力であり、宗教であり、そして共同体でもあります。そのモニュメントをつくるのが建築分野の責務で、そのために建築史を書き、教えることは必須だった。たとえば日本なら、伊東忠太に始まる建築史学構築の歩みは建築家による創作と緊密に結びついて進んでいきます。日本建築史がなければ明治神宮は明治天皇に手を合わせる国民の態度に「ふさわしい」意匠の修辞学を組み立てられなかったでしょう。また、丹下健三の広島平和記念公園とその資料館もまた日本建築史の知識との強い緊張がなかったなら、「戦後日本」に「ふさわしい」意匠を国民とどのように共有していくのかという問題は緊張を失ったでしょう。

フランス、イギリス、ドイツをはじめとするヨーロッパの主要国も、アメリカ合衆国も、それぞれの建築史をもっています。そういった国の形成自体が19世紀から20世紀初期にかけてのことなのに、その地理的領域の内側を過去に向かって掘り下げ、逆に古代から現代までを連続させてひとつの歴史を下るのが共通の流儀です。いや、さすがに近代建築史は事情が違うんじゃないかと思われる方も少なくないかもしれませんね。近代建築は人類普遍の建築を目指したものですから、どの国でも近代建築史の書き方や教え方はそれほど大きな違いはないだろう、と。ところがイギリスはアーツ・アンド・クラフツ、フランスは新古典主義、ドイツはロマン主義的空間概念や工作連盟、アメリカは開拓者たちのバルーンフレームの家々を、それぞれ近代建築の源流として強調する。おもしろいですね。近代建築は伝統との戦いなのだけど、他方では自国の誇らしい伝統を原動力として19世紀的な錯乱の様式世界を乗り越えていった、というような書き方がなされるのです。

日本なら神社建築や茶室・数寄屋建築などに内外に浸透し合うような空間の水平の広がり、柱梁などの線、畳や襖などの面といった要素や空間の構成、装飾の抑制といった特徴がもともと歴史の中に脈々と流れている。だから近代建築は私たちのものとさえ言えるし、そういう私たち日本人がつくる近代建築には日本建築の伝統が発揮されてしかるべきであろう、というわけですね。

この例からも何となくわかると思うのですが、歴史の見方は、実際に建築の設計やその社会的な受けとめに小さからぬ影響を与えた、というより、少なくとも1960年代ごろまではほとんど唯一の修辞学的な基準になった。伝統がないのだから、つくられた伝統が規準になるのはわかりやすい。こういった「伝統の創造」的問題設定をはじめとする「国民国家研究」が盛んに展開され、理解が広がるようになったのは1990年代以降でしょうね。まだまだ最近のことなんです。それでもたくさんの研究成果があがっているので、くわしくはぜひそれらを探して読んでみてください。ただ注意してほしいことがあります。そうした研究では、考察の対象とする伝統が構成される背景と力学が明らかにされ、その伝統はかような虚構にすぎないのだと評価される傾向があるのですが、決して「すぎない」という評価に流されずに読んでほしいのです。私も若いころは「すぎない」と言い切る論文を書いたりしましたが、若気の至りです……。たとえ虚構であってもそれが幻視と修辞を与えるのなら、虚構を紡ぐことはむしろ建築にとって本質とさえ言えるのですからね。

今回の講義では、歴史の転換局面で過去と未来をめぐってどんな態度が立ち上げられるものか、ということを考えています。さまざまな構え方があり、そして事態の推移とともに問題構成が変化して、過去や未来の位置づけも変わっていく。近代建築だって、概ねその姿が確立してくると、さっそくそれ自身にとっての「伝統」を創出する作業が活発化したわけです。ただ散発的な短い文章や講演ならともかく、包括的な歴史書が出るにはそれなりに時間がかかります。たとえばジークフリート・ギーディオンの『空間・時間・建築』は１９４１年刊行。それから50年代にかけて、日本も含め世界各国で最初の近代建築史が続々出版されました。

7 やっぱり世界はバラバラ

ありふれた日常に帰る

では次回への橋渡しをして今回の話を結ぼうと思います。

まず、前回話題になった黙禱の話を思い出してください。大英帝国のツー・ミニッツ・サイレンス

中谷礼仁『国学・明治・建築家――近代「日本国」建築の系譜をめぐって』（一季出版、1993年）
八束はじめ『思想としての日本近代建築』（岩波書店、2005年）
ジークフリート・ギーディオン『新版　空間・時間・建築』（太田實訳、丸善、2009年）

は帝国臣民の一体性をつくり出す画期的な方法でした。でも今回は視点を変えてみましょう。といっても何のことはない、2分経って黙禱が終わった後のことを想像してみてほしいのです。終わりの合図とともに、誰もが沈黙の帳《とばり》を開くように深いため息をついたかと思えば、そそくさと銘々の現実に戻っていきますよね、きっと。そこは喧騒に満ちて、普通に似たものやちょっと違ったものが混ざった、ごくありふれたヨコの世界です。黙禱をしても世界がすっかり統合されているわけではない。いや何も変わっていない。

また、黙禱儀礼の焦点となる建造物ザ・セノタフそのものは、ロンドンのホワイトホール通りに実際に立っています。道路の真ん中にあるのは特殊ですが、他の建物と同じ空間にたしかにある。当り前です。建物はもともと表象の穴になんかなれっこないのです。丹下のピースセンターもそうです。しかしそれでも広島はすばらしい。周辺の喧騒に対して閉じることなく、むしろ積極的に接続しながらも静謐さをつくり出している。「原爆ドーム」と人々が通称していた敷地の外のあの廃墟に、慰霊碑を貫いて北上する軸線を当て、いくつかの場所の記憶の層にも接続して、むしろあの聖性を都市全体に広げていく力さえあのデザインは備えている。稀有な作品です。建築というのは、ヨコに広がる現実世界と同居しつつ、かつ何らかの強度ある全体性を凝縮してタテに屹立する芸術ですね。これは絵画や彫刻が美術館に置かれ、音楽がホール内に囲い込まれ、文学空間が書物の中に閉じられるのとは大きな違いです。

どんなに強い幻視が、どんなに説得力ある修辞学によって人々の共感を高めようとも、ヨコには日常がある。誰もが日本国民だという共同体の想像力が所詮は幻想にすぎないことがわかるくらいには相似も差異も豊かに混ぜ合わされた、ごくありふれた世界が広がっている。だからこそタテが立ち上がりうる。すばらしいことではないでしょうか。

自己モニュメント

日本の戦後の都市風景を何となく想像しながら聞いてくださいね。1950〜60年代までは多くの都市では中心部にも黒々とした瓦葺き木造建築の町並みが広がっていました。その中に出現した鉄筋コンクリートの公共建築は、町並みとコントラストをなし、白く輝くモニュメンタリティを発揮していました。文句なしに美しく、荘厳ですらあったと思います。ところが周囲に広がるそうした相似の世界は70〜80年代には相当に乱雑な風景に変わっています。建替えが進み、規模が大きくなり、工業化された建材がガチャガチャした質感をつくっている。どうしたって、かつての白い記念碑は風景に埋没します。建物をつくることにはこういう怖さがある。70年代は世界的に近代建築への幻滅が広がっていく時期ですが、それは現実の風景の中でかつての英雄的近代建築がその記念碑性を後退させていったこととも無関係ではなかっただろうと私は思います。時間差はいろいろあるでしょうが、よく似たことが世界のさまざまな地域、とりわけ日本を含む発展途上国では顕著に起こっていたでしょう。

ロバート・ヴェンチューリは、1950〜60年代のマッチョな近代建築を指して、「自己モニュメント」と形容しました。大掛かりな鉄筋コンクリートの構造躯体が主題化されるあまりそのフォルムの論理が肥大化し、生活や設備がその皺寄せをくっていた。あれはモダニスト建築家たちが「近代

中谷礼仁「場所と空間——先行形態論」(『都市とは何か』岩波講座「都市の再生を考える」所収、岩波書店、2005年)

ロバート・ヴェンチューリ『ラスベガス』(石井和紘・伊藤公文訳、SD選書、鹿島出版会、1978年)

建築」に捧げた「記念碑」なのではないか、建築家たちは人の建物を借りて建築界のイデオロギーの広告塔をつくっているのではないか、というわけですね。建築というのはそういうものであってはならないのではないかとヴェンチューリは問いかけたのです。

機能や構造がちゃんとしないといけないのは当然ですが、採光や通風も大事だし、給排水の配管も合理的でなくてはならないし、周辺環境への配慮も……建築はじつに膨大な条件への適合性を求められます。そして周辺環境は一枚岩ではない。建物の発注者や利用者にも、それぞれの背景があり、考え方も感じ方も違う。これが相似と差異の世界、ありふれた世界です。何かひとつの論理にすべてを押し込めるのではなく、それらたくさんの条件、たくさんの声を一つひとつカタチにし、結果的に建物の全体性の中にたくさんの論理が同居する、そういった多元的な建築設計のあり方が望ましいのではないか。こういう考え方が次第に勢力を増すようになります。

もし、1950年代までを〈近代1〉、60~70年代以降を〈近代2〉と呼ぶなら、前者は一元性を目指し、後者は多元性を回復しようとした、と言えるでしょう。

19世紀の混乱の中から新しい社会が模索されていく中で新しい建築様式の統一が目指され、近代建築が主導権を確立して1950年代の世界的潮流ができ上がる。そこではバラバラゆえに統合が目指された。これが〈近代1〉。

しかし極端な統合への期待は、人々への抑圧でもあります。2度目の戦争はそのことへの強烈な反省を強いました。多元性の包摂という理念は、やがて多くの国が豊かになることで現実的な基盤も持ちうるようになります。さらに、これは皮肉と言うべきかわかりませんが、社会の中心が企業と消費者という構図を取るようになれば、欲望と差異は歓迎されるでしょう。そうして60〜70年代以降は多元性の時代を迎えます。

それはともかく、では建築の形態（F）はどうやって多元性を引き受けるのか。次回はそれを主題に話します。

土居義岳「ふたつの近代」（『空想の建築史――古代ギリシアから現代までをひとつの同時代として』所収、左右社、2022年）

第9講

単純と複雑——多元的な世界をつかまえるには

Lecture 9: Simplex and Complex

本講の基本文献

秋元馨『現代建築のコンテクスチュアリズム入門——環境の中の建築／環境をつくる建築』（彰国社、2002年）

ロバート・ヴェンチューリ『建築の多様性と対立性』（伊藤公文訳、SD選書、鹿島出版会、1982年／Robert Venturi, *Complexity and Contradiction in Architecture*, 1966）

ル・コルビュジエ『建築をめざして』（吉阪隆正訳、SD選書、鹿島出版会、1967年／Le Corbusier, *Vers une architecture*, 1923）

1 Bでもあり、13でもあり——アンビギュイティ

今回は、「多元性」あるいは「複雑」をテーマにします。〈近代1〉において建築は、極端な「饒

舌」から「沈黙」へと舵を切り、「単純」を志向して近代建築に到達し、1950〜60年代にマッチョなまでの異様な単純さの肥大に至りました。それ以降の〈近代2〉は、近代建築の実りを糧にしつつ「複雑」に挑み始めます。いわゆるコンテクスチュアリズムと総称される60〜70年代の運動に、その試行錯誤がひとまず凝縮されていると言ってよいでしょう。コンテクスチュアリズムについては、秋元馨さんの『現代建築のコンテクスチュアリズム入門』が初学者にも読みやすい最良の導きですので、今回はこの本を参考にしながら本講義の流儀で話を進めたいと思います。私たちは「複雑」をどう理解し、また扱うことができるのか。基礎的なことから始め、建築に接近していくことにしたいと思います。

　手始めによく使われる例を挙げましょう［図1］。真ん中にひとつの図形らしきものがあります。それを「A、◯、C」という並びに置くと「B」に見え、「12、◯、14」という並びの中に置くと「13」に見える。この例を「B＝13の図」と呼ぶことにしましょう。

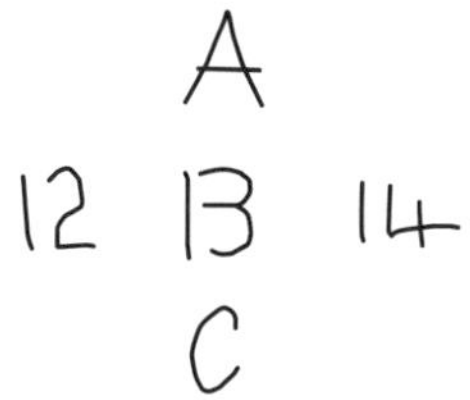

［図1］B＝13の図

　真ん中の図形Fは、その内容Sが「B」（S1）として捉えられたり、「13」（S2）として受け止められたりする。そういう意味で、この例はひとつのものがふたつの異なる読み取りの可能性をもった状態を示しています。これでもあれでもあり、ひとつに定まらない、というような状態を指すには、アンビギュイティ（曖昧性）という言葉が用いられます。

　以下、この例示に、いくつか注釈を加えていきますよ。こんな単純な事例でも、よくよく吟味していくとすごく重要でワクワクするようなことがいろいろ見えてきます。それらはじつは必須の基礎編です。そして、それを手にしていればどんなに複雑な事態を前にしても、その応用編として挑めるはずです。もちろん、つねにじっくりと具体の観察にもとづいて自ら言葉を与えていく作業をサボらないことが条件ですが。

曖昧は「ぼんやり」とは違う

ひとつ目の注釈は、とてもシンプルです。でもわりに誤解している人が多いのではじめに確認しておきたいのです。

この事例では真ん中の図形はあるときにたしかに「B」に見え、またある時にはたしかに「13」に見えます。このふたつの見え方はそれぞれ、それなりにしっかりしている。何だかぼんやりしていて像を結ばない、模糊として何にも見えないというような場合には、少なくとも今回話す意味での「アンビギュアス」という言葉は使いません。重要なのは、「B」にも「13」にも見える、という両義性です。ひとつのFに、S1とS2が重なり合っている。曖昧は「ぼんやり」とは違うのです。

コンテクストの発見

ふたつ目。「B」が見えているとき、私たちは真ん中の図形Fを、「A~C」の文字列という枠組みの中に置いて見ているのですよね。この枠組みを「コンテクスト」（文脈）と呼ぶことにしましょう。「A~C」という文字列をコンテクスト1、「12~14」という数列をコンテクスト2とすれば、問題の図形は、コンテクスト1の中では「B」、コンテクスト2の中では「13」に見える、というわけです。

つまり図形Fの意味Sを決める助けとして、コンテクストはとても大切なのですね。

もし、真ん中の図形がひとりぼっちでいたとしたら、それは食パンかもしれないし、耳たぶかもしれないし、とがらせた唇かもしれない。和式便所にしゃがんだお尻の形を想像する人がいても、まあおかしくはない。コンテクストが定まらないので、いつまでもSが決定不能なんです。逆に言えば、たとえばこれは「B」だとはっきり見えてくるとき、要素「A、C」を仲間として見つけているわけです。言い換えれば、真ん中の図形にしっかり意味を与えることのできるグループないしセット（集合）を見出すことこそ、適切なコンテクストを発見することに他なりません。そして、コンテクストを発見した瞬間に、要素の意味が見出されるのですね。

では、空に浮かぶ不定形な雲を眺めていたら、ふいにラクダに見えたなんてケースはどうでしょう。砂漠やオアシスが見えていなくても、ラクダに見えればラクダです。そのとき私たちは砂漠やオアシスや布切れを巻きつけた商人たちとその雲を、空想の中で一緒にしている。自分の記憶の中の要素たちを呼び出してコンテクストをつくることもできる、ということです。

ほどく→つなぐ

3つ目。「B」に見えていたものが、次には「13」に見えるわけですが、これは何が起こっているのでしょうか。図形Fをコンテクスト1の鎖からカチャっと取り外してコンテクスト2の鎖にガチっと組み込む、こういう「ほどく→つなぐ」という出来事が起きているんですね。

「ほどく→つなぐ」は瞬間的です。移行はグラデーショナルなプロセスではない。Bと13が混ざりあったような見え方をする中間的な状態はありえません。私たちは決して、Bである状態と13である状態を一度には経験できないのです。図形Fは形態としてはちっとも変化していないのに、それが何であるか（S）が、コンテクストが再設定される瞬間にパッとスイッチする。アナログな連続的変化ではなく、デジタルに切り替わる。

この事例ではふたつのコンテクストが縦横に直交して明示されているので、コンテクストが横になったり縦になったりする転換が直感的にイメージしやすいですね。有名な〈ルビンの壺〉の場合、向き合う横顔と、壺（盃とも）が入れ替わります。図形の全体はやはりまったく変わっていないのだけど、こちらが顔を見るときはそれが図となり、他の部分が地となって後退する。壺（白い部分）を見るときはその逆です。ここでは図−地の入れ替えがコンテクストの切り替えなのですが、やはり横顔と壺はデジタルに入れ替わり、決して同時に見ることはできません。

2 透明性——見えないものを見せる知覚の働き

ふたつの短冊

ドイツ生まれの美術家ヨゼフ・アルバースは、平面上で違う色をした四角形を重ねるスタディを執拗に繰り返しました。半透明の色付きフィルムを重ねることをイメージしてみてください。そういう絵を執拗に描いて研究を重ね、重なる部分の色によって形態相互の前後関係がいろいろに操作され、つまり違った奥行き、違った立体性が生じてくることをつかんでいったのです。しかし、透明性について理解を深めるには、むしろ「見えないものが見える」ことを理解するのがよいでしょう。

ふたつの長方形の短冊が重なっている図を描きました［図2］。いずれも不透明で、まったく透けていません。でもちょっと待ってください。落ち着いてよくよく見直してみましょう。実際には3つの四角形があるだけではないでしょうか。ですよね？ ただ、そのうち小さい方のふたつは、それぞれの2辺を延長すると線がつながるように見える。これだけです。

ところが、そのために小さいふたつを私たちはひとつのものとしてつなげて捉えてしまう。見えていないところで、それはつながっているのだろうと勝手にみなしてしまう。その帰結として、今誕生した短冊2は、もとから全体が見えている短冊1の後ろにあるということになる。こうしたことが一瞬にして私たちの脳内でつくり上げられる。見えないはずの後ろのものが見えているのだから、これは「透明性」の現出に他ならない、というわけです。

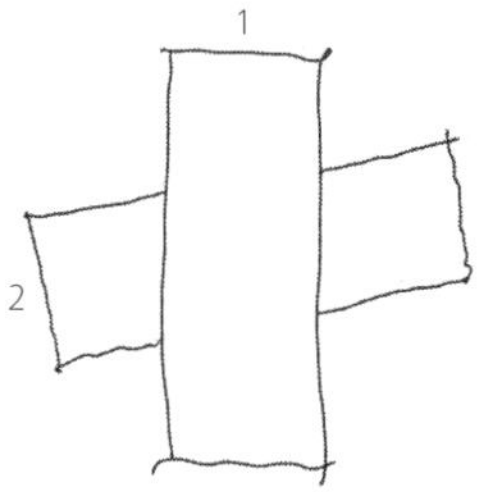

［図2］ふたつの短冊(?)

つまり前後関係、奥行き関係は、実際にあるかないかではなく、知覚の働きによって「つくられる」のです。これはほとんど抵抗しがたい私たちの知覚の働きに属していて、知覚による構成、というように表現されます。

B＝13の図と似ていませんか

ところでこの「ふたつの短冊」は、「B＝13の図」と似ていますよね。

そこで私たちモダン・ヒューマンのアナロジーの力に導かれて考えてみま

ジョセフ・アルバース『配色の設計——色の知覚と相互作用』（永原康史監訳、和田美樹訳、ビー・エヌ・エヌ新社、2016年）

しょう。

するとこんなふうに先ほどと同じことが言える。じつは、ふたつの小さな四角形をつなげるとき、そこに「ひとつの短冊」というコンテクストを無意識のうちに設定しているのですね。つまり透明性とは、見方を変えれば背後の層をなすコンテクストを見出すことでもあるのです。もう少し言えば、このとき、ひとつの視覚像を、背後の層と前方の層という、ふたつのコンテクストへと引き剝がし、このふたつが重なった状態として捉えているのですね。

また、ふたつの短冊という知覚が構成されてしまったとき、真ん中の「重なり」の部分を私たちは知覚上つくり出しています。これが「B＝13の図」の真ん中にある図形に相当します。それはコンテクスト1（A〜C）とコンテクスト2（12〜14）が重なり合う部分でした。今回の「ふたつの短冊」の場合、短冊1と短冊2の重複部分です。でもそれは実際に「ある」わけではない。

つまり不思議なことに、私たちは短冊の重なりを瞬時に捉え、見えていないものを見ていることになります。もう一度言いますが、あるものの向こうに別のものが見えるなら、そこは透明だというわけです。丁寧に言えば、後ろとみなされた部分が、手前から離れて後退していき、奥行きが生まれる、それが感知できるという意味で透明性という言葉が使われる。

日常の風景も重なりだらけ

これが、街のさまざまな建物の重なりや、建物の中のヴォリュームや壁の重なりといったところに、私たちの中で日常的に生じている事態の秘密です。おわかりでしょうか。普通、たくさんのカタチが複雑に折り重なった街の風景の中では、その一つひとつの全貌が見えていることは滅多にありません。建物の中を巡っていくときも、壁の向こうのもうひとつの壁はちらっとしか見えていなかったりするのが普通です。そもそも、じつは視覚像というのはつねに色が塗り分けられた平面にすぎません。先ほどの短冊の図で、じつは3つの四角形が同じ平面上にあるだけだよねと言ったのと同じような状態のはずなのです。

それでも私たちは、ここで話しているような知覚の構成作用によって、線や面の見えていない部分を補完し、そこから奥行きを構成し、立体の重なり合う関係を（そのすべてというわけにはいかないけれど）組み立てているのです。それは避けられない働きなので、むしろ3つの四角形というようなフラットな見方は、強制的にそう自分に言い聞かせないと獲得できないほどです。アルバースの半透明も、じつは不透明な色の分布から半透明的な知覚が構成される、ということです。それくらい、見えてはいないが向こうがある、という把握は勝手に生じてしまう。

こうした知覚作用によって、私たちは一歩進むたびに世界がたくさんのコンテクストの重なり合いであることを捉えている。またそうしたカタチの知覚（F）に、看板から、会話から、あるいは記憶から与えられるさまざまな情報（S）が重ねられる。FとSが組み合わせられ、そうして私たちはそれなりに世界の一部を理解しながら、また次の一歩を踏み出すのです。

3 ブリコラージュ

ブルズ・ヘッド

次に「ブリコラージュ」という概念を取り上げましょう。一番わかりやすい事例は、パブロ・ピカソの作品《ブルズ・ヘッド（雄牛の頭部）》です［図3］。

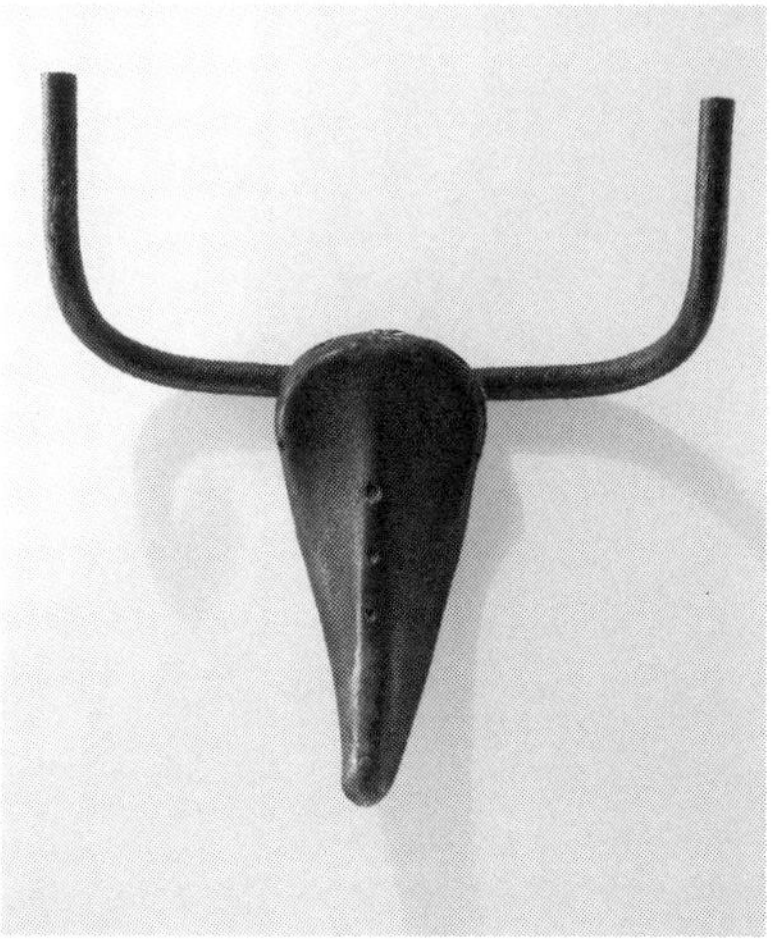

［図3］パブロ・ピカソ
《ブルズ・ヘッド（雄牛の頭部）》（1942年）

題名のとおり雄牛の頭部に見えますが、材料は粗大ごみの山から拾ってきたような自転車のサドルとハンドルです。それらを組み合わせて角のある牛の頭部をつくっている。つまり、自転車という集合1と、水牛の頭部という集合2の両方が、ひとつに重なりあっている、ということです。集合をコンテクストと言い換えられることは皆さんにはもうおわかりかと思います。コンテクスト1ではカタチは自転車の部品であり、コンテクスト2ではカタチは水牛の頭部なのですね。《ブルズ・ヘッド》を見るとき、私たちはこのふたつのコンテクストを行ったり来たり、つまり「ほどく↔つなぐ」というデジタルなスイッチを楽しんでしまうわけです。ピカソだって着想から制作作業を終えるまで、つねに同じことをやっていたはずです。このようにありあわせの道具や材料を組み合わせて別の用途や目的のモノをつくり出す行為をブリコラージュ（bricolage）と呼びます。

ブリコラージュという言葉は、文化人類学者クロード・レヴィ＝ストロースが著書『野生の思考』で広大な文化的意味をもたせて提起し、建築界にも広まって市民権を得ていますし、最近また耳にする機会が増えていますね。既存建物のリノベーションが広く行われるようになり、目の前にあるモノたちの状態を再編集するような設計のあり方が一般化してきたからでしょう。

モノをアドホックに組み合わせる工作行為を、フランス語の動詞でブリコレ（bricoler）と言います。日曜大工とか、素人の修繕とか、何かちょっとした手仕事のとき、そのへんにあるモノを元の目的から切り離して転用することがありますね。ピカソは自転車の部品を転用していた。そうした工作を行う人をブリコルール（bricoleur）、その行為をブリコラージュと言います。

転用（コンバージョン）

日本の漁村を歩くと、必ずと言っていいほど、物干し竿に細いロープを巻き付け、そいつにハンガーや洗濯バサミを固定してあるのを見かけます。こうすれば風の強い漁村でも洗濯物が竿の片方に寄ったり、飛んでしまったりしない。よくみるとロープはたいてい漁網です。

当然ながら、漁網の目的は魚を捕ることにあります。これをコンテクスト1としましょう。ハンガーが飛んだり片方に寄ったりしてしまうのを見た人が、これを防ぎたい、ハンガーを一定の位置にとどめたいと考えている。これをコンテクスト2とします。そしてふと、物干しに使っている竹竿の円筒体に、要らなくなった漁網の糸を螺旋状に巻きつけてみる。すると竿の下面には一定の間隔で糸が現れる。あっ、ここにハンガーを引っ掛けて締めれば風で動くことはないだろう、とひらめく。コン

クロード・レヴィ＝ストロース『野生の思考』（大橋保夫訳、みすず書房、1976年）

テクスト1とコンテクスト2が出会い、重なる。これがブリコラージュです。

コンテクスト1の鎖にがっちり組み込まれていた漁網が、船や魚といったモノたちとの連関の網の目（笑）からほどかれる。コンテクスト2の鎖へと引っ越す可能性が直感され、試行錯誤の末に物干し竿やハンガーや洗濯バサミなどと新しい形態的・技術的な結びつきを果たす。

でき上がった状態を見ると、それぞれの資材の特性がよく発揮されています。さっきさりげなく言ってしまいましたが、漁網を巻きつけるという螺旋運動の工作によって、竹竿は円筒体として再発見されているんですよね。また竹竿によって、漁網には螺旋に巻くという幾何学的運動にフィットする特性が見出されている。そうして、ハンガーが滑ってしまう円筒の表面が、直線上に並ぶ等間隔の点群に変換されている。あまりに感動的で、涙が出るほどです。この工作物にはそれぞれのカタチに由来する幾何学的な秩序があり、そうしてモノたちが新しい居場所を得た清々しさがあって、とてもよい。それゆえに互いに無縁かと思われた両者が共存する新たな「全体性」が生まれているのです。

重複部分はカタチである

そして、私たちはこの全国の漁村の人々が銘々につくり出した物干しを見るとき、いつでもそこからコンテクスト1を思い出すことも、またコンテクスト2に引き返すこともできる。《ブルズ・ヘッド》と同じように。それができるのは漁網の漁網としてのカタチ、竹竿の竹竿としてのカタチがよく保持されているからです。カタチの保存はブリコラージュの基本条件です。

思い出してみましょう。「B＝13の図」が成り立つのは、そこに食パンみたいなカタチがあって、それが13にもBにも見える可能性を備えていることによる。つまりコンテクスト1とコンテクスト2の両方の鎖にそれがつながりうるのは、それがカタチだからです。

第2部で話したイタリアのタイポモルフォロジー（類型形態論）をここで思い出した人は冴えています。たとえば中庭型（コルテ型）というカタチがあり、それはたくさんの人が入れ替わり立ち替わり住み、改造し、いろいろな目的に使ってきた。機能（S）はつまりコンテクストですが、中庭型というカタチは、いろいろなコンテクストにつながることができた、ということです。そういう意味で、機能（S）よりも形態（F）が持続する。FはSによって決まるのではなく、むしろFが、それ自身が許容できるSを喚起するという関係にある。そして、歴史の中で許容されたコンテクスト1、2、3……の総和、多重性を抱擁した全体性、それこそが、建物類型論・都市組織論が幻視する「集合的記憶」に他ならないのです。

機能など問題外？

ここでル・コルビュジエの『建築をめざして』から、私の大好きな文章を紹介しましょう。ポンペイで「結婚の家（カサ・デル・ノチエ）」を訪ねたときのことを書いた文章です。

（…）威厳ある大きさ、秩序。立派な広がり、一人の〈ローマ人の〉ところにいるのだ。それらの部屋は何のためにあるのか？　それは問題外だ。二〇世紀の後、歴史的な暗示なしに、建築が感じられる。それだのにこれはごく小さい家なのだ。

この部屋が何に使われたのかなんて「問題外」だ。歴史的な背景など知らなくとも、私たちはそのカタチに「建築」を感じる。普通のローマ人の家、それも「ごく小さい家」だが、そんなことも関係がない。「建築」を感知できるということが、モダン・ヒューマンに共有された本質なのだと言わんばかりです。

私たちはブリコラージュ黄金時代にいる

話を戻しましょう。ブリコラージュについては、ひとつ注意してほしい点があります。レヴィ゠ストロースは、未開社会に見られる、近代の工学的発想とは明瞭に区別される想像力のあり方を示すためにブリコラージュという言葉を使いました。それは、私たち近代人が工学的思考によって自然を蹂躙していくのに対して、ブリコラージュ的なものを回復する可能性を幻視するひとつの運動だったと思います。近代工学は、第5講の終わりに話したとおり、物質を分解・再合成して新しい巨大な効果をつくり出そうとします。それは自然の内奥にまで入り込んで、この世界のカタチを徹底的に分解して未知の素材やエネルギーを取り出そうとするのです。そうして未知の工作が可能であるからこそ、現在までに人間がつくってきたものを壊していった方が、より新しいものを享受できる、とも考えられてしまう。そうして私たちは世界全体を深いレベルでスクラップ・アンド・ビルドしてしまう。レヴィ゠ストロースはそれに対して、すでに何らかの目的のためにつくられたモノを、別の目的のために転用して、モノが眠らせている潜在的可能性を開き、そうしてモノの意味が二重化、多重化していくような工作や思考のありかを私たちに見せようとしたのでしょう。それが、ブリコラージュという言葉が私たちを引きつける理由です。

ただ、ブリコラージュはむしろ近代人のものかもしれないとも思います。よく考えたら、未開社会ではほとんどすべてのモノがその部族や集落の濃密な意味宇宙の中にきっちり位置づいていて、ブリコラージュのきっかけはあまりない。対して、近代、とりわけ第2次世界大戦後の社会は、じつに多様な形態と目的（カタチとコンテクスト）をもつ製品を、はるかに大量に、かつ脈絡なくストックしているのです。竿は竹、ハンガーは鉄、洗濯バサミはポリプロピレン、漁網はナイロン……。自然素材から合成樹脂までさまざま。高度成長・大量消費以後、私たちの生活環境は一昔前の人が見たらゴミ箱としか見えないような状態を呈しています。それはブリコラージュ黄金時代の前提が整っているということかもしれない。

もっとも都市の住宅は狭く、モノをどんどん捨ててしまい、新しいモノを家電量販店やホームセンターから調達して回していくようになってしまいました。つまり生産・流通・消費の場所が産業的に分けられていて、ハイブリッドな出会いが起きにくい。対して田舎の家は巨大なストックヤードみたいなものです。

ついでに言えば、木造民家の茅葺屋根がトタン板で覆われ、昔ながらの懐かしい段々田んぼにカナダ製の大型農業機械が走り、有機農法の区画もあればソーラーパネルがずらりと並んだ農地もあり、目を上げれば巨大な送電施設があって原発につながっている……なんてのが現代の田舎の風景です。宇宙生物学者のルイス・ダートネルが、現代文明があらかた滅びた後、あなたが生き残っていたらど

慶應義塾大学石川初研究室『神山暮らしの風景図鑑』（私家版、2017年）
石川初『ランドスケール・ブック――地上へのまなざし』（LIXIL出版、2012年）
ルイス・ダートネル『この世界が消えたあとの科学文明のつくりかた』（東郷えりか訳、河出文庫、2018年）

うやって文明世界を再構築するか、というおもしろい本を書いていますが、そのサバイバル術はやはり廃墟とそこに残る資材のブリコラージュと言えそうです。ちょっと余談がすぎました。

4　詩的言語

音は言葉のカタチ

先ほど、複数のコンテクストを引き受けるのはカタチだと言いました。「複雑」の鍵はカタチが握っている。そのことを、コトバの芸術でもたしかめましょう。

20世紀初頭、1910〜20年代にロシア・フォルマリズムと呼ばれる文学運動がありました。前衛的な文学研究者や言語学者たちが、詩的言語は実用言語とどう違うのか、という問いをめぐって理論的な仕事を積み重ねたのです。シンプルに言ってしまえば「芸術って何だろう?」という問いとの格闘でした。

例として那珂太郎の「繭」という詩を冒頭のみ引用してみましょう。私は門外漢なのでロシア・フォルマリズムとの関係は知りませんが、しかし素人目にも明白にフォルマリスティックです（ルビは引用者）。

むらさきの脳髄《のうずい》の

瑪瑙《めのう》のうつくしい断面はなく
ゆらゆらゆれる
ゆめの繭《まゆ》　憂愁の繭《まゆ》
けむりの糸のゆらめくもつれの
もももももももも
裳《も》も藻《も》も腿《もも》も桃《もも》も
もがきからみもぎれよぢれ
……

どうでしょうか。言葉が音そのものになる感じがしませんか。「ゆ」あるいは「も」が反復されつつ変奏されていきます。音の反復は意味（つまり差異）よりもそのリズム（同一性）を強めていきます。もちろん意味作用がゼロになるわけではありません。むしろこの音の同一性こそが、意味の多重性を乗せる基盤になっている。たとえば「も」を反復しながら、その上に裳、藻、腿、桃などの異なる意味、異なるコンテクストを重ね、息もつかせず切り替えていく。身体に絡みつくものから身体の局部を想起させるものへといつのまにかコンテクストがドリフトして、読む者の身体の境界さえ撹乱していくように思われます。

第2講でも少し触れましたが、音は言葉のカタチです。普段、言葉には安定した意味がくっついていると信じて疑わない人が多いかもしれませんが、言葉がその意味（S）を揺さぶられ、あるいは失

那珂太郎『音楽』（思潮社、1965年）
貝澤哉・中村唯史・野中進『再考 ロシア・フォルマリズム――言語・メディア・知覚』（せりか書房、2012年）
塚原史『言葉のアヴァンギャルド――ダダと未来派の20世紀』（講談社現代新書、1994年）

ったりすることで、言葉のカタチの側面（F）が突然物質的に増幅されてくる感じが詩にはあります。あるいは、音（F）と意味（S）の関係が動的になるというか。お笑い芸人の中にも、このことをきわめて意識的に探求しているタイプの人たちがいますよね。こんど注意して聞いてみてください。

カタチは複数の意味を引き受けうる

カタチは複数の意味の重なりを許容する、ということを先ほどまで何度も話してきましたよね。詩はまさにそういう状態を意図的に引き起こし、増幅させることによって、生活の中で惰性化した言葉の意味を撹乱します。この講義の用語で言えば〈F－S〉の通常の結合をほぐし、言葉のカタチの側面、より強く言えば物質的な側面を取り出し、そして私たちを日常の外へと連れ出します。これが芸術なのだと、文学におけるフォルマリズム運動は考えました。

文学におけるロシア・フォルマリズムは、前講で紹介した未来派の影響を強く受けてスタートしたと言われます。未来派とは我々が世界を捉える身体的な枠組みを取り替えてしまう可能性への陶酔だったということは前回話しましたね。未来派は、人間の身体（F）を伝統的な身分や抑圧（S1）から、新しい速度や力強さ（S2）へとつなぎ直すことを考えた運動だとも言い換えることができます。身体を、これまでそれが属してきたコンテクスト1から、まったく新しいコンテクスト2へと、強引に「ほどく→つなぐ」ことを試みたのだと。未来派の主張とは、新しいコンテクスト2が見え始めているのに、建築はいまだコンテクスト1の鎖につながれたままではないか、至急アップデートしなければならない、というものだったのです。また同時に、「ほどく→つなぐ」、その瞬間のはざまに、伝統的価値観から解放された物質としての身体が露出する、ということも重要でした。

いかがでしょうか。形態と意味。その結びつきを決めるコンテクスト。それを「ほどく→つなぐ」というスイッチの瞬間。転用。曖昧さ（多重性）。こうしたことが芸術の「芸術」性の根幹に関わっているらしいことを、いくらか理解してもらえたかと思います。そうした議論の基礎は意外に古い。コンテクストの重要性の発見は19世紀末の論理学にさかのぼりますし、文学や視覚芸術におけるフォルマリズム批評の方法もまた、19世紀後半に探求されて1920年ごろには完成していたものです。1960〜70年代の建築論はそれらを活用して多元性や複雑さを考えるようになる。

5 コーリン・ロウによるガルシュ

その先駆けとなるのがコーリン・ロウの論文「理想的ヴィラの数学」（1947年）です。ここでは、この論文にもとづいてル・コルビュジエが設計した有名な作品、ガルシュの《シュタイン邸》（1926〜28年）を観察してみたいと思います。その分析の方法こそ造形芸術における「フォルマリズム批評」と呼ばれるもので、19世紀後半のオーストリア、ドイツ、スイスを中心に探求されていた美術史の方法を引き継ぐものです。以下ではシュタイン邸を「ガルシュ」と呼ぶことにします。

コーリン・ロウ『マニエリスムと近代建築――コーリン・ロウ建築論選集』（伊東豊雄・松永安光訳、彰国社、1981年）

コーリン・ロウ+フレッド・コッター『コラージュ・シティ』（渡辺真理訳、SD選書、鹿島出版会、2009年）

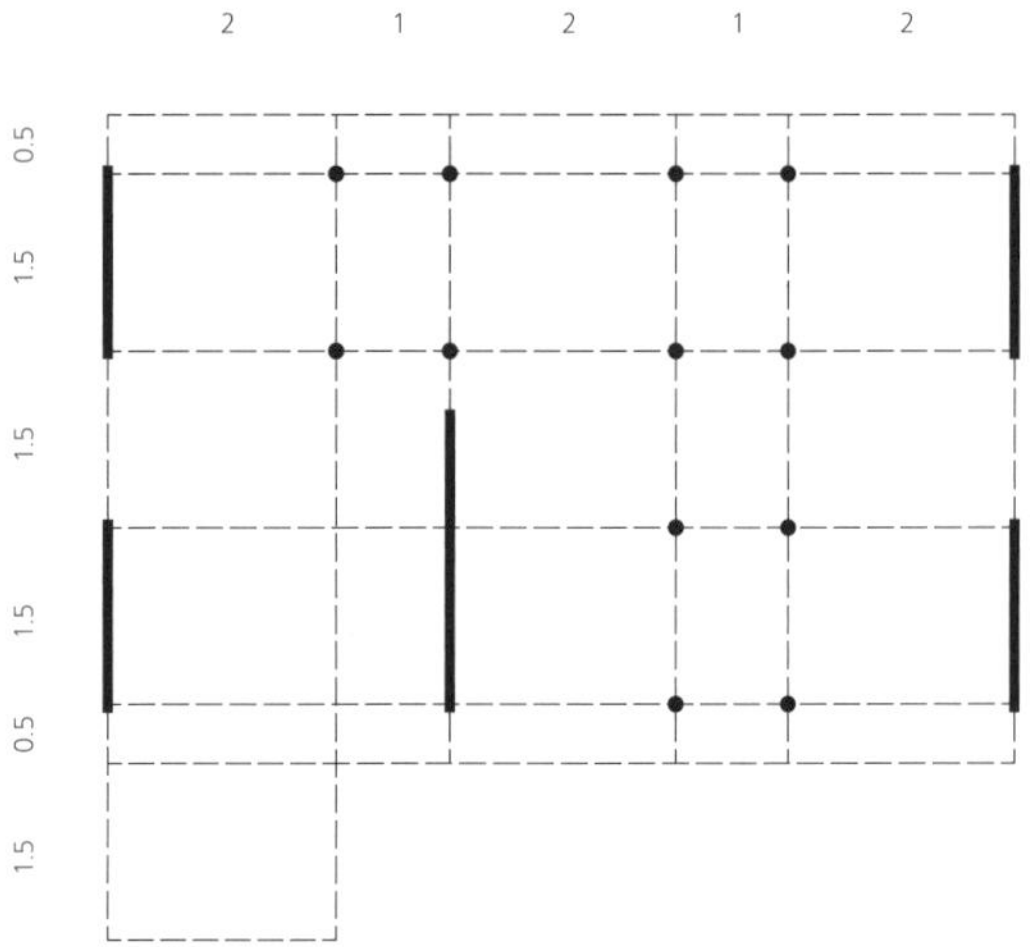

［図4］ガルシュの平面ダイアグラム

対立的な形態的特徴の併存

ガルシュはまず、単純な直方体です。次に、柱の並びに規則性があります。間口（正面）の柱間寸法比は2：1：2：1：2、奥行き方向は0.5：1.5：1.5：1.5：0.5となっていて、異なるリズムを重ね合わせていますが、いずれもシンメトリーですから、中央に形態学的な中心があると予想される［図4］。ある意味で古典的な階層構成が予期される。ところが、主階の平面図を見ると、2層吹き抜けで、間口も奥行きも大きな屋根付きテラスを組み込むことで、全体としてZ型の、力強く外へ伸びる動きがつくり出されている［図5］。と同時に、それぞれの空間はほぼ同じ大きさのヴォリュームをもっており、強い中心に収斂することはなく分散性が確保される。求心的であると同時に遠心性も強いのです。

ところが、遠心的に周辺に向かう空間の動きは、すぐに建物全体の直方体の外形に押さえられてしまいます。全体は単純なハコとして閉じているからです。それゆえに先ほどのテラス部分だけは、内外が相互に浸透し合う、いわばハコの破れとして重要な意味をもってクローズアップされ、内と外が重なり合い、また外への力と内への力が拮抗する、二重性の体現となっていることに気づきます。

次に、同じ吹き放ちのテラスが印象的なファサード（背面ですが）を見てみましょう［図6］。まずファサードはこのテラスの存在によって、単純なハコとして閉じると同時に、主階が外へ広がっていくような印象を与える。そして同じテラスによって上階部分が左右に3：5と非対称に分けられており、

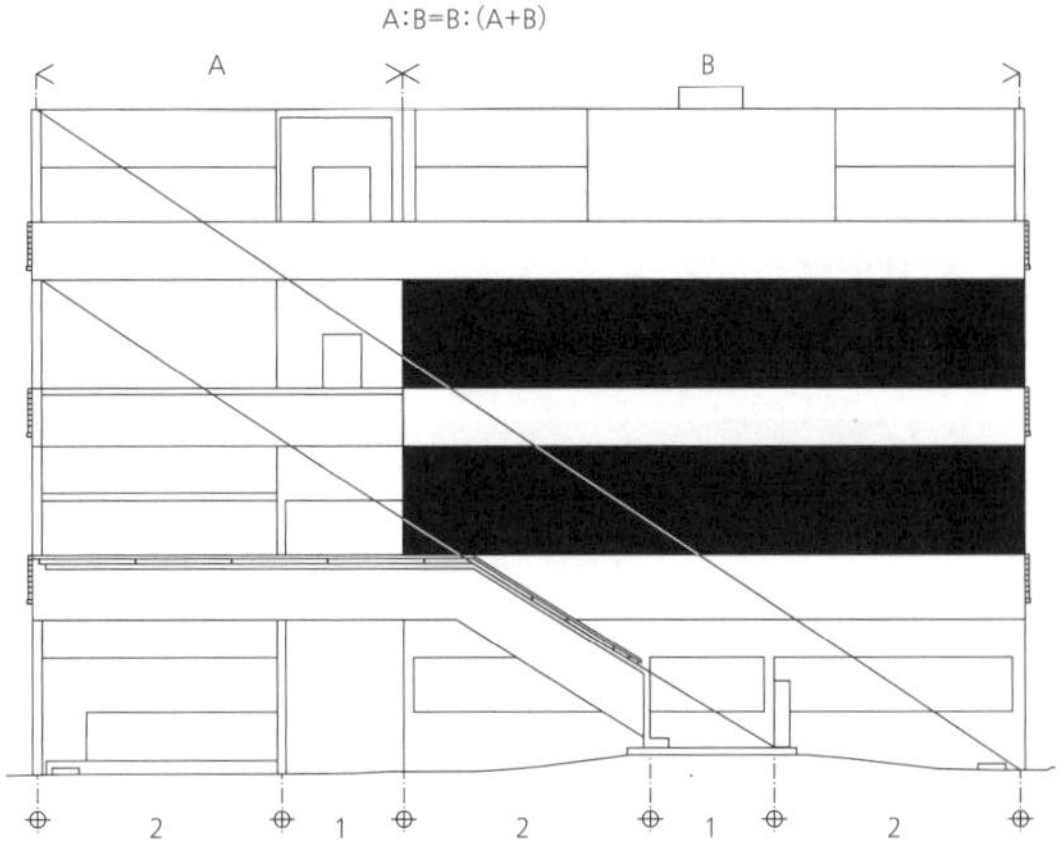

［図6］ガルシュの南立面図

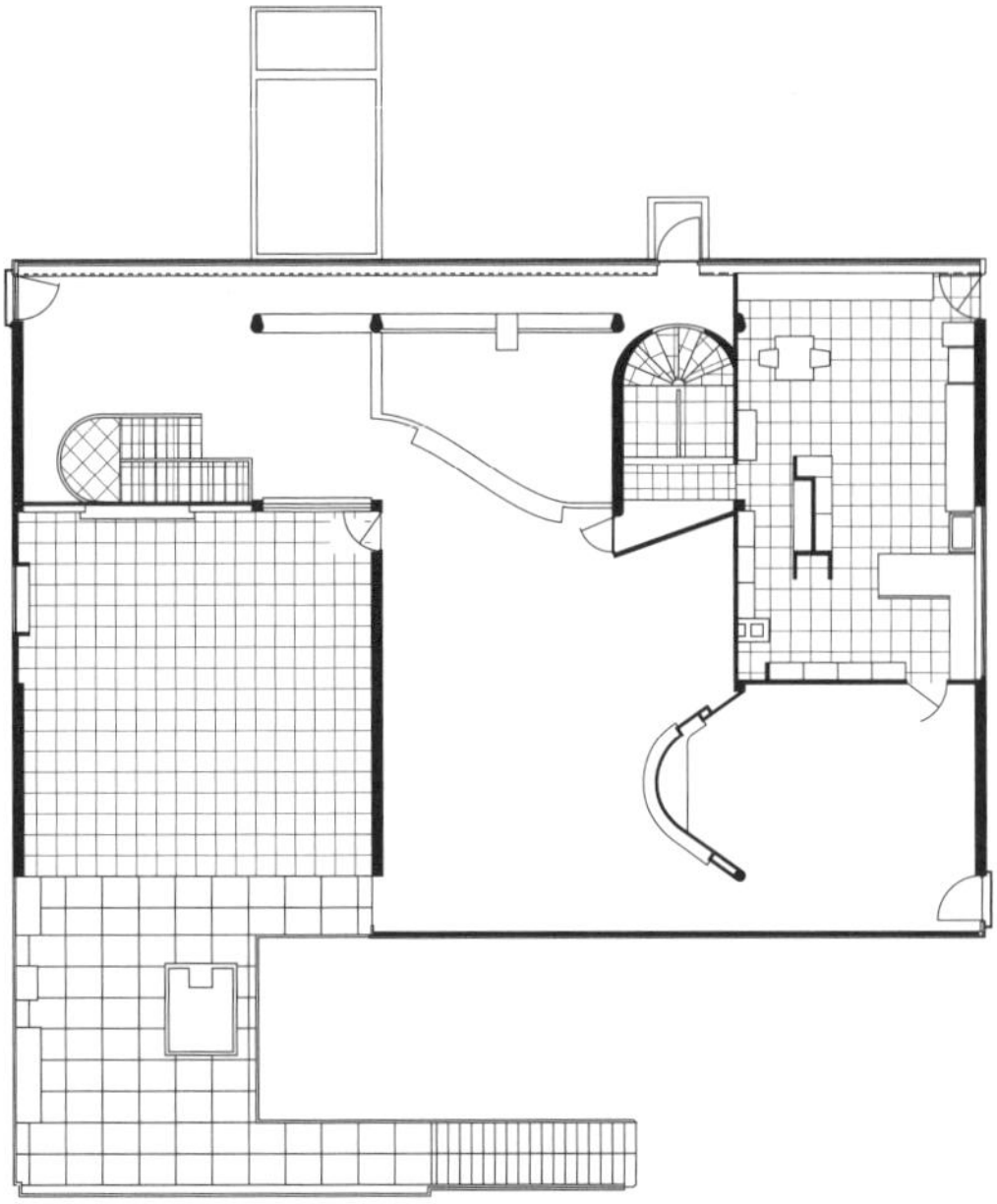

［図5］ガルシュの主階平面図

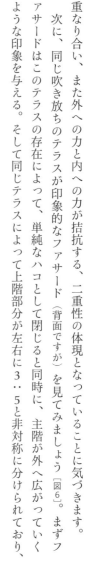

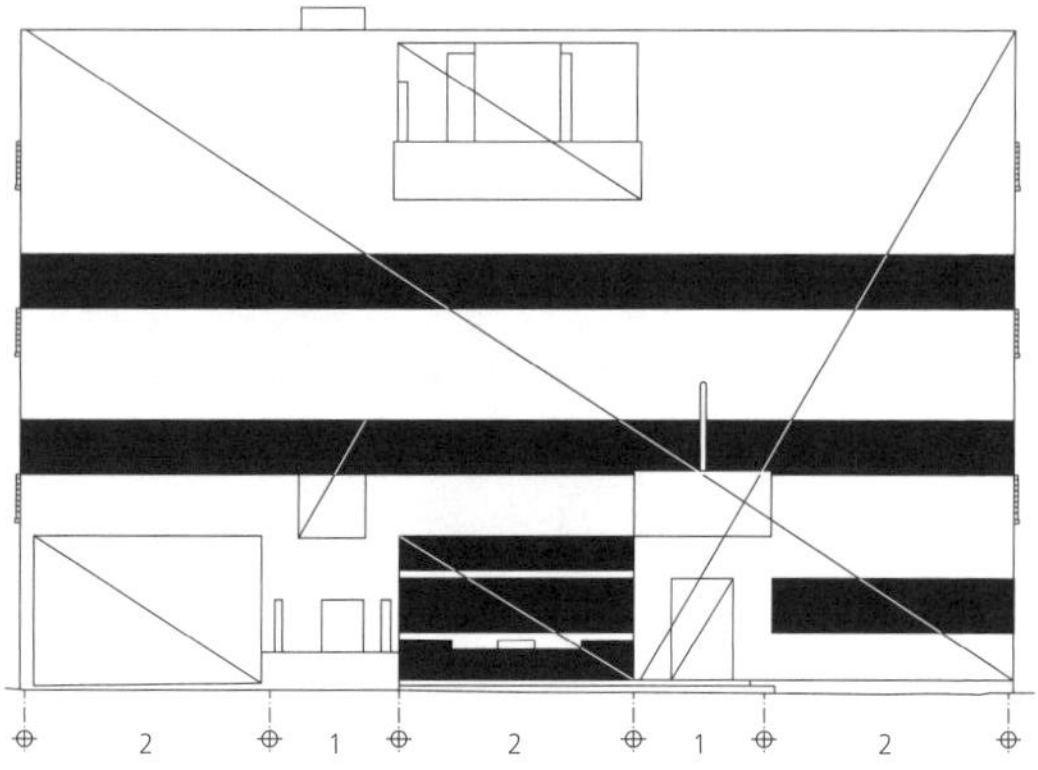

［図7］ガルシュの北立面図

5の部分が対称形になるように屋上に突き出したパヴィリオンの位置が決められている。また、3：5に分けられた左右のブロックには、左のテラスが右に膨らもうとし、右の連続窓が左へ伸びようとする力とせめぎあう。もう一方の正面ファサードでは、高さ方向の中央に連続窓の水平線が走るかと思えば、それを横断するように最下階と最上階の開口の照応が垂直の中心軸をつくる［図7］。

このように、シンメトリーとアシンメトリー、求心性と遠心性、閉鎖性と浸透性、外への力と内への力、左右の力、水平と垂直など、対立・拮抗するさまざまな形態的特徴が併存し、重なり合い、そのいずれかに決して収斂しない。ここで、これらの言葉はすべて、そのときどきで注目する対象を解釈する枠組みです。たとえば、建物全体は、柱の並びという観点からはシンメトリーだけれど、空間ヴォリュームの並びという観点からはアシンメトリーで、Z字型の動きをもってむしろ外へ離散していく。外殻はこの動きを抑圧しているようで、テラスでは豪胆に開放している。屋上パヴィリオンは、右側の5の部分においてはシンメトリーであり、建物全体の8ではアシンメトリー。同じ建物を見ているのだけど見方をスイッチする、その感じがわかりますか？　解釈の枠組みとはつまりそのとき見ている要素群がつくるコンテクストです。ロウはガルシュを散歩し、その時々で注目する要素についてふたつの異なるコンテクストを設定し、それらを切り替えると同じ要素が対照的な現れ方をすることを次々に示して見せているわけです。

そしてガルシュにおいては、私たちの知覚は建物を律する単一のコンテクストの理解に向かって細部から統合されていくのではありません。個々の場所で同じ要素があるコンテクストを得たその次には別の対立的なコンテクストの中でも意味づけられる、といった経験が次々に連鎖と反転を繰り返していくのです。そうして全体の経験はむしろ歩けば歩くほど揺らぎが増していくことになるでしょう。

ふたつの透明性

どうやらあの大きなテラスはとても重要ですね。あれがほとんどすべての多重性、揺らぎを生み出し、また解読させてくれる鍵となっているからです。そう、「B＝13の図」の真ん中の多義図形、透明性の話で言う短冊の重なる部分、那珂太郎の詩で藻や桃が重ねられる音としての「も」などと同じものです。

実際、このテラスはまた、手前から奥への前後関係、つまり見えないものが見える透明性が、見る者に感得されるきっかけを与えてもいます。建物に近づいていくとき、見る位置や角度によってテラスの奥の壁面は見え隠れして、見えている部分の上下左右に広がるより大きな面の存在を私たちは知覚的に構成します。そして手前と奥というふたつの面だけでなく、奥の面のさらに後ろにもまた別の面があるといった層の重なりを予期する。私たちは刻々と見えないものを見ていく。まさに「透明性」ですね。

これをロウは「現象的な透明性 phenomenal transparency」と呼びます。先ほど話した知覚として構成される透明性と同じことです。現象とは知覚が構成する見えのことですからね。対して、バウハウス・デッサウの工房棟の大ガラス面は外からひと目見たら内まで全部見通せてしまう。がらんどうの空間をガラスで覆っているのですから。ロウはこれを「文字通りの透明性 literal transparency」と呼んで「現象的な透明性」と区別しました。

複雑さ

さて、こうした曖昧性(両義性)、さらにはその複雑な重ね合わせとしてのル・コルビュジエ作品の読解は、当然ながら近代建築の代表作としてのその評価を大きく書き換えました。近代建築は沈黙し、機能や構造に従う必然的形態を志向した、と考えられていたからです。でも、近代建築はむしろ、19世紀的な求心的構成の対極をいく遠心的構成を目指した点に大きな特徴がある。そして、ル・コルビュジエにおいては、求心性の伝統と遠心性の新しさが緊張をもってせめぎあっている。

ここで先ほど話したことを今一度繰り返しておきます。つまり、形態(F)の意味(S)を決めるコンテクストを、「ほどく→つなぐ」、そのスイッチの瞬間に起きる転換と、その積み重なりとして醸成される曖昧さこそが、私たちの惰性化した日常の感覚を揺さぶり、複雑な揺らぎの中に根源的な経験を立ち上げていく。それこそが芸術だという考え方の系譜があり、ロウはこれにつながっています。

コンテクストはもっと豊穣に

さらにロウは、ガルシュの考察において、構造的システムについてもあくまでカタチの問題として考えています。伝統的に西洋のモニュメントは組積造、つまり第5講でお話したS（ステレオトミー）の建築です。それは石のブロックをひとつずつ積み上げていくことでカタチをつくる。たとえばパラーディオの有名な《ヴィラ・カプラ・ロトンダ》の平面は、その中央が円形ですが、そこに積み上がり、伸び上がったシリンダー状の空間を頂部ですぼめ、ドームを形成して終わる。脇の部屋では床が入りますが、それは木で後から組み込むものです。つまり組積造（S）の建築というのは、その工作的な原理からして、壁による囲いの垂直性と頂部でのその終わらせ方によって主たる造形が決定されるところに特徴があるのです。

対して、ル・コルビュジエが探求した鉄筋コンクリートのラーメン構造は、コンクリートなので一体的なつくり方とはいえ柱・梁の構成という意味ではT（テクトニクス）の方に類縁性があります。しかし、木造架構と大きく違うのは、均等に配された柱によって水平のスラブを支えるのが基本で、空間のあり方を決める支配的な力はスラブの水平面である、という点です。床が決定的に重要で、そこに人々の活動や経験をどう広げるか、と考えていく。この、はじめに床がある、という発想はとりわけヨーロッパにおいては過激なほどに新しいものでした。近代建築は、軸的構成を洗練させてきた伝統的建築の求心性の修辞学に対し、その正反対をいく遠心性に、いわば近代性の修辞の可能性を求めたわけですが、フラットスラブが支配する構造形式はたしかに建築を中心に向かう囲い込みから解き放つのには絶大な効果があったでしょう。

ただ、逆に言えばフラットスラブはじつは何とも取りとめもないものです。上下の水平面で挟まれた薄っぺらな空間は、S系モニュメントのあの垂直性とは真逆ですね。石を積み上げてつくる稠密な囲いが伸び上がって閉じる、というような壮麗さの伝統とはまるで違い、板のあいだの平べったい空間はずるずると散漫に広がり、開放性を強調すれば外へだらしなく滲み出ることも止められません。ここにどんな美学、あるいは全体性を新たに獲得しうるのか。

こういう問題にル・コルビュジエは取り組まざるをえなかったはずで、ロウはその形態分析を通して、この問題への彼の解法を示したのでした。そうです、さまざまな対立をつねに拮抗的に扱うことで緊張や揺らぎをもたらす、という解法です。部分がたとえば《ロトンダ》のドームのようなひとつの中心、あるいは二軸対称のようなひとつのシステムに統合される、というのが伝統的な建築設計における全体性（美）のつくり方でしたね。それは要素を単一の強いコンテクストに帰属させることだと言い換えられますが、ガルシュではむしろ多数のコンテクストが併存させられ、単一に収斂しないことによって、幾度となく知覚の転換が起き、その都度更新されていく複雑な全体がつくり出されています。そしてこの態度は、じつはヨーロッパの歴史において、決して太くはないけれどもたしかにもうひとつの伝統と言えるものであり、とりわけマニエリスムにおいて探求されていたものです。

鉄筋コンクリートのラーメン構造がもたらしたフラットスラブの散漫さという問題について、もう少し考えてみましょう。たとえば先ほども少し触れたグロピウスのバウハウス・デッサウの場合、まず建物の全体を機能別の直方体ヴォリュームに分け、それらを構成して美的全体をつくる戦略をとります。そうすれば造形の要点はそれら複数のヴォリュームの配列にいかに生気を与えるかという問題に置き換えられる。だからスラブの問題は造形の主題には上ってこない。他方、ミース・ファン・デル・ローエによる摩天楼の構想スタディはまた別の回答を示してくれます。そこでは、積層されたスラブとしての建物を美的に成立させるうえでの要点は、平面のカタチがつくる建物全体のオブジェクトとしてのカタチ、あるいはそれをラッピングするエンヴロープのデザインです。そしてル・コルビュジエの場合、あえて単純な直方体を用意し、その内部から遠心的・離散的な構成をシャボン玉的に押し広げていき、外殻とぶつかるところで反対方向から抉る力と拮抗させるという美的水準を発見した。三者三様ですね。

ちなみにスラブの退屈さへの苛立ちは、1950〜60年代に構造表現主義というかたちで爆発しました。第5講で触れたように、鉄筋コンクリートを多彩な曲面シェルとして使うのもそのひとつの傾向でした。2枚のスラブにはさまれた薄っぺらな空間ではなく、垂直性、立体性など、古代ローマ以来の伝統の再生が目論まれたと言って決して間違いではないでしょう。

いずれにせよ、通常「近代建築」のど真ん中に置かれているル・コルビュジエ、グロピウス、ミース、あるいはデ・スティルやロシア構成主義など、たくさんの建築家たちの「構成」をめぐる格闘は、線や面、ヴォリュームなどの形態的な論理や力をどう重ね合わせて緊張ある全体を組み立てるか、といった問いをめぐる豊かな方法と成果を生みました。それが、異なるコンテクストに属す多彩な要素の重合という、〈近代2〉の探求のベースになったことは間違いありません。その意味で〈近代1〉と〈近代2〉は、対立的であると同時に連続的でもあるのです。

6　都市へ、社会へ

R・ヴェンチューリの〈複雑と矛盾〉

ロバート・ヴェンチューリは、『建築の複雑と矛盾（complexity and contradiction in architecture）』（1966年、邦題は『建築の多様性と対立性』）で、古代から近代までの歴史的建造物をたくさん集め、それをやはり形態学的に分析しています。同様に古今東西の事例を集めたル・コルビュジエの『建築をめざして』を強烈に意識した本です。もちろん、明快な数的秩序の「単純」さから、異なるコンテクストが重なる「複雑」さへと、主題を反転させている。

ヴェンチューリの視野は、機能、構造、空間の知覚や形態の意味伝達などのほかに、周辺の建物や都市空間との関係、あるいはその土地に先行して存在する建物形態なども広く包含しています。彼が言おうとしたのは、簡単に言えばこういうことでした。建築の設計とは、互いに相反することもあるさまざまなコンテクストに適合するカタチをつくっていくこと。そのとき、異なるコンテクストの要求を無理やりひとつにまとめ上げてしまうのはよくない。それより、それら要求1、2、……に適合するカタチ1、2、……が互いに部分的に重なり、貫入し合い、つじつま合わせをして併存している方がずっとよい。なぜならそれは多数の価値が併存し引き裂かれがちなこの世界で、より多くを抱擁しようとする態度なのだから……こんなふうにヴェンチューリは考えました。前回の後半を思い出してくださいね。

同じヴェンチューリらが後に書いた『ラスベガス』（1972年）では、議論がほとんど建築要素の記号的側面、つまり意味伝達の側面に限定されています。そしてヴェンチューリの仕事としては、とくに日本ではこちらの方が広く知られているように思います。対して『建築の複雑と矛盾』での彼は建築の形態決定に関わるあらゆる条件に留意してカタチの観察を記しており、皆さんはぜひともこの本を、そこに取り上げられている豊富な事例とともにじっくり吟味してください。こうした雑食的な包容力をもつヴェンチューリに比べると、コーリン・ロウはより洗練された形態の「操作」を好みますし、その「批評」的な解読を好むところがあります。それでも、先に紹介したように、ロウもまた形態の背後に歴史への参照や接続の態度を読み、また構造の問題を意識していました。

コンテクストそのものが動的

ロウもヴェンチューリも、1970年代初期には世界を席巻し、近代建築にかわる潮流とみなされるようになっていたコンテクスチュアリズムの開拓者でかつ理論的支柱です。日本の学生さんはコンテクストと言うと、周辺の町並みのことだと思っている人が多いのですが、ここまでの話の中で察してもらえたでしょうか。つまりデザインされるべき何らかのカタチに対して、それが適合し、帰属しなければならないあらゆる条件がコンテクストです。そのことは、クリストファー・アレグザンダーが『形の合成に関するノート（Notes on the Synthesis of Form）』（1964年）の冒頭で書いていますからぜひ読んでください。

そしてアレグザンダーは、「都市はツリーではない（City is Not a Tree）」（1965年）という文章で、コンテクストを動的に捉える現代的視点を示しています。たしかに、モノをどういうコンテクストで

ロバート・ヴェンチューリ『ラスベガス』（石井和紘・伊藤公文訳、鹿島出版会、1978年）
クリストファー・アレグザンダー『形の合成に関するノート／都市はツリーではない』（稲葉武司・押野見邦英訳、SD選書、鹿島出版会、2013年）
八束はじめ『建築の文脈 都市の文脈——現代をうごかす新たな潮流』（彰国社、1979年）

捕まえてどう意味づけるかなんてことは、私たちが気ままに街を歩いて何気なく目を動かしていくと次々に、いわば明滅的、連鎖的にぴょんぴょん変わっていきます。コンテクスト1から2へ、2から3へ、コンテクストのバトンタッチが起きるその都度、あの「B＝13の図」の真ん中の重複分のようなカタチが受け渡しの丁番として働いてくれる。だから都市の経験は、全体があって地区があって、その中に店があって……というようなツリー状の系統図にはならない、むしろ継起的で重合的な経験なのだ、というわけです。半世紀後の私たちにもそのままつながる感性ですね。

社会を巻き込んだ設計

そもそもコンテクスチュアリズムとは、単に建物のカタチを町並みに馴染ませようとするものではありません。それは本来、コンテクストの複雑性を引き受けることで、建築環境に豊かな多元性を与えようとするものです。それは第1に、日常的な惰性や硬直を揺さぶるような芸術性を建築に与える方法と考えられてきました。第2に、つねに過去の堆積としてある都市への敬意をもった介入の方法、という性格が当然あります。そして第3に、多様な背景をもつ人々がともにいられる場を創出する方法でもある。つまり芸術的な意義、歴史的な意義、そして社会学的な意義が主に考えられてきた。ところが1980年代以降、コンテクスチュアリズムと言えば日本でも欧米でもおもに歴史的な意義が強調されるようになって本来の過激さは失われていきました。

他方で近年、建築設計へのユーザ参加という状況が当然のものとなってきました。多くの地方公共施設で市民参加のワークショップを通して建築設計を進める事例が増えている。建物のカタチが適合すべきコンテクストが、とりわけこの20年くらいのあいだに、社会学的な方面に膨らんできているのです。しかも〈近代2〉は世界の複数性を排除しない社会が幻視される時代です。バラバラな市民のさまざまなニーズやイメージに対して、ニュートラルなカタチによって消極的に皆をカヴァーするのではなく、できるだけ多彩な声にもとづく多様なカタチをそのまま併存させたい。こうした社会学的あるいはむしろ政治学的と言ってよい方面において、「複雑と矛盾」の設計が求められるようになっているのです。

さらに、今日の私たちは、たとえば物質性、工作、転用、生態学などいろいろな着眼を柔軟に選んだり組み合わせたりすることも苦にならなくなってきました。たとえば地形、水、植物や動物も含むあらゆる要素を生態学的な視点で優劣なくフラットに意味づける感覚は私たちの時代のものです。そして、プロジェクトの諸条件、とりわけ地域社会の参加と持続可能性に誠実に向き合うことで、既存の環境を「複雑と矛盾」を包摂する生きた時間的システムとして再生することが試みられる。なるほど私たちは〈近代1〉のロースが見抜き、ル・コルビュジエで当然のものとなった「伝統以後」に生きており、〈近代2〉の「多元性の探求」を歩んできたわけですが、それもこれ以上ないのではと思われるほど包括的なところまできているのだなという感じがします。

こうなると、自身が当然ながら建築設計のエージェントのひとりである建築家は、多数のエージェントの複雑で動的な関係の中をともに歩んでいかなくてはなりません。では、ここに話してきたような建築設計の変容は、建築家をどう変質させているのでしょうか。最終回となる次回の第10講では、このあたりのことを考えてみたいと思います。

むすびに

第10講
Lecture 10: Active and Passive

能動と受動――建築設計の3つの社会性

本講の基本文献

國分功一郎『中動態の世界――意志と責任の考古学』（医学書院、2017年）
ハンナ・アレント『精神の生活（下）第2部 意志』（佐藤和夫訳、岩波書店、1994年／Hanna Ahrent, *The Life of the Mind*, 1978）

第3部で話してきたのは、いわば「荒波の中の建築家」についてです。建築家の存立にとって盤石な、安定した土台があったためしなど、じつは歴史の中に一度もなかったかもしれません。しかし、近代以降、とりわけ今日の建築家の過酷さはやはり前例のないものでしょう。バラバラに引き裂かれ、みるみる変化していってしまうヨコの海原に入り込み、そこで出会うすべてにつながることを求められる。今回はそんな現代の建築家について、あらためて考え直してみたいと思います。

1 海に潜るように

はじめに原田マハさんの小説『風神雷神――Juppiter, Aeolus』から、印象的な描写を紹介します。――主人公は俵屋宗達。建仁寺蔵「風神雷神図」で知られる近世初期の大画家でありながら、生没年すら不明という謎だらけの画家です。原田さんの小説は、その宗達の少年時代を描く壮大なフィクションなのですが、この作品で宗達は、何とキリシタン少年たちのあの「天正遣欧使節団」に絵師として参加し、ヴァチカンの教皇を訪ねるのです。そして、のちにバロック時代のイタリアで活躍する画家カラヴァッジョ少年とミラノで邂逅を果たす。驚くべきスケールの物語です。

少年宗達は、天下を取ったばかりの織田信長の気に入れられ、狩野派の大家・狩野永徳の下で、ローマ教皇に献上する洛中洛外図の共同制作に当たるのですが、そのときの息を呑むような情景は圧巻です。

大きな絵を描くとき、画家は床に敷き広げた画面の上に「渡し板」を架け渡します。これに乗って眼下の画面に慎重に絵筆を落としていくのです。しかし経験の浅い宗達は、渡し板から総金箔貼りの画面を見下ろした瞬間、そのあまりの「遠さ」にたじろぐ。失敗の許されない緊張。絵の自分とのあいだにとてつもない「遠さ」を感じるのです。が、次の瞬間、宗達は「思い切りよく画面に吸い付き、「一瞬にして金色の海に深々と潜り込んでしま」う。

最初はおぼれてもがくかのように見えた宗達の筆は、瞬く間に色とりどりの鱗《うろこ》を持つ魚となっ

原田マハ『風神雷神――Juppiter, Aeolus』（上・下、PHP文芸文庫、2022年）

た。

西日に染まったきらめく海面を、すいすいと、すばやく、ときにゆるやかに、どこまでも泳いでいく。深く、浅く。北へ、南へ、東へ、西へと。

不服そうに宗達の助手を務めていた永徳の弟子は、宗達の身体が「飛び魚のように」画面の内部を泳ぐのを固唾を呑んで見守り、やがて彼の没入ぶりに圧倒されていきます。宗達が描いているのは洛中洛外を描いた屏風絵です。信長がもたらした平和と繁栄の下で、キリスト教徒たちも共存する、色鮮やかな日本の首都。しかし宗達はその画面を海に変え、その内部を潜ったり跳ねたりするかのように見えたのです。

宗達が最初に感じた画面と自身との距離は縮まっていくどころか完全にゼロになっている。画面と筆と自分自身とが、ひとつの動的な過程の中に溶けて一体化してしまっている。外部は消えてしまっている――創作の現場とはこのようなものでしょう。

皆さんにも似た経験があるのではありませんか。最初は「距離」にたじろいでいても、気づかぬうちに自分が消えてプロセスそのものになってしまう状態。あのかけがえのない感覚を思い起こしながら、今回は建築家の創作ということについて考えていきましょう。

2　能動と受動だけではない

能動と受動では単純すぎる

ここで國分功一郎さんの『中動態の世界』という本を取り上げます。國分さんは哲学者で、この本の主題は——私たちのごくありふれた思考や行為のあり方というのは、完全な能動 active でも、完全な受動 passive でもない、あるいはその両方でありうるような、曖昧な（ambiguous）ものだ。しかるに私たちが普段無意識に使う能動と受動という動詞の態が、主体性への過剰な期待というか負荷というか、そういうものを知らず識らずのうちに強めてしまっているのではないか、それでは息苦しくないか、生きづらいのではないか——というようなことです。

建築学科の学生さん、あるいは卒業生なら、設計課題の独特の負荷をよくご存知でしょう。「君は何をやりたいのか」と自身の能動性を詰問される時間。「これをやりたいんです」なんて強く言えるアイデアはないし、かといって「やらされている」というほど受け身ではなく、先生の助言を聞きながら一生懸命模索している。でも「何をやりたいのか」と問われていると、先生の助言を採用しちゃうのはどうも自分の能動性が足りないんじゃないかという気がしてきて、さらに困ってしまう。これは能動態の強迫みたいなものかもしれません。どうでしょう、本当は自分と先生、あるいは他の学生さんや実在作品の参照例なども含む多数のものたちの「あいだ」で設計案が育っていくような感じなんじゃないでしょうか。そしてそれこそまっとうな学びのプロセスですし、そのように表現するのが適切だと私は思います。あの感じをよくよく思い出してみれば、たしかに能動態や受動態はあまりにも単純すぎるし、表現として暴力的な感じがしますね。

それに、先ほどの宗達みたいに、作業に没頭して自分と絵や模型が一体化してしまうときだってありますよね。黙々と道を歩くときに足の動きを意識していないのと似て、手が勝手に動いてしまっている。能動態で表現するような状態とは程遠い。

中動態の再発見

世界の多様な言語の中には、動詞の「態」が、能動態（active voice）と受動態（passive voice）だけでなく、〈中動態（middle voice）〉というもうひとつの態を持っているものがある。その「中動態の世界」によって、能動態の強迫を壊そうとするのが國分さんの本の主題です。私なりに紹介していきます。

國分さんにならって、ギリシア語のpeithoという動詞を例にとり、「私」を主語とする文を考えてみましょう。能動態では「私は（誰かを）説得する」になり、受動態に活用させると「私は（誰かに）説得される」となるのですが、もうひとつ、中動態の活用形（peithomai）を使うと、「私は納得する」という意味になるのです。ただ動詞を活用するだけで「説得する」が「納得する」になる。もし英語なら、

I make myself persuaded.

とかなり複雑な構文をとらなければなりません。私は自分自身を、説得された（受動）状態に、させ

る（能動）という、能動と受動を組み合わせた再帰的な表現になる。ややこしい。でもギリシア語なら中動態があるので、単に動詞を右のように活用させるだけ。

だから何？という感じですよね。まあそう言わずしばらく付き合ってください。

中動態 middle voice は「あいだ middle」にあったんじゃない

言語学者によると、数千年あるいは1万年以上前には、世界のさまざまな言語に〈中動態〉があったそうです。しかも、——注意深く聴いてくださいね——受動態は中動態から派生したらしいのです。かつては〈能動／中動〉が対立する関係にあって、対になっていたのが、のちに〈能動／受動〉の対が支配的になる地殻変動が起きた。この地殻変動によって、それ以前からあった中動態が居場所を失っていき、能動でも受動でもないから「中」動態なんて呼ばれるようになった。文法学が発達した古代ギリシアではすでにこの地殻変動が起きていたようなので、本来は「あいだ」でも「どっちつかず」でもないのに「中」という名が与えられてしまったわけです。〈能動／中動〉が対だったと言われてもピンときにくいのですが、こうなってしまったのは、以上のような歴史的経緯のためです。

さて、ここで重要なポイントがあります。能動態をA、受動態をP、中動態をMとしましょう。むかしはA⇅Pじゃなく、A⇅Mだった——ということは、Aの意味もむかしは今と違っていた、と考えたほうがよい。つまり本来のAを知りたければ、Pの対立物ではなく、Mの対立物であるようなAを考えなければならない、ということです。

語の意味は語に内在するのではなく、コンテクスト、つまり関係性によって決まる。たとえばanimal と対立させた man は人間性という古典的な哲学や倫理学の文脈にありますが、woman と対立させた man は男性、つまりジェンダーの文脈にある。同様に、受動性と対になる能動性ではなく、中動性と対になる能動性があった、と考えなければいけないわけです。

こんなふうに考えてみましょう――今日の感覚では、「説得する」という動詞を使って、「私は彼を説得する」と言うと、いかにも「私」が能動的で主体的で積極的であるように見え、説得された「彼」は受け身で消極的な人であるかのように感じられます。でも待ってください。「説得する」という働きかけ自体は「私」の行為ですが、「彼」こそが自分で「納得する」のではありませんか。私の行為は、たしかに私から彼に向かって出ているけれど、それを自分にとって意味あるものと受けとめ、自分自身を説得しているのは「彼」です。

私は説得する → 彼は納得する（「私」の働きかけを受けて、「彼」は自らを説得する）
（能動態）　　　（中動態）

古いギリシア語をはじめ、多くの古代言語では、このふたつが対であったらしいのです。能動態は主語の動作がその外部（他の人やもの）に向かって投げ出されるようなときに使う態、いわば矢が飛び出すところを主語とする態です。そして矢が刺さり、効果として変化が起きていく動的な状態の場を主語とするのが中動態なのです。

能動とは、あえて言えば作用を投げ出すだけのこと。「私」はそれしかしていない。その動詞の態を、中動態に活用させると、作用を受けて自分を変えるという「彼」の変化を表すことになる。

変化の〈座〉

言い換えれば「彼」こそが、生じた変化の起きている現場なのです。これを変化の〈座〉と言います。「私」はきっかけを与えたかもしれないけれど、動詞の効果として生じる変化は「私」の外にある。もう一度言います。プロセスの主役、変化の〈座〉は、「彼」です。

実際、國分さんが信頼する言語学者エミール・バンヴェニストの解釈はこうです――〈中動態〉とは、動詞の効果＝変化が、主語という場において起きているときの態であり、〈能動態〉とは動詞の効果＝変化が主語の外に出る場合の態である――。

別の例も紹介しましょう。「馬の綱を外す」、という動詞があって、その能動態ではたとえば従者が主人のために馬の準備をすること、つまり「馬に乗せる」といった意味になるのですが、中動態では自分が自分で馬に乗ることを意味したそうです。どうやら、綱を外して馬にまたがり駆け出していく、という動きの継起（sequence）、あるいは持続（duration）を、中動態は含むようです。「説得する」や「綱を外す」という能動態の働きかけは一瞬にして、明らかに終わるのですが、「納得する」や「走り出す」はその後も続く状態やダイナミックな変化を示しているのです。おもしろいですね。

エミール・バンヴェニスト『一般言語学の諸問題』（新装版、岸本通夫監修、河村正夫・木下光一・高塚洋太郎・花輪光・矢島猷三訳、みすず書房、2022年）

やっぱり「中」(middle)という名付けは困りものです。むしろ17世紀の哲学者・神学者バールーフ・デ・スピノザの表現がわかりやすいでしょう。じつは國分さんはスピノザ研究者でもあって、『中動態の世界』でも中盤でこれを紹介しています。スピノザは『エチカ』という本でこう書いています。

3 外態と内態

ある「様態」に対して外部からの作用が働くとき、この作用は(様態の側から見て)「外態」(diathèse externe)と呼び、これを受けた「様態」がそれ自身を座として「変状」(変化)の過程に入っていくとき、この動きを「内態」(diathèse interne)と呼ぶ。変状は、外力が物理的に規定しているのではなく、様態自身の成立ちや特質に規定されて進む。

わかりにくいかもしれませんが、複雑な話ではありません。たとえばインフルエンザ・ウイルスは発熱の引き金にすぎません。ウイルスに感染した身体の機構が熱をつくるのですね。ウイルスそのものには物理的に熱を起こす仕組みもエネルギーもありません。同様に、雪が小田急電車を止めるのではなく、雪の情報に触れた小田急の管制室が電車を止める仕組みを持っているのです。雪そのものには電車を止める力はありません。わかりやすいですね。A⇅M(能動/中動)だと困ってしまいますが、E⇅I(外態/内態)ならちゃんとした対立になっていますから。

スピノザの考え方を情報科学、システム工学的に発達させたのが、サイバネティクス cybernetics(人工頭脳学)と呼ばれる学問だと言ってもよいでしょう。簡単に言えばそれは動物の反応やコミュニケーションの研究を発展させて自動制御のロボットをつくることを目指していました。ロボットを設計しようとするとき、単純な能動／受動モデルはまったく役に立ちません。ロボットの右腕を、誰かが押して動かさないといけないとしたら、それは目指すロボットではない。問題はこうです。あなたが能動態で表されるような作用や指示をする。それを受け取ったロボットが、自分の内にある判断のフレームに照らしてそれを解釈し、自分なりの適切な応答を出す、という内態的な作用がちゃんと働くメカニズムをつくれるか。そして、20世紀の知の巨人グレゴリー・ベイトソンはサイバネティクスを拡張し、動物や人の知覚・認識、コミュニケーション、精神疾患、生物の進化、世界の成立ちまでを説明しようとしました。彼の『精神と自然』は、建築を学ぶ人もワクワクすること請け合いの必読書です。

さてどうでしょう。先ほどの建築設計課題の話を思い出してください。たとえ先生の助言を受けたとしても、それを受け、自分の中で自分を変えていくのはあなたです。中動態あるいは内態が備える積極的な意味を理解すれば、人の助言を受けることはもう能動性の否定ではなくなりますよね。

4　都市・建築のリアリズム再論

経験の多義性——コンテクスチュアリズムを捉え直す

ここで前回の話（第9講）を思い出してみましょう。ヨーロッパの都市は、古代ローマ、中世、ルネ

スピノザ『エチカ——倫理学』（畠中尚志訳、上・下、岩波文庫、1951年）
ノーバート・ウィーナー『サイバネティックス——動物と機械における制御と通信』（池原止戈夫・彌永昌吉・室賀三郎・戸田巌訳、岩波文庫、2011年）
グレゴリー・ベイトソン『精神と自然——生きた世界の認識論』（佐藤良明訳、岩波文庫、2022年）

サンス、バロック……といった時代の層を幾重にも堆積させています。都市は多重的・複合的であって、一つひとつの場所もつねに多義的です。よく見れば、アメリカだって、日本だってそう。コーリン・ロウは、ル・コルビュジエの「ヴォアザン計画」のように単一の論理で整理されきった世界をつくろうとすることを批判し、「コラージュ・シティ」という言葉をつくりました。複数の文脈が共存する多義性こそ、私たちのヨコに広がる世界を豊かにするリアリティなのだと。

あらためて確認しておきますね。コンテクスチュアリズムの理論家・実践家たちは、たしかに〈近代1〉のモダニスト建築家がヨコの中にタテを屹立させるやり方を批判しました。でも、決して建物をヨコに馴染ませよう、と言ったのではありません。シンメトリーだ、機能だ、いや構造だと、何かひとつの理屈に他を従わせるやり方とは違う、もうひとつのタテの立ち上げ方を提示しようとしたのだと理解してください。それはむしろ人間身体の〈経験〉をクローズアップすることでした。

古代以来、タテを立ち上げることは、建築の全体をひとつの秩序にサーッと澄みわたらせることでした。そうして世界の完ぺきさこそを立ち現わせてみせることだった。でもこれからの建築が立ち上げるべきは、互いに異質な部分がたくさんあるからこそ組み上がる複雑な全体ではないか。中動態をめぐる議論を用いれば、それをこんなふうに言うこともできるでしょう。建築家がどんな空間をつくろうと、それを経験するのはユーザです。日常の惰性を揺さぶられるような豊かな経験がありうるとしたら、その〈座〉はユーザです。この視点から見れば、設計・建設そのものはどこまでも外態的なものです。

ところで、あなたの周りのヨコの広がりは、いろいろな差異が折り重なるように同居した色鮮やかな織物ではないか。そこにはたくさんの過去の痕跡が降り積もってはいないか。相似の海原は「複雑と矛盾」（ヴェンチューリ）に満ちた「コラージュ」（ロウ）のようではないか。だから現実は驚きに満ちている。そんなふうに60〜70年代の建築家はヨコの海原を読み直した。それはもちろん、建築家は多元性を引き受けよ、という提起でした。建築作品はたくさんの互いに対立するかもしれない現実を引き受け、たくさんの異質なカタチを同居させるのだ、というわけです。要するに外態としての設計行為は、ユーザの経験という内態の豊かさを引き起こすきっかけをつくることなのではないか。ロウがそう言っているわけではないけれど、そう理解できます。

ロウの場合は、これを知覚のレベルで捉えようとしました。彼は「ヴォアザン計画」は批判したけれども、ル・コルビュジエの建築作品は高く評価しています。第9講で取り上げたシュタイン邸がその例でした。人がこの建物の外から内へと空間を経巡っていくと、その都度知覚がダイナミックに構成し直されていくからです。他方、ヴァルター・グロピウスのバウハウス・デッサウは、ヴォリュームと空間が一致しているので、最初にだいたい全部わかってしまう。知覚の再構成が起きない。ロバート・ヴェンチューリの『建築の複雑と矛盾』は、建築が引き受けるさまざまな文脈を、ロウよりもうんと多元的に考えました。建築とはこれほどに多くの文脈を受け入れて多層的・多元的にあるものなんだという理解を切り拓きました。もっとも彼は、やがて自身のフォーカスを、建築が生み出す記号現象、意味伝達（コミュニケーション）のレベルで考えることに集中させていくのですが。

広義のコンテクスチュアリズムの一翼を担うイタリアのタイポモルフォロジストたちは、都市の多重性を建物類型の視点から考えました（第4講を参照）。類型は時代を超える多数の人々の集合的記憶

（collective memory）の媒体です。たとえばジョルジオ・グラッシは、町屋型（列型）の建物が並ぶ町並みの中に大規模な図書館を設計するとき、そのアプローチ部分のヴォリュームを間口の狭い矩形に刻み、列型の町並みにも参加するような状態をつくっています。人々はこの図書館に赴くとき、現代にありながら集合的な記憶につながる。

このようにコンテクスチュアリズムは、〈知覚〉〈伝達〉〈記憶〉という3つの回路において、人々による経験を重層的なものにすることで、第9講で話したように、建物に芸術性、歴史性、社会性を与えようとしたのでしょう。経験とは、惰性的なものが揺さぶられ、書き換えられる瞬間の変化のことです。その変化の〈座〉は経験者自身です。彼らは設計の能動性に対して受動的なのではなく、中動態で表現されるような、変化の継起、起伏ある持続のようなものを自らの中に起こしているのだと考えることができるのです。

コールハースのリアリズム

つぎに、もうひとつ違う方向から中動態の意味するところを考えてみましょう。第6講で話した、台湾の街の動的平衡（dynamic equivalence）を思い出してください。K氏が自分の町屋を壊しても、両隣のJ氏やL氏と共有する界壁は残る。工作者の観点から言えば、壁はS（stereotomy＝かたまり〜組積系）であり、その間の床や屋根はT（tectonics＝線〜軸組系）でした。この系において、人々はTの部分をあるサイクルで組み替え続けるけれども、Sの壁は長い時間にわたって土地の所有者がどんどん入れ替わっていってもそこにあり続ける。つまり台湾都市とは共有壁が約5メートルピッチで立つ都市、いわば「列壁都市」なんだ、そして壁は「都市のもの」と言えばいいんだ、という話をしました。

一人ひとりの所有者が、自分の家を建て替えるという行為を外態と捉えてみましょう。そうした行為の連鎖がもたらす効果、すなわち動的でありながら平衡的であるという新陳代謝の状態は、じつは彼らの個々の宅地というよりも、都市という、より大きな系を〈座〉として起こっているのだと考えた方がよいでしょう。内態の主語は都市だった、ということです。「都市は、人々の建て替えという行為を受け入れ、自分自身を生かし続けていた」、ということです。

コールハースの『錯乱のニューヨーク』に出てきた建築家たちのあの自虐的な仮装写真を思い出してみましょう。デベロッパーたちの欲望は資本主義に否応なく動かされていたのですね。建築家はこの欲望と法規とによってすでに潜在的に決定済みのカタチを具現化する（亡霊に肉を与える）作業をやっているのでした。つまり、マンハッタンこそが、デベロッパーや建築家たちの行為によって、異形の都市を駆動させていた、ということになります。コールハースは、その主体性なき主体としてのマンハッタンの遡及的な告白（本文ではマニフェスト）を、マンハッタンに代わってゴーストライターとして書いてやるのだと、あの本の序文に記しています。つまりコールハースは、中動態ないし内態の〈座〉＝主語としての都市という理解を正確につかまえた本の書き方を宣言していたことになります。

もちろん、コールハースには先輩がいました。ヒュー・フェリスというレンダラーです。彼は同時代的にすでにマンハッタンという主語を捉えていた。そして、建築家たちの仮装は、能動態（外態）としての自分たちの行為が、都市という主語に動きを与えているにすぎなかったことを、正確に表現しています。自分たちが主語だと思っていた場に、のっそと本当の主語が現れるなんて、ほとんどホラ

レム・コールハース『錯乱のニューヨーク』（鈴木圭介訳、ちくま学芸文庫、1999年）

ーです。

コールハースは、マンハッタンを「メガ・ビレッジ」とも呼んでいます。たしかにマンハッタンは、ヨーロッパ都市のように建物がくっつき、並び、密実な集合体をつくるのではなく、戸建ての家々がバラバラに立つ村みたいなもの。いや、それよりも大事なのは、摩天楼はデカイけれども無意識にマンハッタンという風土からニョキニョキ生えている、その意味で摩天楼は土着的で自生的だということです。バーナード・ルドフスキーの『建築家なしの建築』に出てくるヴァナキュラーな村と同じです。そう、ヴァナキュラーな世界というのはまさに、建物のつくり手が何をつくるのかを自ら構想する必要がない世界なのです。

しかし、マンハッタンの風土とは資本主義であって、その養分でビルは天を擦るほどに伸び上がり、多数の無関係なプログラムを内包し、それらと無関係なファサードでラッピングするという錯乱ぶりを示す。つまりヴァナキュラーな村とは違って、マンハッタンは錯乱したメガ・ビレッジなのだというわけですね。そして、東京だって、具体的な現れは違うけれども基本的には同じようなものです。いわば「錯乱のトーキョー」にとってのフェリスやコールハースはと言えば、やはり誰よりもアトリエ・ワンでしょうね。

5 創作行為と内態（中動態）

さてあらためて、創作行為そのものに話を戻します。ただ、このまま進めると混乱してしまうかもしれないので、とても大事な注意事項について話しておきます。

先ほど、建築家の設計行為は外態で、その建物を経験する人に起きる変化を内態として見る、という話をしました。それから、同じく建築家の設計行為が外態で、都市そのものの生命こそが内態なんだという話もしました。そして冒頭で話したことからすれば、設計のスタディのような創作行為そのものが能動でも受動でもなく、自身が自動的に動いてしまうような中動態的変化の持続なのだということを仄めかしたので、あれも内態的なのかなと思われたのではありませんか。いったいどうなってるの？と訝しく思った人もいるのではないでしょうか。

重要なのは、スピノザの「様態」、バンヴェニストの〈座〉をちゃんと定めることです。今見ようとしている〈座〉を決めれば、それに対して矢を射る外部の主体と、その〈座〉そのものを区別できる。たとえば建築空間を経験する人を〈座〉とし、その引き金となる建物を設計した建築家を考えれば、これで話の構図が成立します。また、うごめく都市を〈座〉とし、それに動きを与える作用を投げ込んでいるデベロッパーや住人や建築家を考えれば、また別の構図が成立する。

サイバネティクスなどのシステム論では、〈座〉のことを〈系〉と呼びます。そして、これに外から及ぼされる作用を「入力」と言い、それを受けて〈系〉が自ら反応を表現するとき、それを「出力」と言います。つまり外態（能動態）は入力、内態（中動態）は出力だと考えて差し支えないでしょ

バーナード・ルドフスキー『建築家なしの建築』（渡辺武信訳、SD選書、鹿島出版会、1984年）
アンドレア・ボッコ『バーナード・ルドフスキー——生活技術のデザイナー』（多木陽介訳、鹿島出版会、2021年）

う。いずれにせよ、この種の議論をするときには、いま何を〈座〉として見定めているのかをしっかり決め、それがブレないようにすることです。

では、建築設計という創作実践を内態（中動態）的に考えるというのはどういうことでしょう。もちろん、設計プロセスの中で変化していく場を〈座〉と見る、ということです。

設計行為は決して単純ではありません。むかしからそうですが、第3部で話したように、近現代の建築家は「社会の誕生」以後にいることを忘れてはいけません。揺れ動くダイナミックな社会につながりながら、社会とともに、設計行為は動いていく。建築の要は修辞学にあるわけですが、「社会の誕生」以後は、修辞の成否はこの不安定な社会、バラバラで気まぐれな人々にかかっている。第7講で紹介した伊東忠太の明治神宮や、エドウィン・ラッチエンスのザ・セノタフの例がそれをよく物語っていますが、バラバラさを沈黙で塗りつぶせるわけではない。第8講で話したようにむしろそのバラバラそのものを引き受けることが今日的な態度です。設計行為は、〈近代1〉から〈近代2〉へと、社会性という点では輪をかけて複雑で流動的なものになっている。そして今日では、文字どおり設計行為そのものにさえ多数のユーザ（アトム）が参加してくるのが当然になってきました。言い換えれば〈座〉そのものが高度に社会性を帯びている、ということなのですね。

そういったことを踏まえて、以降は建築設計の社会性を考えることを通して、今日の建築家について考えてみます。3段階に分けて話していきましょう。

6　第1の社会性——巻き込みと成長

ここで、そもそも能動⇅受動（A⇅P）の図式は、近代のロマン主義的な思考と相性がよい、ということに触れておきましょう。ロマン主義については第5講で話しました。簡単に振り返りましょう。この世界はすでに秩序正しく完成しているのだと考えるのが合理論であり自然主義でした。すると人間はその秩序をなぞるのが適切な態度ということにもなる。古典主義の底にはそういう態度がある。それに対して近代ロマン主義は、世界は人間集団の感じ方や行動によって変わるんだ、起点は現代を生きる我々にこそあるのだと考えます。そして、近代建築やモダン・アーバニズムにおいては、構想や設計の原因は「建築家」に帰せられ、彼ら彼女らの内にあるアイデアが外化されるというように考えられました。創作者の構想が社会を改造するのであって（能動）、社会は操作の客体である（受動）、というように考えられていたわけです。

対して、國分功一郎さんの本を導きの糸にしてこの講義で話してきたのは、外態⇅内態（E⇅I）の思考回路です。これを使うメリットは、私たちが近代ロマン主義の呪縛から自由になれることです。

没頭する創作者

さて創作行為のさまざまな広がりのうち、最も個人的な状態をはじめに考えてみましょう。今回の冒頭で紹介した、俵屋宗達が海を潜ったり跳ねたりするように描いたという原田マハさんの描写を思い出してください。あの状態です。宗達は、まるでトビウオのような何かに変化してしまったのでした。そこでは画家である宗達の変容が描写されていた。宗達こそが変化の〈座〉です。

森田亜紀さんは、その名も『芸術の中動態』という本で、こうしたプロセスへの埋没の状態を、より丁寧に説明してくれています。たとえば鉛筆で線を描いてみる、その線が何かを垣間見させ、それが鉛筆を動かして次の線を生む。線に触発された私に何かが起き、手が動いてしまう。そう、作業への埋没の状態をくわしく見ると、じつは自らが生み出した線などの痕跡が、自分に対して外態的に作用していることに気づきます。創作への没頭とは、作家の手によって刻々と変化していく作品と、そこから作用を受けてアイデアをドリフトさせていく作家自身との、絶え間ない相互作用のプロセスなのですね。

多数のエージェントたちの織りなす場

テンポよく進めましょう。建築設計には通常、施主、構造設計者、設備設計者、インテリアデザイナー、ファブリックデザイナー、事業運営のコンサルタント、都市計画や建築の行政官、議会……といった多彩な人々や機関が参画しますよね。彼らの言葉やアイデアに建築家が触発され、そうしてつくった案が彼らの視野をも変える。彼ら一人ひとりを〈座〉とするなら、いわば「外態」と「内態」が交互に入れ替わっていくようなプロセスとしてこれを捉えることもできます。ですが、むしろそうした人々の相互作用の場そのものを〈座〉と考えれば、個々の参加者ががんばることでチームのポテンシャルがどんどん変化していくプロセスをイメージできます。各エージェントの外態的な作用は、煎じ詰めれば〈座〉の進化を促すために投げ込まれると考えるのが積極的ですものね。

モノのエージェンシーを含む場

さらに、近年の哲学・人類学等の分野ではモノのエージェンシー（行為主体性）を積極的に捉えることの意義が強調されます。じつは、先ほど個人の創作行為の話のとき、画家が描いた線が画家に作用する、なんてことを話したときにこのことにはすでに言及済みです。だって線の行為主体性を認めていたことになりますからね。建築設計については、たとえばソフィー・ウダールさんによる隈研吾建築都市設計事務所の民族誌『小さなリズム』なんて本があります。ウダールさんはアクターネットワーク論で有名なブリュノ・ラトゥールの門下生で、ラトゥールはたとえば科学的知識が生み出される研究室のエスノグラフィーを描くなんて仕事をしてきた人です。他に文化人類学者の木村周平さんによるイスタンブール都市計画の人類学といった例もあります。建築的な創作行為は、ヒトとモノを含む多彩なアクターたちの作用が織りなす系を〈座〉と見れば、その進化のプロセスとして考えることができるわけです。

俵屋宗達少年の描画の風景も、彼がトビウオのようになり、海へと変貌した画面、それに筆や渡し板などとも一体的になった状態をひとつの系＝〈座〉と見立てれば、それが驚くべき速度で進化していく様相と捉えることもできます。建築設計ではそれを非常に多くの人々とモノたちが、時間をかけて、社会的に、集合的に演じていくのだと理解できるでしょう。

以上のように考えれば、ひとつの作品の成立に対して、誰も完全に能動的ではありえない、あるいは少なくとも能動性を独占することはできない、という当たり前のことが理解できます。ひとりの建築家ではなく、異なる専門性や人格をもったたくさんのエージェントが巻き込まれた系こそが作品の

森田亜紀『芸術の中動態――受容／制作の基層』（萌書房、2013年）

ソフィー・ウダール、港千尋『小さなリズム――人類学者による「隈研吾」論』（加藤耕一、桑田光平、松田達、柳井良文訳、鹿島出版会、2016年）

木村周平『震災の公共人類学――揺れとともに生きるトルコの人びと』（世界思想社、2013年）

創出という出来事の〈座〉であると見るのは、今日の建築家の皆さんにとってきっと違和感はないでしょう。そうした理解が広まってきたのは、逆に言えば近代のロマン主義的な作家像の息苦しさを、多くの建築家が脱ぎ捨てつつあるということでしょうね。

建築設計はこのようにきわめて高度に社会的なのです。これを第1の社会性としておきます。

7 第2の社会性——開かれと堆積

作品が歩き始める

こうしてつくられた作品は作者の手を離れ、社会に開かれ、時間の中でさまざまな介入を堆積させていきます。これを建築設計が帯びる社会性の第2のフェーズと捉えてみましょう。これについては先ほど、コンテクスチュアリズムを今回の文脈で捉え直しながら話しましたね。また、フェリス＝コールハース＝アトリエ・ワン的な見方を紹介して、設計者を含む多くのエージェントたちがじつは無意識のうちに都市を動かしているんだという理解についても話しました。つまり建築の設計は、その建物だけでなく、建築家が意識しようとしまいと都市に生命を与えている。

ところで國分さんは、『中動態の世界』でハンナ・アレントにおける「意志」についても考察しています。國分さんの動機は、能動態／受動態の図式が主体に過剰な負荷がかかるような状態にフィットしてしまっていることを指摘し、それを解体することにありました。ですから、「意志」の重要性を強調したアレントをいかに批判するかは、國分さんにとっては避けて通れない重要な問題だったのでしょう。

國分さんが引用しているように、アレントは『精神の生活』で、普通私たちが意志とみなしているものは、たいてい「選択」にすぎないと言っています。設計プロセスでは建築家を含むエージェントたちが各局面でクリエイティブな変化を自らに起こしているのですが、それもアレントに言わせれば「選択」です。

そしてアレントは「選択」に対置させて「意志」を強調しています。意志とは、むしろ数え切れない選択の連続の後に呼び出され、いわば未来の始まりの地点＝「起源」を仮構するものだとアレントは言っています。

これは重要です。國分さんはアレントの「意志」を、中動態をめぐる議論、つまり誰も能動的ではありえないのだという議論によって批判しているのですが、建築論を主題とするこの講義は、ここで國分さんとお別れせねばならないと思うからです。

もう一度言います。意志とは、選択が次々になされていった後に、その継起がたまたま行き着いたところとして作品を提示するのではなく、むしろ未来において繰り返し繰り返し遡って参照されるべき「起源」を仮構するものだ。これがアレントの「意志」です。すると「意志」がつくり出すものとは原理的に虚構であると考えて差し支えないことになります。第2講を思い出してください。建築家とはその作品によって幻視を立ち上げる者なのだと言いました。

〈F－S〉問題のポイントはこうでした。建築というのは、Sが現にたしかな像をもって存在していて、それを建物のカタチにする、というものではありません。むしろSはたしかに重要な何かなのだが、しかしそれがどんなものなのかはっきりとはわからない、つまり幻であるからこそ、Fによってそれがたしかにありそうだということを人々に説得的に喚起し続ける。それが建築です。ゴシック大聖堂が「神の家」なのだというとき、それはそういう関係性にある。近代の新しい理想に満ちた美とは何か。それがわからないからこそ、未来派の幻視がエンジンとなり、構成主義が新しい時代にふさわしい造形文法を与えるのではないかと仮定されたわけです。

まとめてみましょう。「第1の社会性」の魅惑的なプロセスをどこかで切断することで、そのプロセスの産物が作品として「第2の社会性」に開かれます。作品はバラバラなユーザたち（アトム）に利用され、喜ばれたり、失望されたり、予期できない変化に応じて増改築や転用を受ける。それは作品への批評行為だとも言えるでしょう。そのとき、アレントの言う「意志」が仮にでも立ち上げた「幻視＝虚構」がなかったとしたら、それら批評を受けとめるものがない。たとえばゴシック大聖堂は、「神の家を」、「もっと光を」といった「幻視＝虚構」が人々の期待を受けとめ続けられるようになるまで、中世の聖職者と石工たちによる改善が重ねられて完成しました。建築にとって「幻視＝虚構」が不可欠である理由がおわかりいただけるのではないでしょうか。

もちろん、幻視そのものが、ダイナミックで不安定な社会では安定的な目標としてはありえません。それでも建築家は、住宅を、地域を、都市をどんな未来や理想に向かってつくるのかという幻視を描く。皆が共有済みの幻視のために作品をつくるという回路は近現代の「社会」では通用しません。そこで建築家こそが、作品をつくると同時に、「幻視＝虚構」そのものを構想し、宣言する役割を担うことになった。ル・コルビュジエをはじめ、多くの建築家たちがそのように振る舞ってきたわけです。それがいかに刹那的なものになろうと、宣言し続けなければならない。つらいけれども、これが建築家の役割だと思います。

こうして、私たちは建築創作がもちうる、いや避けられない、第3の社会性を見出したことになります。多くの人々との協働の〈座＝系〉を進化させながらつくり上げた作品に対して、たとえ事後的にであっても「幻視＝虚構」を宣言すること。建築と幻視の結びつきそのものは伝統的なものでしょうが、「社会の誕生」以後、ますます流動化していく現代の私たちにとってそれがどう変化しているのかも少しおわかりいただけたのではないでしょうか。

8 第3の社会性——虚構すなわち幻視を

國分さんは、アレントの「意志」を、まさにそれが虚構であるがゆえに拒否します。そんな虚構のために人が生きにくいのであれば捨てるべきだと。しかし、虚構性を本質とする建築はそれを捨てるわけにはいきません。私が「お別れ」と言ったのはこういうことです。

建築設計の創作実践そのものは、まさに内態（中動態）的なものであり、ますますたくさんの人々やモノたちが織りなす〈座〉を集合的に進化させていく営みになってきている。言い換えれば、建築家はヨコに広がるありふれた現実、建築を取り巻くあらゆる要素や条件、動物や植物を含むあらゆるエージェントたちとつながらなければならなくなっている。私たちに完全な能動や受動などないのは当たり前。単なる事実です。創作のきっかけはいつもヨコからひっきりなしにやってくる。建築家もまた作用を受けつつ行為する人々のひとりであり、その相互作用が協働の場そのものを進化させていく。そこには純然たる能動、あるいは能動の独占などもともとない。設計が発展していく〈座〉はヨコにつながり作用し合うエージェントたちのネットワークです。その〈座〉の生産性が高まることが一番大事。だから、建築家は設計のプロセスに「主体性がない」「自分らしさがない」などとロマン主義的に嘆く必要もないのです。そんなのは単なる感傷にすぎません。そして、完成した作品について、そこに託した「幻」について語るとき、「いやこれは後付けなんですが」などと言い訳がましく言う必要もまたありません。もともとそういうものなのですから。

しかし、その幻を人々に代わってタテに立ち上げるのは建築家の仕事です。そして、それが人々の集合的な「意志」となるのです。以後多くの人々がその作品を使い、楽しみ、落胆し、そうして自らが、そして社会が生き生きと変容していく経験の起点として、その幻は決して他をもって代えられない重要性をもつのです。つまり建築家はそうした性格を持つ幻に署名する。その意味で建築家は最終的に、集合的な幻視を胸を張って引き取る社会的な機関です。ですから新国立競技場のコンペでの事件のように、この社会的機関としての建築家そのものを洗い流してしまうようなことは、結局は社会が幻（理想）を持てなくなることにつながる、ということをわきまえる必要があります――いや、脱線が過ぎたかもしれません。

今後も建築は、誠実な技術的かつ政治的プロセスを踏んだ先に、〈F－S〉を修辞学的に結びつける強度によって立つ、というあり方をとる。一方のカタチ（F）は、材料と工作、類型と組織、代謝と堆積、そして数によって多彩につくり出される秩序に基づく。それが自由で脆い個人、その多様性と連帯、生態系や地球環境の持続性と個人や共同体の意志とのまったくの不釣り合いといった事柄（F）と結び付けられ、幻が語られていくでしょう。

人々が織りなす関係が「海」となる。そのとき自身もまた一尾のトビウオになり、潜り、跳ねる。建築家は、しかし、どこかでその「海」から身を引き剝がし、トビウオたちに代わって幻を語る。その虚構の生産というきわめて社会的な局面において、あなたの建築論が生まれるのです。

あとがき

本書は大学での講義を書籍化したものですので、この場を借りて自分の教員経験を振り返ってみるのも無意味ではないと思います。筆者はこれまでに、現在の勤務先である明治大学を含め3つの大学で専任教員を、7つほどの学校で非常勤講師をさせていただきました。あと2～3年で、教歴30年になります。本書のあちこちに、いろいろな職場で学生や教員の皆さんと一緒に考えてきたことが埋め込まれています。

最初に神戸芸術工科大学の環境デザイン学科で助手を務めたころは、自分は20代後半の5年間でしたから、大して年の差もない学生たちと、ただただがむしゃらに付き合いました。担当した授業は設計演習科目で、教育自体を丁寧にプログラムする神戸芸工大での設計教育は、自分の学生時代の、まるで教育の体をなさない授業とはまったく違っていました。私はそれまで研究と物書きで生きていこうと思っていましたが、教育というのも悪くない、いや魅力のある仕事だと感じたのは故・吉武泰水先生・鈴木成文先生が率いる神戸芸術工科大学での経験が大きかったと思います。

神戸の任期満了後2年間は仕事がなく、4つの学校で非常勤講師を掛け持ちしました。初めての講義経験がこれですから大変でした。どれもテーマが違うので、日々講義内容を詰め込み、ギリギリまでスライドをつくっては教室で吐き出したら頭空っぽ、という過酷な自転車操業でした。でも授業のために、建築の世界史とまではいかないにしても、世界のいろいろな地域の建築史を無秩序に頭に突っ込むことになり、その知識は以後の大切な基盤になりました。

32歳のとき、愛知県岡崎市にある人間環境大学の准教授（当初は助教授）という仕事をいただきました。いわゆるリベラル・アーツ教育の大学で、私が所属したのは人間環境学専攻環境都市創造コースでしたが、同僚の4～5人の先生はその専門が経済学、政治学、文化人類学……という環境でした。他では味わえないあの雰囲気はとても新鮮で、たとえば文化人類学者の先生とインドネシアのスラウェシ島で船大工のフィールド調査をするなど楽しい思い出がいろいろあります。

教育という点で今思い返しても貴重なのは、学生さんが建築を学びに来ているのではない、という状況の経験でした。専門教育の枠組みがないのですから当然です。私が専門性にもとづいて授業をしても、学生さんたちは決してそれを自身の専門とすることはない。そこで大事にしようとしたのは、どんなことであれその主題をめぐって深く考えること、足を使って調べること、人に話を聞くことです。その楽しさをつかんでもらえたら他のことにも向き合えますからね。

講義については2つのルールを自分に課しました。まず第1にわかりやすくするためにレベルを落とすのは禁じること、そして第2に、もし私の話が学生たちにうまく届かなかったら私が改善の努力をすること、です。最初の半年くらいはうまくいかず胃に穴が空く思いをしましたが、少しずつ感覚がつかめてくると自分もおもしろくなり、毎年意欲のある学生たちが集まるようになりました。そして彼らに嘘をついてはいけないということを学びました。

明治大学の建築学科に着任したのは38歳のときで、今15年目です。私にとって、明治に来ることは建築の世界へのカムバックでした（笑）。前任の田路貴浩さん（現・京都大学）から引き継いだ「建築史・建築論研究室」には、着任してみると学部4年から博士後期課程まで20名を超える所属学生がいて、そのおかげで優秀な学生さんたちと議論やフィールドワークをすぐに始めることができました。これは幸運の一言。人間環境大学と明治大学の学生さんとで一緒に台湾調査に出かけたこともあります。

ただ、マンモス私学の洗礼には最初かなりこたえました。学部と大学院にわたって2〜3の建築設計演習科目を毎年担当し、建築学概論、西洋建築史、近代建築史、都市史特論といった講義に加えて奈良・京都を中心に日本の建築や庭園・町並みなどを実地に解説する古建築実習もある。ゼミも加えると手帳に週14コマが書き込まれている。数年後には国際的環境で設計を学ぶ大学院のプログラム（I-AUD）が開設され、そこでUrban and Architectural Historyという英語の授業も始まった。学会はじめ、いろいろなグループでの活動も東京では増える一方。カムバックにしみじみする間もなく、首を左に右に振るうちに時間が過ぎていく。その間、武蔵野美術大学で西洋建築史、東京藝術大学大学院で建築論も担当させていただき、市民講座的なものもいくらか受け持ちました。

ふとため息をつき、若いころの職場、とくに人間環境大学のころを思い出して、あのころに帰れと自分に言い聞かせることがあります。学生にわかりにくい話をして煙に巻いてしまったときなどはもう研究室に帰って落ち込みます。懺悔です。東京藝大の講義もそうですし、本書をまとめ直すあいだも、何度も懺悔しては書きなおしました。明治大学の学生たちの間では、私はどうやら難しいことを話すちょっと怖い先生ということになっているようですので、修行が足りません。

そんなこんなを思い出しつつ、以下では本書の各講で話したことの背景について、この場を借りて備忘録的に書き留めておきたいと思います。

＊

第1部（第1〜3講）はタイトルどおり「モダン・ヒューマン論」という観点から建築の基礎を考え直したものです。最初の第1講は、もともと2008年に明治大学に着任したときから西洋建築史の講義で話してきた内容をもとにしています。今日建築を学ぶならまず私たちモダン・ヒューマンすなわちホモ・サピエンスとは何者かを理解するところから始める必要があると、なぜかそのころ思ったのです。それで授業初回は毎年、他の動物を食べてそのたんぱく質をアミノ酸に分解し再合成したのが私たちの肉なのだとか、狩猟採集民の神話では主たる捕食対象の動物と人間が性的に交わるんだとか、そういう話をしています。ご心配かと思いますが、お察しのとおり、惹かれる学生もいれば引く学生もいます。これが本書の第1講です。

とくに「毛皮の喪失」をめぐる島泰三さんのサル学と、アナロジーをめぐる中沢新一さんの神話論をコアに、話を組み立てたように記憶しています。もちろん、モダン・ヒューマンをめぐる認知心理学から歴史人口学にわたる研究成果は今たいへんな勢いで本になっていますので、皆さんもぜひ片っ端から手にとってください。

ところで中谷礼仁さん（現・早稲田大学）が『動く大地、住まいのかたち——プレート境界を旅する』で活写しているとおり、建築とは昔も今も地球環境を部分的に組み替える行為です。人工環境も自然環境の配置の更新だということです。ただしその再配置の規模と深度が、いよいよ地球環境の持続性そのものを危うくしかねないところまできている。これも今触れたモダン・ヒューマンの身体的・認知的特性に由来します。そして私たちがその累進性を恐れつつ新しいバランスをつくろうとするなら、それもまたモダン・ヒューマンとしての性格に根ざして考え、実行することになる。結局のところ、私たちが組み替えてきた環境内のさまざまな要素の関係を新しいやり方でつなぎ、再配置する方法の模索でしかありえない。中谷さんはじめさまざまな分野の精鋭と取り組んでいる「生環境構築史」(https://hbh.center/)の活動がそれを考えています。ぜひ参照ください。またその視点から現代の建築家たちのさまざまな試行錯誤を見つめると、きっと理解がスムーズになると思います。

続いて第2講では〈F－S〉という言い方を提案しています。これは明治大学に着任してからいつしか研究室の基本用語として使うようになったものですが、別に新しい話ではありません。絵を描くとき、絵そのものはカタチ(F)であり、それが何を描いているのかが内容(S)。言語の場合は音列や文字が形(F)で、それが伝達する意味(S)とセットになっている。レイナー・バンハムの『第一機械時代の理論とデザイン』という本のタイトルも、理論(S)とデザイン(F)という枠組みで書かれている。都市史研究には社会空間構造論という方法的枠組みがあって、これは社会の構造(S)と空間の構造(F)との対応関係を見ていくもの。

これらすべては言語学・記号論・表象論、あるいは広く構造主義的な考え方を基本としながらいろいろな分野でいろいろに言われてきたことです。私たちは世界をそのように見るし、そのようにつくる。たぶん生物としての私たちがそのようにプログラムされているのでしょう。いろいろな言い方をまとめて短く言えるようにしたら気持ちいい。もし、もっと精緻な議論が必要だとしても、そこからじっくり深めていけばよいと思います。実際、少し考えを進めると、建築の〈F－S〉はぎこちない感じがしてくる。絵画や彫刻、あるいは詩や物語がSを表すようにはいかない。そういう建築の特質を何とかうまく伝えたいと試行錯誤してみたのが第2講です。

そのおわりに幻視絵画が登場しますが、筆者お気に入りのこの話題は、東京藝大での講義にはなかったネタです。2年ほど前に研究室の学生たちとヴィクトル・I・ストイキツァの『幻視絵画の詩学——スペイン黄金時代の絵画表象と幻視体験』を読んだのがきっかけ。建築は多かれ少なかれ実体のない「幻」を扱うものです。だから風景画や人物画ではなく幻視絵画こそ建築の性格を考える参考になる。共同体の理想とか、未来の社会とか、死者たちの記憶とか、何であれ確固たる姿のない幻にカタチを与えること。それがあるからこそ、あやふやな幻をこれから多くの人と分かち合っていけるようなカタチをつくること。実際、建築家はたとえ無根拠でも幻にカタチを与える。それがうまくいけば人々がそれによって幻を信じられるようになる。それが建築家の社会的役割なのです。

ところが建築にはまた別の難しさもある。建築は、雨が降り、風が吹き、生活や雑踏にまみれた、ごくありふれた現実の中に立ち上げるものだからです。ヨコの世界に地続きでありながら、タテに幻を打ち立てないといけない。そこで建築のFは、現実世界の物理法則に忠実でなければならず、さらに修辞学的にSにふさわしいことを求められます。その際、第3講の「数」が重要な武器になる。「数」もまた、建築論の基本中の基本なのですが、案外大学等の建築教育ではほとんど正面から教えることがないトピックでしょうね。数的関係をさまざまに活用することで、一切の部分をひとつの中心が従える求心性も、等質さがどこまでも広がる無限性も、抑揚のある複雑なリズムも、偏心した歪んだ動きも、安定感も不安感も、水平性も垂直性も、はたまた周囲の町並みとの隔絶も連続もつくり出せる。

ここで注意してほしいのですが、求心的な構成はたしかに権威の表現に向いているとしても、建物の各部が中心に従うことは、その建物の中で臣下が王にひれ伏すこととは、別の事柄です。いろいろな大きさの立方体がポコポコ無造作に突出するかのような造形はたしかに形としては変化に富んでいますが、それが人々の多様性とか、それを許容する包容性とかを実現するんだと言われると「ホントかな?」と思うのと同じです。

たぶん、第1部を読み終えたあたりで、「なんだか建築ってあやふやだなあ」と思えてきた読者も多かったでしょう。でも大事なのは、このあやふやさを引き受けるからこそ独自に磨かれてきた建築の世界の豊穣さに感動することです。理想や未来をタテに打ち立てるための、絵画や彫刻や文学とは違う術が建築にはある。今も建築家は、同じ課題に取り組んでいるはずです。

＊

第2部（第4〜6講）はヨコの世界に迫っています。農村であろうと都市であろうと、家々が集まっているところ（集落）はだいたい似たりよったりの家々でできていますね。相似と差異がヨコに広がる海原。こういう世界について、「ビルト・ティシュー論」という構えで話してみることにしました。

なぜ「建築論」という名前の講義で3回も無名な家々の集まりについて話をしたか。近代以降、タテに世界を立ち上げる建築は、ヨコに広がる海原と積極的に接続しなければならなくなったということを、ぜひとも押さえておく必要があるからです。18世紀までの建築だって、もちろん一般の建物と同じ街の中にあり、同じ地面に立ち、雨風を防ぐという共通の条件下に置かれていましたが、それは不可避的なこととしてそうなのです。対して19世紀以降の建築は、積極的にヨコの世界を観察し、理解し、それらを改革しようとしたり、あるいはその特徴を自らに取り込んだりしながらでなければタテを立てられなくなりました。ですから第2部でもときどき、ごく限られた人々だけですが、建築家を登場させるようにしました。

さて第2部の進め方はこうでした。まず類型と組織という見方を押さえたうえで、これが建物の工作（つくること、組み立てること）の観点からどう見直せるか、そして組織が経験する時間（どう変化しながら維持されるか）の問題としてはどう理解することができそうか、これらを順にがんがん畳み掛けていく。これで少なくともよほど混乱した街でない限りはかなり見通しが効くようになります。

この見方は、明治大学建築学科に来てから最初の7〜8年間のあいだに、台湾でのフィールドワークを通じて、妻と台湾の先生方と学生たちとで夜な夜な議論しながらつくり上げていった枠組みです。建築家の伊藤暁さんと一緒に展開した神山町（徳島県）での設計スタジオ（明治大学大学院）や、都市計画の饗庭伸さん、文化人類学の木村周平さんらと綾里（岩手県大船渡市）で積み重ねた調査も、たくさんのことを教えられる場でした。陣内秀信さんがイタリアから導入したティポロジアはもちろん、ケネス・フランプトンとか、分子生物学の自己再組織化理論だとか、ベイトソンのサイバネティクス哲学だとか、いろいろな理論を現場のリアリティの上に重ねては批評するような試みの連続でした。そのころの学生の中心にいたのが石榑督和さん（現・関西学院大学）です。21世紀に入って日本では都市史・領域史の研究が隆盛を迎えていて、それは素晴らしいことですが、建築をバックグラウンドとしているのに建築的思考から離れていく人が多いのは少々残念。そうした中で石榑さんはいつも建築を忘れないという点で同志です。都市史・領域史へと視野を広げたり視点を変えたりしたからこそ生まれる建築論がどんどん出てくるとよいですね。

とにかく、明治大学に来て10年間くらいは無名のビルト・ティシューの時間論を組み立てることが私の最大の関心事でした。そういう本が現代の建築家のデスクの横には置かれているべきだと思っていたのです。もちろんイタリアの理論そのままでは日本には通用しにくいことはわかっていました。もっと動的で流動的な状況に向き合うための議論になっていないといけない。そこで先に本のタイトルだけ決めてしまった。『ティポロジア・ディナミカ』と言います。ルネサンスの神秘主義的な科学書みたいな響きが気に入っていますが、書こう書こうと思いながら果たせていません。これ以上便秘に苦しむよりはと、本書でその一端を見ていただくことにしました。それが第2部です。話し足りないことが多いし、本書では触れていないおもしろい事例もたくさんあります。いずれ別の本にしたいと思っています。

＊

第3部（第7〜9講）および10講は近現代の建築家について考えています。まず産業革命と市民革命が進んでいく近代とは建築にとってどういう事態だったのかを粗っぽく話したのが第7講。こういうのもあんまり授業で教えてくれないですよね。西欧の話でしょ、と思われた読者も多いでしょう。でも他の国々や地域でも、自発的であれ植民地的であれ、近代が波及していけば多かれ少なかれ同様に既存システムの破壊と再構築がダイナミックに進み、都市は改造され、異形に膨らみ、伝統的な建築のあり方は基本的な部分から撹乱されます。

ところで近代建築史は、初学者教育では今なお、「近代建築（モダン・アーキテクチャー）」というゴールに向かって、アグレッシブな若い建築家たちが老大家たちの牙城を突破して未来を切り開いていく英雄的な物語として語られます。そして、言葉の意味は何だかわかるようでわからないのだけれど、「合理主義」的な探求が形態の「抽象」と「構成」に行き着いたということになっている。そういう物語が先行してしまうと、伝統的な体系が新しい事態に直面し、格闘し、さまざまな成果を上げながら混乱していく、といった解体の歴史は消えてしまいます。でも私たちは今何かの崩壊局面に立ち会っているのではないでしょうか？　学ぶべきはむしろ崩壊を見る感性なのかもしれない。それに近代建築が未来を幻視しながらむしろ過去の遺産を読み替えることだったとしたら、あなたは今何に取り組みますか？　結局私たちは、人類の作品と知見というアーカイブを漁りながら不気味な時代と格闘し、ふと気づいたら新しい地平が見えていたというところまで生き残るしかないのです。これはぜひ希望として理解したいところです。

第8講と第9講は、語り口は違いますがテーマとしては対をなしています。近代がもたらした「社会の誕生」、「異形の都市」に対して、それをひとつの合理的で美しい統合的なシステムへと置き換えることで解消しようとする方向性をとったのが20世紀前半、1960年代まで。そしてむしろバラバラさや予測不能性を引き受けようとする方向性へと転じたのが20世紀後半、1970年代以降。前者を第8講、後者を第9講で論じています。前者は比較的よく知られている内容だと思いますので、解体から再構築へ向かう局面で建築家が伝統と未来に対してとったスタンスを中心に話しました。対して後者は、バラバラとか流行っているけど建築がそれを引き受ける際の理論的な基礎って全然大学では教えられませんから、それを話しました。語り口が違うというのは大体こういうことです。

このところ筆者の研究室では、初期のヨコの研究は一段落ついたという感じで、だんだんとタテの研究が増えています。アノニマスなビルト・ティシューの研究群よりも、ヴィジョナリーなアーキテクトをめぐる研究群が学生たちからたくさん出てくるようになった、ということです。学生の研究は筆者からこれをやれと言うことはまずなく、皆が勝手にそれぞれやりたいことを言い出し、議論を重ねて深めていく感じです。学生から出てくるテーマは、専門家から見れば素朴きわまりない問いかもしれませんが、とても魅力的です。バウハウスはなぜアーキテクチャー・スクールとは言わなかったのか。ジュゼッペ・テラーニの《カサ・デル・ファッショ》はなぜ正面右側が白い壁なのか。アリソン&ピーター・スミッソン夫妻は成長する建築をスタディするために動かないドローイングの描き方をどう変えたのか。一遍上人は踊り念仏を繰り返しながら一体何をつかもうとしていたのか。脱帽です。

＊

さて最後の第10講は、「能動、受動、中動——通路とその外／建築設計といくつかの社会性」と題して、日本建築学会歴史意匠委員会 建築論・建築意匠小委員会によるシンポジウム（2019年3月）で話した際につくったものです。いや、正しくはその2ヵ月前、1月に東京藝大の講義でこのテーマの話をしていました。4年間担当させていただいた講義の最終回でした。筆者としてはこの話で講義を締めくくろうとしたのだと思います。

シンポジウムの方は、「建築デザインにおける社会性を巡って」と題して、坂本一成さん、妹島和世さん、ヨコミゾマコトさんとともに登壇させていただきました。大雑把に言ってしまえば、社会性と作家性のバランスが大事だよねという話に流れたように記憶しています。でも社会性と作家性が対立するというのはおかしい。建築家はもともと社会的な存在なのですから。筆者からは、専門家や行政や市民などの多彩な人々と一緒に設計プロセスのトンネルを進んでいくという第1の社会性と、完成した建物が使われ批評に晒されるという意味での第2の社会性、そしてその批評を受けとめ続けられるだけの虚構＝幻視を打ち立てる責任としての第3の社会性、この3層に整理して議論してはどうかと提案しました。もちろん第3の社会性を私は強調しました。いわば建築家機関説です。虚構を立てる社会的機関であることをやめたら建築家は要らなくなるだろう、ということです。この提起に対しては会場から多くの反応がありました。

＊

まえがきに書いたとおり、本書は2015年度から18年度まで東京藝術大学大学院美術研究科の建築専攻にて、非常勤講師として担当した講義「建築論Ⅱ」をもとにしています。聴き手は大学院生でした。そういう経緯もありますので、建築をひととおり学んだ学部の4年生や大学院生、若い建築家の皆さんを読者に想定しています。皆さんが建築の考え方を、授業では習わない最も基本的なところから学び直し、同時に建築の現在を捉え直すための小さな助けになればと願っています。できるだけ広い読者に届くよう、精一杯平易に、噛み砕いて、時には自分らしくない比喩もひねり出しながら、語りかけるような文章を心がけました。

そして、考えてみれば本書のもととなった講義が東京藝術大学という場で行われたことは、決して小さくない意味があったのだろうと今にして思います。芸術と言葉――と言っても建築はちょっと奇妙な芸術だということを本書でも強調していますが――のあいだをちゃんとつなぎたいという思いがいつもより強く働いたに違いないからです。講義を聴いてくださった学生の皆さん、ほとんど欠席なしだった市川紘司さん（現・東北大学）をはじめ当時の助手の皆さん、筆者に講義をと声をかけてくださった東京藝術大学の光井渉先生に、あらためて感謝を申し上げます。

本書をまとめるにあたり、明治大学建築史・建築論研究室の石沢英希君、中西勇登君、塚本貴文君にはいくつかの図版を作成してもらいました。彼らを含む7名の学生さんが原稿を読んでわかりにくい点を指摘してくれました。ありがとう。

そして誰よりも慶應義塾大学出版会の川尻大介さんには、本書の実現のためにあらゆる方面でご尽力いただいたことに深くお礼を申し上げなければなりません。読みづらい草稿段階から繰り返し繰り返し助言をいただき、ホントに励まされました。「抜き書きノート」を発案し、作成くださったのも川尻さんです。それが本書のブックデザインを担当してくださった伊藤滋章さんによるカバー・表紙に敷き込まれています。川尻さんとは、筆者が明治大学に来て以来15年、出版のみならずさまざまな活動でご一緒してきましたので、この本の完成には、とても感慨深いものがあります。ありがとうございました。

最後に、妻と娘たちに日ごろの感謝の気持ちを伝えさせてください。ありがとう。

2023年元旦
青井哲人

図版出典

第1講

図1 https://www.worldhistory.org/image/8664/lascaux-ii-cave-today/

図2 https://www.researchgate.net/figure/Swimming-stags-La-frise-des-cerfs-nageant-from-Lascaux-Dordogne-C-N_fig2_341218346

図3 https://www.worldhistory.org/image/5590/wounded-bull-man--bird-lascaux-cave/

第2講

図1 https://commons.wikimedia.org/wiki/File:San_Esteban_acusado_de_blasfemo_%28Museo_del_Prado%29.jpg

第3講

図1、2、3 作図＝石沢英希（明治大学理工学部建築学科 建築史・建築論研究室）

第4講

図1 陣内秀信『都市を読む＊イタリア』（大坂彰執筆協力、法政大学出版局、１９８８年）

図2 https://commons.wikimedia.org/wiki/File:Bologna_Middleage.jpg

図3 作図＝青井哲人

図4 陣内秀信『都市を読む＊イタリア』（大坂彰執筆協力、法政大学出版局、１９８８年）

第5講

図1、2　作図＝中西勇登（明治大学理工学部建築学科　建築史・建築論研究室）

第6講

図1、2　撮影＝青井哲人

図3　撮影＋作図＝青井哲人

第7講

図1　https://commons.wikimedia.org/wiki/File:Drawing,_Study_for_Maximum_Mass_Permitted_by_the_1916_New_York_Zoning_Law,_Stage_4,_1922_(CH_18468717).jpg

第9講

図1　作図＝編集部

図2　作図＝青井哲人

図3　Photo ©RMN-Grand Palais (Musée national Picasso-Paris) / Mathieu Rabeau / distributed by AMF ©2022 - Succession Pablo Picasso - BCF (JAPAN)

図4、5、6、7　作図＝塚本貴文（明治大学理工学部建築学科　建築史・建築論研究室）

抜き書きノート ［作＝編集部］

◎こうしたあなたの素早い往復運動の繰り返しが、主人の身体と連携して「絵」を生み出している。なかなかに曲芸的です。 ……………………………………………016

◎トリの絵は「超越的なもの」に関わり、ヒトの絵は「超越論的なもの」に関わります。 ………………………………………021

◎それ以前に気の遠くなるような旧い時代があったのだというニュアンスを含みつつ、私たちの時代はたかだか、というようにモダンという言葉は使われる。 ……………………………………………023

◎時間の尺度を短くも長くもできるようなレンズをはめたメガネがあれば、私たちは自分たちを多義的に捉え直せる。 ……………………………………………023

◎このどうということのないプロセスこそが悪魔的でもある。なぜならつくる契機は不断に生み出されてしまうからです。 ……………………………………………028

◎洞窟から超高層へと進んできた建築の歴史は、まさにモダン・ヒューマンの累進性のドキュメントと言うことができます。 ……………………………………032

◎アナロジーを基礎とする認知能力によって、私たちは（…）世界に次々に手を加えて組み替え、それらを知識として次世代に継承してしまう。 ……………033

◎モダン・ヒューマンは（…）世界の中に自らがあることの居心地の悪さを引き受けつつ、また振り払うように、建築をつくってきました。 ………………………034

◎「相似＝海」は水平的、「類似＝君主制」は垂直的です。 ………………………043

◎ここで考えたいのは、絵というものはそれ自身だけで自らの母型（君主）を確定できるのか、という問題です。 ……044

◎私たちの日常的なコミュニケーションから芸術表現に至るまで、じつは背後でコトバとイメージが協力しているんです。 ……………………………………………046

◎コトバによる「排除（他ならぬそれだ！）」を起点に、「類似（似ている）」による表象を組み立て、交差させ、この図式を「修辞（ふさわしい）」で豊かに支えていく組立てがこうして理解されます。 ………055

◎この相似の海を引き受け、その一部でありながら、強い幻、もうひとつの世界を打ち立てること。 ……………………056

◎これこそはあなたがたの大切にしている理想の姿なのだというものを、建築は現実の相似の風景の中に何とかしてつくり出そうとする。 ………………………058

◎建築は実在の何かに似せることが難しい。しかし、だからこそギリシアの神々からドイツ国民共同体に至るまで、カタチをもたない何か、つまり共同の幻想を地上に再現する役割を担うことができる、

そういう捻じれた役割が建築には与えられてきたのではないでしょうか。
…………………………………………058
◎SはFを求めるが、Fを決める条件を十全には与えてくれず、FによってこそSを喚起させなければならない。そういう揺らぎというか、決定不可能性のもとで、それでもそのFを決めるのが建築家です。
…………………………………………059
◎円柱が建物の全体に、この私を分有せよと命令（オーダー）を与えるのです。
…………………………………………068
◎つまり建築とは（…）美しい建築物を大地に据えることによって、世界の秩序とはこれだ、（…）と人々に宣言するものなのですね。…………………………070
◎これによって構築は、技術や労働といった事柄を超えて、世界への哲学、私たちを取り巻くこの世界がどのように制作され、どれほど完ぺきなのかを体現する技芸となったわけです。……………072
◎比例という見方は、この世界を、大きさという即物的レベルと、大きさどうしの比という関係的レベルとに階層化する働き（効果）を持ちます。……………076
◎それはギリシア的には違反ですが、しかし効果的な違反であり、つまり修辞学的にはすぐれています。……………079
◎数は、建築が建築であるための基礎であり奥義なのです。……………………081
◎類型論と組織論はいつもタッグを組むのです。……………………………089
◎建物類型論は、カタチこそが極端な開発への抵抗、つまり都市のねばりになりうるんだというイタリア的な信念です。
…………………………………………094
◎都市型建物の類型なんて無数にありそうで、じつはそうでもないのです。
…………………………………………096
◎整理すると、ティシュー（組織）→オルガン（器官）→コルプス（身体）は、フォーム（形態）→ファンクション（機能）→パーソナリティ（人格）に関わっているらしい。……………………………100
◎じつは建物という細胞たちの集まっているその下には、あの不気味なヤツが潜んでいるのです。…………………103
◎建築家はその内に住み、ときどき必要に応じて文書を取り出し、読み込み、注釈を書き込んで元の位置に戻す、そういうアーキビストなのかもしれません。
…………………………………………106
◎単なる事物＝事実でありながら、確たる手触りのないもの。それが都市であり、歴史です。……………………………111
◎かつてヒトの工作は、地球が与えてくれる材料の並べ替えであって、ヒトの技術もそれら材料の制約の下で、工作はその豊かな世界を開いてきたのです。
…………………………………………115
◎基本類型はたったのふたつ！　そして、囲いと覆いという建築の領域論的な類型もこれに対応してしまう。すばらしい！
…………………………………………118
◎建物のカタチは一気にまるごと変わりはしません。むしろ変化する部分は建物

を構成するさまざまな要素群のほとんどひとつだけに絞り込まれています。
……………………………………125
◎似たカタチが別のやり方でも実現できる。だから変えてみよう、という判断が喚起される。 ………………………126
◎不連続な転回と漸進的な改良。パタっと転じ、ジワジワ変わる、という感じです。 ……………………………………126
◎建築家は家屋の海原の中にたとえば聖堂をつくる。ヨコのひろがりの内に、タテの力が働く場をつくり出そうとするのです。 ………………………………128
◎工作とは自然の動的かつ安定的な秩序から見れば不具合のある機械の暴走みたいなものです。 ……………………131
◎これが台湾の街に流れる時間のカタチです。日本とはまるで違う。 ………141
◎同じ都市が、前者の視点からは「町屋都市」と見え、後者の視点からは「列壁都市」として見える、ということでもある。 ……………………………………144
◎世界の都市や集落を「あり方」の相で見るのはある意味で容易です。しかし、やや面倒でも「動き方」を見ていくことがとても重要です。 ………………144
◎「かたい／やわらかい」、「変わりにくい／変わりやすい」の対比は、社会的な諸関係が、技術的な性格の差（構法的な組立て）を通して顕在化したものなのでしょう。 ……………………………………145
◎ミクロな動きは構法学的な組立てが司っており、そのことによってマクロな列型の形態学的秩序は維持されている、ということです。 ……………………147
◎近現代の不連続な変化に対抗するために生まれた建物類型論・都市組織論は、裏を返せば必然的に生まれたときから挑戦を受けているのです。 …………150
◎（…）修復の実践において立ち現れるのは建物が概念的に分解された状態なのだということです。 ……………………151
◎層化の背後には、分解の想念がなければならない。 ……………………………151
◎このトンネルの中に、あなたの目の前にある建物たちもあなたと一緒にいるのです。 ……………………………………153
◎近現代の建築家は、つまり多種多様なオルガンに「ふさわしい」カタチを与える、オルガン型都市の造形者なのですね。逆に現代の可能性はオルガンから新しいティシューへ、ということになると私は思います。 ……………………………168
◎（…）「機械時代のデザイン」とはやはり多分に修辞学的な問題なのです。
……………………………………170
◎言ってみればあの時代は、地球上の多彩な共同体が自らその身体を壊しながら、同時に新しい器官やら血管やらを次々につくり出し、速度と量に耐えられる強じんな身体へと組み替えていく、そんな激しい歴史過程でした。 ……………………172
◎建築は今なお、多方面からの技術的配慮を重ねつつ最終的には修辞学的にしかカタチの適否を判断できないジャンルです。 ……………………………………174

◎理論は認めがたい現実への対抗であり、ゆえにはじめから根本的なところで現実からの挑戦を受ける。……………175
◎彼らに言わせれば機能や構造は装飾を求めないので、Fはプレーンな立体になり、表象的には「沈黙」する。「饒舌」から「沈黙」へ。……………180
◎端的に言えば、(…)「どんなカタチにすれば明治天皇の神社として国民が受け入れやすいか」が、明治神宮におけるカタチの問題の核心だったのです。
……………189
◎しかし、基本的な判断として、きわめて消極的な選択こそが意義を持ちうることもあるのが近現代社会の特質だということは、皆さんぜひ覚えておいてください。……………190
◎それは紛れもなく神社建築の姿をしていますが、しかし、脱色され、黙っているのです。……………190
◎何かを「する」ことは排除をともなう。だから一切合切「やめる」のです。この論理学的反転はあざやかです。……192
◎伝統には圧倒的な蓄積と幻惑的な洗練があり、人を黙らせる力がある。そしてだからこそ、「我々近代人はそれを持っているか、いや持っていない」と彼は反語的に問わざるをえなかったのです。
……………198
◎ああ私たちにも「様式」を使えるときがきたのだと口元を緩めたのもつかの間、それはお前のものではないと宣告される。やっぱり私たち近代人は伝統大陸の突端にいたのだ。……………198
◎ただ、建築が変わるためには、きっと未来への幻視が必要です。レイナー・バンハムはそれを強調した建築史家です。
……………202
◎「人間身体」ないし「人間像」の更新は、近代以降、行き詰まった状況を突破するときに繰り返し呼び出される回路です。……………203
◎1960年代のメタボリズムが「ホモ・モーベンス」(動く人)と言い、1980年代の伊東豊雄が「遊牧少女」と言ったのも、古臭い建築をその新しい「身体」に「ふさわしい」ものへと更新せよと迫る、そうした思考回路の事例です。………204
◎人類の制作(ポイエーシス)をすべて等価に見てしまうル・コルビュジエのこうしたフラットさが、未来派のすぐ後に現れたのはとても示唆的なことだと思います。……………206
◎(…)19世紀の「求心的構成」に対して幾何学的に真逆をいくには「遠心的構成」を導入するのがよいだろうとの判断は強烈に働いていたと思います。………208
◎ル・コルビュジエには求心的構成と遠心的構成の両方があります。………209
◎近代人は伝統を持たずに立っている。仮にロースが現れなかったとしても、これは歴史的な事実です。だからこそ近代人は伝統を欲しがり、実際につくり出すのです。……………215
◎近代建築は伝統との戦いなのだけど、他方では自国の誇らしい伝統を原動力と

して19世紀的な錯乱の様式世界を乗り越えていった、というような書き方がなされるのです。 ……………………216
◎これは「B」だとはっきり見えてくるとき、要素「A、C」を仲間として見つけているわけです。(…) 真ん中の図形にしっかり意味を与えることのできるグループないしセット(集合)を見出すことこそ、適切なコンテクストを発見することに他なりません。 ……………………225
◎「ほどく→つなぐ」は瞬間的です。移行はグラデーショナルなプロセスではない。 ……………………225
◎つまり透明性とは、見方を変えれば背後の層をなすコンテクストを見出すことでもあるのです。 ……………………228
◎後ろとみなされた部分が、手前から離れて後退していき、奥行きが生まれる、それが感知できるという意味で透明性という言葉が使われる。 ……………………228
◎《ブルズ・ヘッド》を見るとき、私たちはこのふたつのコンテクストを行ったり来たり、つまり「ほどく→つなぐ」というデジタルなスイッチを楽しんでしまうわけです。 ……………………230
◎この工作物にはそれぞれのカタチに由来する幾何学的な秩序があり、そうしてモノたちが新しい居場所を得た清々しさがあって、とてもよい。 ……………………232
◎つまりコンテクスト1とコンテクスト2の両方の鎖にそれがつながりうるのは、それがカタチだからです。 ……………………233
◎それはブリコラージュ黄金時代の前提が整っているということかもしれない。 ……………………235
◎言葉がその意味(S)を揺さぶられ、あるいは失ったりすることで、言葉のカタチの側面(F)が突然物質的に増幅されてくる感じが詩にはあります。 ……………………237
◎この講義の用語で言えば〈F−S〉の通常の結合をほぐし、言葉のカタチの側面、より強く言えば物質的な側面を取り出し、そして私たちを日常の外へと連れ出します。 ……………………238
◎この、はじめに床がある、という発想はとりわけヨーロッパにおいては過激なほどに新しいものでした。 ……………………245
◎ただ、逆に言えばフラットスラブはじつは何とも取りとめもないものです。 ……………………246
◎ここにどんな美学、あるいは全体性を新たに獲得しうるのか。 ……………………246
◎そうです、さまざまな対立をつねに拮抗的に扱うことで緊張や揺らぎをもたらす、という解法です。 ……………………246
◎たくさんの建築家たちの「構成」をめぐる格闘は、線や面、ヴォリュームなどの形態的な論理や力をどう重ね合わせて緊張ある全体を組み立てるか、といった問いをめぐる豊かな方法と成果を生みました。 ……………………247
◎(…) デザインされるべき何らかのカタチに対して、それが適合し、帰属しなければならないあらゆる条件がコンテクストです。 ……………………249
◎(…) 本来のAを知りたければ、Pの対

立物ではなく、Mの対立物であるようなAを考えなければならない、ということです。 ……………………………………259
◎プロセスの主役、変化の〈座〉は、「彼」です。 ……………………………261
◎変状は、外力が物理的に規定しているのではなく、様態自身の成立ちや特質に規定されて進む。 …………………………262
◎要するに外態としての設計行為は、ユーザの経験という内態の豊かさを引き起こすきっかけをつくることなのではないか。 …………………………………………265
◎彼らは設計の能動性に対して受動的なのではなく、中動態で表現されるような、変化の継起、起伏ある持続のようなものを自らの中に起こしているのだと考えることができるのです。 …………………266
◎内態の主語は都市だった、ということです。 ……………………………………267
◎つまりコールハースは、中動態ないし内態の〈座〉＝主語としての都市という理解を正確につかまえた本の書き方を宣言していたことになります。 ………267
◎重要なのは、スピノザの「様態」、バンヴェニストの〈座〉をちゃんと定めることです。 ……………………………269
◎建築の要は修辞学にあるわけですが、「社会の誕生」以後は、修辞の成否はこの不安定な社会、バラバラで気まぐれな人々にかかっている。 …………………270
◎言い換えれば〈座〉そのものが高度に社会性を帯びている、ということなのですね。 …………………………………270
◎（…）ひとつの作品の成立に対して、誰も完全に能動的ではありえない、あるいは少なくとも能動性を独占することはできない、という当たり前のことが理解できます。 ……………………………273
◎意志とは、選択が次々になされていった後に、その継起がたまたま行き着いたところとして作品を提示するのではなく、むしろ未来において繰り返し繰り返し遡って参照されるべき「起源」を仮構するものだ。これがアレントの「意志」です。 ……………………………………………275
◎それは作品への批評行為だとも言えるでしょう。そのとき、アレントの言う「意志」が仮にでも立ち上げた「幻視＝虚構」がなかったとしたら、それら批評を受けとめるものがない。 …………276
◎それがいかに刹那的なものになろうと、宣言し続けなければならない。つらいけれども、これが建築家の役割だと思います。 ……………………………………277
◎多くの人々との協働の〈座＝系〉を進化させながらつくり上げた作品に対して、たとえ事後的にであっても「幻視＝虚構」を宣言すること。 ………………277
◎（…）建築家は最終的に、集合的な幻視を胸を張って引き取る社会的な機関です。
……………………………………………278

著者紹介
青井哲人（あおい・あきひと）
明治大学理工学部建築学科教授、建築史・建築論
1970年生まれ。1995年京都大学大学院工学研究科建築学専攻博士課程中退。神戸芸術工科大学助手、人間環境大学准教授などを経て、2008年明治大学理工学部建築学科准教授、2017年より現職。博士（工学）。
主著に『彰化一九〇六年——市区改正が都市を動かす』（アセテート）、『植民地神社と帝国日本』（吉川弘文館）、『世界建築史15講』（共著、彰国社）『津波のあいだ、生きられた村』（共著、鹿島出版会）、『日本都市史・建築史事典』（共著、丸善）など。

ヨコとタテの建築論
——モダン・ヒューマンとしての私たちと建築をめぐる10講

2023年1月30日　初版第1刷発行
2024年8月 1 日　初版第2刷発行

著　者————青井哲人
発行者————大野友寛
発行所————慶應義塾大学出版会株式会社
〒108-8346　東京都港区三田2-19-30
TEL（編集部）03-3451-0931
（営業部）03-3451-3584（ご注文）
（　〃　）03-3451-6926
FAX（営業部）03-3451-3122
振替 00190-8-155497
https://www.keio-up.co.jp/
ブックデザイン—伊藤滋章
印刷・製本——中央精版印刷株式会社
カバー印刷——株式会社太平印刷社

Printed in Japan ISBN 978-4-7664-2860-5